U0929643

江苏经济普查年鉴

第三产业卷 2018

江苏省第四次全国经济普查领导小组办公室　编

图书在版编目（CIP）数据

江苏经济普查年鉴. 2018. 第三产业卷 / 江苏省第四次全国经济普查领导小组办公室编. -- 北京 : 中国统计出版社, 2020.10
ISBN 978-7-5037-9302-8

Ⅰ. ①江… Ⅱ. ①江… Ⅲ. ①经济－普查－江苏－2018－年鉴②第三产业－经济－普查－江苏－2018－年鉴 Ⅳ. ①F127.53-54

中国版本图书馆 CIP 数据核字（2020）第 193963 号

江苏经济普查年鉴-2018/第三产业卷

作　　者/江苏省第四次全国经济普查领导小组办公室
责任编辑/许立舫
封面设计/黄俊杰
出版发行/中国统计出版社
通信地址/北京市丰台区西三环南路甲 6 号　邮政编码/100073
电　　话/邮购（010）63376909　书店（010）68783171
网　　址/http://www.zgtjcbs.com/
印　　刷/江苏苏创信息服务中心
经　　销/新华书店
开　　本/880mm×1230mm　1/16
字　　数/842 千字
印　　张/26.5
版　　别/2020 年 10 月第 1 版
版　　次/2020 年 10 月第 1 次印刷
定　　价/880.00 元（全套）

本书附同版本 CD-ROM 一张，光盘内容以书面文字为准。
如有印装差错，由本社发行部调换。

编委会和编辑人员

编者说明

为便于社会各界共同分享第四次全国经济普查成果，更方便地开发利用普查资料，我们将经济普查资料编辑整理，汇编成《江苏经济普查年鉴—2018》一书。全书共三卷四册，即综合卷、第二产业卷和第三产业卷，并随书配送同版本光盘一张。《综合卷》分三篇：第一篇为“综合篇”，第二篇为“企业篇”，第三篇为“文化及相关产业篇”。《第二产业卷》按内容分为上、下两册。上册两篇：第一篇为“工业企业生产经营及财务状况篇”，第二篇为“主要工业产品产量篇”。下册两篇：第一篇为“企业研发情况篇”，第二篇为“建筑业企业生产经营及财务状况篇”。《第三产业卷》分六篇：第一篇为“批发和零售业企业基本情况及财务状况篇”，第二篇为“住宿和餐饮业企业基本情况及财务状况篇”，第三篇为“房地产开发经营业生产经营及财务状况篇”，第四篇为“服务业企业财务状况篇”，第五篇为“服务业行政事业及非企业法人单位篇”，第六篇为“企业信息化和电子商务交易情况篇”。为使读者能够更好地使用本资料，现对有关问题做如下说明：

一、第四次全国经济普查的标准时点为 2018 年 12 月 31 日，时期资料为 2018 年度；

二、综合卷中综合篇和企业篇汇总表，均不包含少量无分组标识的单位数据，其中单位数包含兼营二、三产业的农、林、牧、渔业法人单位，从业人员数不包含兼营二、三产业的农、林、牧、渔业法人单位，不包含人民银行、银保监会、证监会监管的金融业以及铁路运输部门单位数据；

三、本资料建筑业按法人单位注册地，其他行业按法人单位经营地进行汇总；

四、本资料对部分数据由于计量单位取舍不同或四舍五入而产生的误差数均未作机械调整；

五、表中空格表示该项统计指标数值为零、不足最小单位、数据不详或无该项数据，“#”表示其中的主要项；

六、为了更准确地使用本年鉴，每卷后附有该卷详细的指标解释。

我们希望此书的面世，能使社会各界对我省第四次全国经济普查有一个全面的了解，更愿本书的内容，能为社会经济研究工作者提供有价值的参考。

第四次全国经济普查资料是全省普查工作者共同辛勤工作的成果，也是广大普查对象积极支持配合的结果。在此，我们向全省所有普查工作者、普查对象和所有参与和支持普查工作的人员致以崇高的敬意和衷心的感谢！

江苏省第四次全国经济普查领导小组办公室

2020 年 6 月

第三产业卷　目录

第一篇　批发和零售业企业基本情况及财务状况篇

A.行业部分

1-A-1　批发业法人企业基本情况 …… 3
1-A-2　限额以上批发业法人企业基本情况 …… 6
1-A-3　批发业法人企业财务状况 …… 9
1-A-4　限额以上批发业法人企业财务状况 …… 12
1-A-5　零售业法人企业基本情况 …… 15
1-A-6　限额以上零售业法人企业基本情况 …… 18
1-A-7　零售业法人企业财务状况 …… 21
1-A-8　限额以上零售业法人企业财务状况 …… 24

B.地区部分

1-B-1　分地区批发业法人企业基本情况 …… 27
1-B-2　分地区批发业法人企业基本情况(按国民经济行业分) …… 28
1-B-3　分地区批发业法人企业基本情况(按登记注册类型分) …… 37
1-B-4　分地区批发业法人企业财务状况 …… 48
1-B-5　分地区批发业法人企业财务状况(按国民经济行业分) …… 49
1-B-6　分地区批发业法人企业财务状况(按登记注册类型分) …… 58
1-B-7　分地区零售业法人企业基本情况 …… 69
1-B-8　分地区零售业法人企业基本情况(按国民经济行业分) …… 70
1-B-9　分地区零售业法人企业基本情况(按登记注册类型分) …… 79
1-B-10 分地区零售业法人企业基本情况(按零售业态分) …… 90
1-B-11 分地区零售业法人企业财务状况 …… 110
1-B-12 分地区零售业法人企业财务状况(按国民经济行业分) …… 111
1-B-13 分地区零售业法人企业财务状况(按登记注册类型分) …… 120
1-B-14 分地区零售业法人企业财务状况(按零售业态分) …… 131

第二篇　住宿和餐饮业企业基本情况及财务状况篇

A.行业部分

2-A-1　住宿业法人企业基本情况 …… 153
2-A-2　限额以上住宿业法人企业基本情况 …… 154
2-A-3　住宿业法人企业财务状况 …… 155

2-A-4 限额以上住宿业法人企业财务状况 …… 156
2-A-5 餐饮业法人企业基本情况 …… 157
2-A-6 限额以上餐饮业法人企业基本情况 …… 158
2-A-7 餐饮业法人企业财务状况 …… 159
2-A-8 限额以上餐饮业法人企业财务状况 …… 160
B.地区部分
2-B-1 分地区住宿业法人企业基本情况 …… 161
2-B-2 分地区住宿业法人企业基本情况(按国民经济行业分) …… 162
2-B-3 分地区住宿业法人企业基本情况(按登记注册类型分) …… 167
2-B-4 分地区住宿业法人企业基本情况(按星级分) …… 178
2-B-5 分地区住宿业法人企业财务状况 …… 184
2-B-6 分地区住宿业法人企业财务状况(按国民经济行业分) …… 185
2-B-7 分地区住宿业法人企业财务状况(按登记注册类型分) …… 190
2-B-8 分地区住宿业法人企业财务状况(按星级分) …… 201
2-B-9 分地区餐饮业法人企业基本情况 …… 207
2-B-10 分地区餐饮业法人企业基本情况(按国民经济行业分) …… 208
2-B-11 分地区餐饮业法人企业基本情况(按登记注册类型分) …… 213
2-B-12 分地区餐饮业法人企业财务状况 …… 224
2-B-13 分地区餐饮业法人企业财务状况(按国民经济行业分) …… 225
2-B-14 分地区餐饮业法人企业财务状况(按登记注册类型分) …… 230

第三篇 房地产开发经营业生产经营及财务状况篇

3-1 各地区按登记注册类型分房地产开发企业个数 …… 242
3-2 各地区按登记注册类型分房地产开发企业年末从业人数 …… 246
3-3 各地区按登记注册类型分房地产开发企业资产总计 …… 250
3-4 房地产开发企业主要指标情况 …… 254
3-5 各地区按资质等级分房地产开发企业个数 …… 255
3-6 各地区按资质等级分房地产开发企业年末从业人数 …… 256
3-7 各地区按资质等级分房地产开发企业资产总计 …… 257
3-8 各地区按用途分房地产开发企业房屋施工面积 …… 258
3-9 各地区按资质等级分房地产开发企业房屋施工面积 …… 259
3-10 各地区按用途分房地产开发企业房屋新开工面积 …… 260
3-11 各地区按资质等级分房地产开发企业房屋新开工面积 …… 261
3-12 各地区按用途分房地产开发企业房屋竣工面积 …… 262
3-13 各地区按资质等级分房地产开发企业房屋竣工面积 …… 263
3-14 各地区按用途分房地产开发企业房屋竣工价值 …… 264
3-15 各地区按资质等级分房地产开发企业房屋竣工价值 …… 265
3-16 各地区房地产开发企业建造的房屋面积和造价 …… 266
3-17 各地区按用途分房地产开发企业商品房销售面积 …… 267

3-18 各地区按资质等级分房地产开发企业商品房销售面积 …………………………………268
3-19 各地区按用途分房地产开发企业商品房期房销售面积 …………………………………269
3-20 各地区按用途分房地产开发企业房屋出租面积……………………………………………270
3-21 各地区按用途分房地产开发企业商品房销售额……………………………………………271
3-22 各地区按资质等级分房地产开发企业商品房销售额 ……………………………………272
3-23 各地区房地产开发企业商品房待售情况………………………………………………………273
3-24 各地区按用途分房地产开发企业商品房待售面积…………………………………………274
3-25 各地区房地产开发企业土地开发及其购置情况……………………………………………275
3-26 各地区房地产开发企业主营业务收入及其构成……………………………………………276
3-27 各地区按登记注册类型分房地产开发企业主营业务收入 ………………………………278
3-28 各地区按登记注册类型分房地产开发企业负债合计 ……………………………………282

第四篇 服务业企业财务状况篇

4-1 服务业法人单位基本情况……………………………………………………………………………289
4-2 交通运输、仓储和邮政业企业法人单位主要指标…………………………………………290
4-3 交通运输、仓储和邮政业企业法人单位分地区主要指标 ………………………………291
4-4 交通运输、仓储和邮政业企业法人单位分登记注册类型主要指标 ……………………292
4-5 信息传输、软件和信息技术服务业企业法人单位主要指标 ……………………………292
4-6 信息传输、软件和信息技术服务业企业法人单位分地区主要指标 ……………………293
4-7 信息传输、软件和信息技术服务业企业法人单位分登记注册类型主要指标 …………294
4-8 金融业企业法人单位主要指标……………………………………………………………………294
4-9 房地产业企业法人单位主要指标…………………………………………………………………294
4-10 房地产业企业法人单位分地区主要指标………………………………………………………295
4-11 房地产业企业法人单位分登记注册类型主要指标…………………………………………296
4-12 租赁和商务服务业企业法人单位主要指标……………………………………………………296
4-13 租赁和商务服务业企业法人单位分地区主要指标…………………………………………297
4-14 租赁和商务服务业企业法人单位分登记注册类型主要指标 ……………………………298
4-15 科学研究和技术服务业企业法人单位主要指标……………………………………………298
4-16 科学研究和技术服务业企业法人单位分地区主要指标 …………………………………299
4-17 科学研究和技术服务业企业法人单位分登记注册类型主要指标 ………………………300
4-18 水利、环境和公共设施管理业企业法人单位主要指标 …………………………………300
4-19 水利、环境和公共设施管理业企业法人单位分地区主要指标 …………………………301
4-20 水利、环境和公共设施管理业企业法人单位分登记注册类型主要指标 ………………302
4-21 居民服务、修理和其他服务业企业法人单位主要指标 …………………………………302
4-22 居民服务、修理和其他服务业企业法人单位分地区主要指标 …………………………303
4-23 居民服务、修理和其他服务业企业法人单位分登记注册类型主要指标 ………………304
4-24 教育企业法人单位主要指标…………………………………………………………………………304
4-25 教育企业法人单位分地区主要指标………………………………………………………………305
4-26 教育企业法人单位分登记注册类型主要指标…………………………………………………306

4-27 卫生和社会工作企业法人单位主要指标……306
4-28 卫生和社会工作企业法人单位分地区主要指标……307
4-29 卫生和社会工作企业法人单位分登记注册类型主要指标……308
4-30 文化、体育和娱乐业企业法人单位主要指标……309
4-31 文化、体育和娱乐业企业法人单位分地区主要指标……310
4-32 文化、体育和娱乐业企业法人单位分登记注册类型主要指标……311
4-33 国有控股企业分行业主要指标……312
4-34 非公有控股企业分行业主要指标……313
4-35 规模以上交通运输、仓储和邮政业企业法人单位主要指标……314
4-36 规模以上信息传输、软件和信息技术服务业企业法人单位主要指标……316
4-37 规模以上物业管理、房地产中介服务、房地产租赁经营和其他房地产业企业法人单位主要指标……318
4-38 规模以上租赁和商务服务业企业法人单位主要指标……318
4-39 规模以上科学研究和技术服务业企业法人单位主要指标……320
4-40 规模以上水利、环境和公共设施管理业企业法人单位主要指标……322
4-41 规模以上居民服务、修理和其他服务业企业法人单位主要指标……324
4-42 规模以上教育企业法人单位分行业主要指标……326
4-43 规模以上卫生和社会工作企业法人单位分行业主要指标……326
4-44 规模以上文化、体育和娱乐业法人单位主要指标……328

第五篇　服务业行政事业及非企业法人单位篇

5-1 行政事业及非企业法人单位分行业主要指标……333
5-2 交通运输、仓储和邮政业行政事业及非企业法人单位分地区主要指标……336
5-3 信息传输、软件和信息技术服务业行政事业及非企业法人单位分地区主要指标……337
5-4 租赁和商务服务业行政事业及非企业法人单位分地区主要指标……338
5-5 科学研究和技术服务业行政事业及非企业法人单位分地区主要指标……339
5-6 水利、环境和公共设施管理业行政事业及非企业法人单位分地区主要指标……340
5-7 居民服务、修理和其他服务业行政事业及非企业法人单位分地区主要指标……341
5-8 教育行政事业及非企业法人单位分地区主要指标……342
5-9 卫生和社会工作行政事业及非企业法人单位分地区主要指标……343
5-10 文化、体育和娱乐业行政事业及非企业法人单位分地区主要指标……344
5-11 公共管理、社会保障和社会组织行政事业及非企业法人单位分地区主要指标……345

第六篇　企业信息化和电子商务交易情况篇

6-1 分行业企业使用计算机情况……348
6-2 分地区企业使用计算机情况……351
6-3 分行业企业信息化管理情况……352
6-4 分地区企业信息化管理情况……358

6-5　分行业企业使用网络情况 …… 360
6-6　分地区企业使用网络情况 …… 366
6-7　分行业企业建网站情况 …… 367
6-8　分地区企业建网站情况 …… 369
6-9　分行业企业通过互联网开展活动情况 …… 370
6-10 分地区企业通过互联网开展活动情况 …… 382
6-11 分行业企业互联网宣传和推广情况 …… 386
6-12 分地区企业互联网宣传和推广情况 …… 392
6-13 分行业企业开展电子商务交易情况 …… 394
6-14 分地区企业开展电子商务交易情况 …… 400

附　录

主要指标解释 …… 405

第1篇

批发和零售业企业基本情况及财务状况篇

A.行业部分

1-A-1　批发业法人企业基本情况

分　组	法人单位数(个)	从业人员期末人数(人)
批发业	**397988**	**2438009**
按国民经济行业分组		
农、林、牧、渔产品批发	17866	132616
谷物、豆及薯类批发	3420	31868
种子批发	1128	9131
畜牧渔业饲料批发	948	6733
棉、麻批发	440	3835
林业产品批发	6399	45952
牲畜批发	1632	12668
渔业产品批发	354	2232
其他农牧产品批发	3545	20197
食品、饮料及烟草制品批发	30493	233634
米、面制品及食用油批发	2136	20407
糕点、糖果及糖批发	572	4220
果品、蔬菜批发	5296	48809
肉、禽、蛋、奶及水产品批发	4885	39994
盐及调味品批发	493	4972
营养和保健品批发	1112	8479
酒、饮料及茶叶批发	4216	34856
烟草制品批发	147	10458
其他食品批发	11636	61439
纺织、服装及家庭用品批发	66265	425840
纺织品、针织品及原料批发	29988	171977
服装批发	15808	101786
鞋帽批发	952	12739
化妆品及卫生用品批发	2296	13178
厨具卫具及日用杂品批发	4777	26434
灯具、装饰物品批发	2049	8794
家用视听设备批发	739	20909
日用家电批发	3628	33438
其他家庭用品批发	6028	36585
文化、体育用品及器材批发	11994	45933
文具用品批发	5504	26660
体育用品及器材批发	1360	9734
图书批发	378	4689
报刊批发	22	120

1-A-1 续表 1

分　组	法人单位数(个)	从业人员期末人数(人)
音像制品、电子和数字出版物批发	123	867
首饰、工艺品及收藏品批发	2384	16817
乐器批发	113	900
其他文化用品批发	2110	11458
医药及医疗器材批发	9579	126798
西药批发	559	55240
中药批发	429	14491
动物用药品批发	227	1379
医疗用品及器材批发	8364	55688
矿产品、建材及化工产品批发	112272	677673
煤炭及制品批发	3169	29056
石油及制品批发	4368	35371
非金属矿及制品批发	1521	8828
金属及金属矿批发	29105	162512
建材批发	39713	232547
化肥批发	2589	19883
农药批发	1527	10704
农用薄膜批发	143	990
其他化工产品批发	30137	177782
机械设备、五金产品及电子产品批发	107901	538567
农业机械批发	1234	10629
汽车及零配件批发	6803	38542
摩托车及零配件批发	571	3288
五金产品批发	26781	119400
电气设备批发	13191	71523
计算机、软件及辅助设备批发	5172	26635
通讯设备批发	1855	17347
广播影视设备批发	201	2331
其他机械设备及电子产品批发	52093	248872
贸易经纪与代理	9556	52295
贸易代理	7864	43756
一般物品拍卖	245	1078
艺术品、收藏品拍卖	127	561
艺术品代理	27	98
其他贸易经纪与代理	1293	6802
其他批发业	32062	69469
再生物资回收与批发	9313	46720

1-A-1　续表 2

分　组	法人单位数 (个)	从业人员期末人数 (人)
宠物食品用品批发	256	1327
互联网批发	1562	12252
其他未列明批发业	20931	119042
按登记注册类型分组		
内资企业	395306	2355895
国有企业	772	20545
集体企业	1002	8660
股份合作企业	153	1212
联营企业	78	535
国有联营企业	11	71
集体联营企业	34	272
国有与集体联营企业	9	42
其他联营企业	24	150
有限责任公司	16402	227081
国有独资公司	222	9218
其他有限责任公司	16180	217863
股份有限公司	1932	44017
私营企业	365795	1975203
私营独资企业	15809	98086
私营合伙企业	476	2886
私营有限责任公司	347137	1854587
私营股份有限公司	2373	19644
其他企业	9172	78642
港、澳、台商投资企业	1121	30341
与港澳台商合资经营企业	181	3418
与港澳台商合作经营企业	6	62
港澳台商独资经营企业	892	25639
港澳台商投资股份有限公司	18	523
其他港澳台投资企业	24	699
外商投资企业	1561	51773
中外合资经营企业	289	4391
中外合作经营企业	6	101
外资企业	1188	45546
外商投资股份有限公司	28	199
其他外商投资	50	1536

1-A-2 限额以上批发业法人企业基本情况

分 组	法人单位数（个）	从业人员期末人数(人)
批发业	13717	459142
按国民经济行业分组		
农、林、牧、渔产品批发	599	20124
谷物、豆及薯类批发	276	7887
种子批发	37	2130
畜牧渔业饲料批发	53	933
棉、麻批发	55	712
林业产品批发	104	5400
牲畜批发	12	1431
渔业产品批发	5	162
其他农牧产品批发	57	1469
食品、饮料及烟草制品批发	909	58816
米、面制品及食用油批发	186	8057
糕点、糖果及糖批发	32	828
果品、蔬菜批发	127	6714
肉、禽、蛋、奶及水产品批发	174	7393
盐及调味品批发	27	2232
营养和保健品批发	18	2052
酒、饮料及茶叶批发	160	16062
烟草制品批发	18	9717
其他食品批发	167	5761
纺织、服装及家庭用品批发	1986	109511
纺织品、针织品及原料批发	1139	25782
服装批发	382	34355
鞋帽批发	54	7276
化妆品及卫生用品批发	53	2309
厨具卫具及日用杂品批发	46	1708
灯具、装饰物品批发	22	533
家用视听设备批发	81	17278
日用家电批发	139	13369
其他家庭用品批发	70	6901
文化、体育用品及器材批发	347	14843
文具用品批发	128	2703
体育用品及器材批发	33	978
图书批发	30	2504
报刊批发		
音像制品、电子和数字出版物批发	1	27
首饰、工艺品及收藏品批发	76	6638

1-A-2　续表 1

分　组	法人单位数 (个)	从业人员期末人数 (人)
乐器批发	5	179
其他文化用品批发	74	1814
医药及医疗器材批发	516	70273
西药批发	200	51115
中药批发	57	11552
动物用药品批发	9	207
医疗用品及器材批发	250	7399
矿产品、建材及化工产品批发	6835	111862
煤炭及制品批发	568	8780
石油及制品批发	519	12993
非金属矿及制品批发	76	1854
金属及金属矿批发	2588	37342
建材批发	776	14874
化肥批发	100	3450
农药批发	59	1264
农用薄膜批发	1	99
其他化工产品批发	2148	31206
机械设备、五金产品及电子产品批发	1981	61135
农业机械批发	132	3182
汽车及零配件批发	233	5817
摩托车及零配件批发	24	308
五金产品批发	314	6978
电气设备批发	193	6845
计算机、软件及辅助设备批发	146	3575
通讯设备批发	77	5912
广播影视设备批发	45	1373
其他机械设备及电子产品批发	817	27145
贸易经纪与代理	163	3000
贸易代理	140	2674
一般物品拍卖	1	10
艺术品、收藏品拍卖	1	22
艺术品代理	1	8
其他贸易经纪与代理	20	286
其他批发业	381	9578
再生物资回收与批发	222	3917
宠物食品用品批发		
互联网批发	30	2566
其他未列明批发业	129	3095

1-A-2 续表 2

分 组	法人单位数（个）	从业人员期末人数(人)
按登记注册类型分组		
内资企业	13256	396679
国有企业	190	15311
集体企业	35	909
股份合作企业	3	211
联营企业		
国有联营企业		
集体联营企业		
国有与集体联营企业		
其他联营企业		
有限责任公司	2021	127980
国有独资公司	95	7030
其他有限责任公司	1926	120950
股份有限公司	184	29297
私营企业	10629	213653
私营独资企业	70	1518
私营合伙企业	7	113
私营有限责任公司	10400	206750
私营股份有限公司	152	5272
其他企业	194	9318
港、澳、台商投资企业	193	20922
与港澳台商合资经营企业	26	1178
与港澳台商合作经营企业		
港澳台商独资经营企业	164	19327
港澳台商投资股份有限公司	3	417
其他港澳台投资企业		
外商投资企业	268	41541
中外合资经营企业	48	1785
中外合作经营企业	3	58
外资企业	212	38369
外商投资股份有限公司	1	66
其他外商投资	4	1263
按单位规模分组		
大型	178	166163
中型	3011	170064
小型	8272	114498
微型	2256	8417

1-A-3　批发业法人企业财务状况

单位：亿元

分　　组	资产总计	负债合计	营业收入
批发业	**36832.10**	**25897.38**	**74816.38**
按国民经济行业分组			
农、林、牧、渔产品批发	1210.66	726.94	2069.96
谷物、豆及薯类批发	485.15	330.58	971.57
种子批发	65.80	24.36	86.75
畜牧渔业饲料批发	49.87	26.84	119.80
棉、麻批发	150.23	122.67	281.47
林业产品批发	244.65	116.71	320.70
牲畜批发	78.03	31.19	85.08
渔业产品批发	8.59	4.13	14.43
其他农牧产品批发	128.33	70.46	190.18
食品、饮料及烟草制品批发	2452.08	1353.48	3819.38
米、面制品及食用油批发	321.80	236.16	546.20
糕点、糖果及糖批发	22.34	17.58	39.83
果品、蔬菜批发	181.90	83.62	304.90
肉、禽、蛋、奶及水产品批发	217.65	104.00	485.90
盐及调味品批发	56.25	29.78	98.73
营养和保健品批发	132.29	101.75	97.52
酒、饮料及茶叶批发	489.87	391.28	756.78
烟草制品批发	604.89	68.33	873.39
其他食品批发	425.09	320.97	616.12
纺织、服装及家庭用品批发	6888.85	4938.60	11579.24
纺织品、针织品及原料批发	2736.22	1987.71	5208.40
服装批发	1405.22	785.44	2081.36
鞋帽批发	253.29	141.25	413.55
化妆品及卫生用品批发	71.46	35.72	114.43
厨具卫具及日用杂品批发	141.28	93.84	178.88
灯具、装饰物品批发	94.85	64.77	93.55
家用视听设备批发	373.68	307.54	745.15
日用家电批发	1641.12	1421.04	2428.32
其他家庭用品批发	171.74	101.30	315.59
文化、体育用品及器材批发	849.16	640.39	849.41
文具用品批发	207.91	141.46	366.64
体育用品及器材批发	43.75	24.97	72.22
图书批发	235.72	112.36	48.82
报刊批发	0.86	0.68	0.82

1-A-3 续表 1

单位：亿元

分　组	资产总计	负债合计	营业收入
音像制品、电子和数字出版物批发	3.08	1.45	4.29
首饰、工艺品及收藏品批发	203.24	109.54	387.09
乐器批发	1.86	1.21	4.66
其他文化用品批发	152.73	66.94	171.34
医药及医疗器材批发	1642.06	1212.04	2531.99
西药批发	916.26	706.94	1579.38
中药批发	255.96	224.12	398.89
动物用药品批发	14.71	10.78	15.42
医疗用品及器材批发	455.13	270.21	538.31
矿产品、建材及化工产品批发	15228.24	11532.86	39753.13
煤炭及制品批发	1573.60	1166.20	3207.87
石油及制品批发	1645.42	1194.37	4542.89
非金属矿及制品批发	203.30	75.68	168.23
金属及金属矿批发	6124.37	5079.55	18586.24
建材批发	2400.89	1703.66	3212.19
化肥批发	156.69	97.94	268.52
农药批发	69.53	42.38	142.75
农用薄膜批发	3.43	1.69	5.03
其他化工产品批发	3051.02	2171.40	9619.41
机械设备、五金产品及电子产品批发	6335.45	4308.08	10528.07
农业机械批发	84.27	52.44	159.76
汽车及零配件批发	780.99	502.04	1674.44
摩托车及零配件批发	45.12	37.73	140.73
五金产品批发	942.04	624.22	1488.56
电气设备批发	558.41	345.51	715.68
计算机、软件及辅助设备批发	613.82	458.02	1313.74
通讯设备批发	616.87	425.44	669.04
广播影视设备批发	112.04	92.44	163.72
其他机械设备及电子产品批发	2581.88	1770.25	4202.42
贸易经纪与代理	772.84	538.93	1136.81
贸易代理	489.53	337.96	969.59
一般物品拍卖	10.40	6.02	3.79
艺术品、收藏品拍卖	4.43	1.67	2.51
艺术品代理	0.21	0.11	0.88
其他贸易经纪与代理	268.28	193.16	160.04
其他批发业	1452.75	1321.87	1894.47
再生物资回收与批发	350.90	220.01	792.62

1-A-3 续表 2

单位：亿元

分 组	资产总计	负债合计	营业收入
宠物食品用品批发	3.59	2.51	9.95
互联网批发	102.34	56.40	335.25
其他未列明批发业	995.92	548.92	1204.11
按登记注册类型分组			
内资企业	33490.29	23820.90	68558.34
国有企业	1019.88	409.25	1233.02
集体企业	469.29	313.44	179.92
股份合作企业	25.27	20.73	177.72
联营企业	1.73	0.51	2.03
国有联营企业	0.30	0.01	0.79
集体联营企业	0.84	0.30	0.68
国有与集体联营企业	0.28	0.14	0.05
其他联营企业	0.30	0.06	0.51
有限责任公司	8953.68	6903.38	18529.18
国有独资公司	1259.94	926.67	1256.42
其他有限责任公司	7693.74	5976.70	17272.76
股份有限公司	3736.54	2762.87	4693.08
私营企业	19064.70	13340.79	43298.53
私营独资企业	348.36	152.19	564.58
私营合伙企业	12.98	6.29	33.75
私营有限责任公司	18318.20	12942.54	42017.45
私营股份有限公司	385.15	239.77	682.75
其他企业	219.21	69.93	444.86
港、澳、台商投资企业	1479.51	930.15	2039.06
与港澳台商合资经营企业	201.12	112.97	449.95
与港澳台商合作经营企业	2.12	1.88	2.44
港澳台商独资经营企业	1262.93	808.21	1570.35
港澳台商投资股份有限公司	7.48	3.60	9.66
其他港澳台投资企业	5.87	3.48	6.67
外商投资企业	1862.30	1146.33	4218.98
中外合资经营企业	427.72	286.15	1328.54
中外合作经营企业	9.93	7.13	6.98
外资企业	1380.12	838.68	2857.64
外商投资股份有限公司	2.39	1.76	4.51
其他外商投资	42.15	12.60	21.30

1-A-4 限额以上批发业法人企业财务状况

单位：亿元

分组	资产总计	负债合计	营业收入
批发业	**20219.29**	**15167.40**	**49654.43**
按国民经济行业分组			
农、林、牧、渔产品批发	542.61	410.42	1263.17
谷物、豆及薯类批发	313.35	256.27	708.00
种子批发	34.79	11.28	38.43
畜牧渔业饲料批发	17.73	10.87	74.13
棉、麻批发	107.20	88.41	238.13
林业产品批发	36.36	21.06	108.35
牲畜批发	11.84	5.06	23.08
渔业产品批发	0.94	0.70	6.49
其他农牧产品批发	20.40	16.76	66.56
食品、饮料及烟草制品批发	1528.38	761.50	2613.82
米、面制品及食用油批发	219.40	164.61	432.78
糕点、糖果及糖批发	8.43	6.29	23.00
果品、蔬菜批发	35.21	17.83	120.12
肉、禽、蛋、奶及水产品批发	77.82	32.22	228.46
盐及调味品批发	40.40	20.68	70.03
营养和保健品批发	104.12	86.04	61.40
酒、饮料及茶叶批发	387.03	323.54	635.62
烟草制品批发	590.06	65.67	868.70
其他食品批发	65.91	44.61	173.72
纺织、服装及家庭用品批发	4423.84	3485.94	8484.00
纺织品、针织品及原料批发	1361.38	1087.76	3271.55
服装批发	859.31	556.46	1592.29
鞋帽批发	229.10	125.59	381.23
化妆品及卫生用品批发	28.30	12.50	50.83
厨具卫具及日用杂品批发	22.08	14.72	47.75
灯具、装饰物品批发	36.36	23.20	49.23
家用视听设备批发	342.16	288.57	703.56
日用家电批发	1487.62	1339.22	2251.78
其他家庭用品批发	57.53	37.93	135.80
文化、体育用品及器材批发	555.28	269.87	617.15
文具用品批发	82.66	54.48	177.49
体育用品及器材批发	14.06	8.17	30.93
图书批发	224.06	105.39	33.00
报刊批发			
音像制品、电子和数字出版物批发	0.17	0.15	0.57
首饰、工艺品及收藏品批发	132.59	65.84	285.38

1-A-4　续表 1　　　　单位：亿元

分　组	资产总计	负债合计	营业收入
乐器批发	0.77	0.55	2.51
其他文化用品批发	100.96	35.29	87.27
医药及医疗器材批发	1237.37	970.95	2136.40
西药批发	879.72	684.71	1544.98
中药批发	229.13	207.16	382.19
动物用药品批发	8.14	7.22	6.70
医疗用品及器材批发	120.38	71.87	202.54
矿产品、建材及化工产品批发	8357.89	6640.91	27397.56
煤炭及制品批发	1211.14	908.35	2516.94
石油及制品批发	1242.85	892.98	3830.32
非金属矿及制品批发	95.90	41.93	96.48
金属及金属矿批发	3565.18	3042.31	13000.21
建材批发	539.12	427.19	1433.13
化肥批发	97.72	73.15	164.08
农药批发	40.89	28.73	95.29
农用薄膜批发	0.30	0.27	0.45
其他化工产品批发	1564.79	1226.01	6260.66
机械设备、五金产品及电子产品批发	3118.46	2295.55	5909.61
农业机械批发	49.54	37.48	114.53
汽车及零配件批发	446.90	259.48	1039.61
摩托车及零配件批发	5.89	5.09	27.34
五金产品批发	133.77	95.77	362.60
电气设备批发	187.28	138.51	243.82
计算机、软件及辅助设备批发	433.50	376.77	1075.89
通讯设备批发	550.62	380.86	546.33
广播影视设备批发	105.65	88.10	157.79
其他机械设备及电子产品批发	1205.32	913.50	2341.69
贸易经纪与代理	191.26	152.94	462.25
贸易代理	168.77	133.57	415.09
一般物品拍卖	0.03	0.00	0.19
艺术品、收藏品拍卖	0.76	0.15	0.21
艺术品代理	0.04	0.03	0.36
其他贸易经纪与代理	21.66	19.18	46.39
其他批发业	264.22	179.32	770.47
再生物资回收与批发	113.72	82.58	341.80
宠物食品用品批发			
互联网批发	50.86	29.54	238.09
其他未列明批发业	99.63	67.20	190.57

1-A-4 续表 2 单位：亿元

分　组	资产总计	负债合计	营业收入
按登记注册类型分组			
内资企业	17689.40	13599.53	44028.08
国有企业	863.20	282.51	1086.13
集体企业	63.25	60.01	83.46
股份合作企业	18.18	17.07	173.26
联营企业			
国有联营企业			
集体联营企业			
国有与集体联营企业			
其他联营企业			
有限责任公司	7191.47	5728.75	15874.67
国有独资公司	1100.09	806.62	1201.73
其他有限责任公司	6091.38	4922.12	14672.95
股份有限公司	3125.64	2469.09	4062.39
私营企业	6397.87	5027.78	22598.36
私营独资企业	19.38	10.39	52.19
私营合伙企业	0.61	0.49	2.78
私营有限责任公司	6211.39	4912.02	22098.36
私营股份有限公司	166.48	104.88	445.03
其他企业	29.78	14.32	149.81
港、澳、台商投资企业	1011.57	631.73	1771.79
与港澳台商合资经营企业	145.92	77.14	387.83
与港澳台商合作经营企业			
港澳台商独资经营企业	862.12	553.29	1374.86
港澳台商投资股份有限公司	3.53	1.31	9.10
其他港澳台投资企业			
外商投资企业	1518.33	936.14	3854.55
中外合资经营企业	249.91	159.51	1175.73
中外合作经营企业	9.37	7.00	6.59
外资企业	1219.79	758.88	2653.25
外商投资股份有限公司	1.38	1.06	2.37
其他外商投资	37.88	9.69	16.61
按单位规模分组			
大型	5795.21	4103.11	9438.61
中型	7234.78	5362.42	18425.41
小型	4060.44	3074.58	14154.73
微型	3128.87	2627.29	7635.68

1-A-5　零售业法人企业基本情况

分　组	法　人 单位数 (个)	从业人员 期末人数 (人)	年末零售 营业面积 (万平方米)
零售业	216007	1358042	4953.4
按国民经济行业分组			
综合零售	21967	278226	1247.8
百货零售	13707	114132	601.6
超级市场零售	774	120657	499.3
便利店零售	275	5681	19.8
其他综合零售	7211	37756	127.1
食品、饮料及烟草制品专门零售	20703	113975	332.4
粮油零售	961	6171	40.7
糕点、面包零售	571	4391	9.8
果品、蔬菜零售	2500	17859	59.8
肉、禽、蛋、奶及水产品零售	3602	22464	68.5
营养和保健品零售	1049	5870	11.7
酒、饮料及茶叶零售	2919	14526	41.2
烟草制品零售	1149	6392	13.5
其他食品零售	7952	36302	87.1
纺织、服装及日用品专门零售	30550	144038	380.7
纺织品及针织品零售	3648	17552	41.4
服装零售	10872	47860	154.8
鞋帽零售	768	10025	10.7
化妆品及卫生用品零售	2013	10166	16.5
厨具卫具及日用杂品零售	1144	4909	13.3
钟表、眼镜零售	2668	11417	23.2
箱包零售	330	1547	3.8
自行车等代步设备零售	884	4112	13.7
其他日用品零售	8223	36450	103.3
文化、体育用品及器材专门零售	15193	78749	182.9
文具用品零售	3446	14655	32.6
体育用品及器材零售	1214	5900	15.4
图书、报刊零售	898	11600	19.7
音像制品、电子和数字出版物零售	95	573	2.1
珠宝首饰零售	3158	16121	32.1
工艺美术品及收藏品零售	3697	15591	45.8
乐器零售	495	2252	5.7
照相器材零售	159	1838	1.4
其他文化用品零售	2031	10219	28.1

1-A-5 续表 1

分 组	法 人 单位数 (个)	从业人员 期末人数 (人)	年末零售 营业面积 (万平方米)
医药及医疗器材专门零售	16592	115439	250
西药零售	11205	87201	184.2
中药零售	856	5371	12.4
动物用药品零售	283	1070	2.6
医疗用品及器材零售	4165	21333	49.6
保健辅助治疗器材零售	83	464	1.1
汽车、摩托车、零配件和燃料及其他动力销售	21413	219948	1333.4
汽车新车零售	9266	146951	869.9
汽车旧车零售	2038	7618	51.7
汽车零配件零售	5717	26692	98.7
摩托车及零配件零售	661	3225	16.3
机动车燃油零售	3591	32839	285.6
机动车燃气零售	118	2499	10.5
机动车充电销售	22	124	0.7
家用电器及电子产品专门零售	25306	144594	425.1
家用视听设备零售	1228	13932	69.9
日用家电零售	5889	43014	196.7
计算机、软件及辅助设备零售	5205	24380	41.3
通信设备零售	3072	23270	38.7
其他电子产品零售	9912	39998	78.5
五金、家具及室内装饰材料专门零售	31133	134703	454.1
五金零售	12910	52805	125.7
灯具零售	1015	3781	13.9
家具零售	5105	23158	132
涂料零售	1009	4288	14.4
卫生洁具零售	412	2562	9.6
木质装饰材料零售	885	4144	19.3
陶瓷、石材装饰材料零售	978	4969	21.3
其他室内装饰材料零售	8819	38996	118
货摊、无店铺及其他零售业	33150	128370	347.1
流动货摊零售	21	73	0.3
互联网零售	17911	53739	96.4
邮购及电视、电话零售	13	1011	0.5
自动售货机零售	434	777	1.5
旧货零售	64	208	1.9

1-A-5　续表 2

分　　组	法　人 单位数 (个)	从业人员 期末人数 (人)	年末零售 营业面积 (万平方米)
生活用燃料零售	1012	9057	72
宠物食品用品零售	373	1366	4.2
其他未列明零售业	13322	62139	170.4
按登记注册类型分组			
内资企业	215375	1251276	4509.1
国有企业	309	4781	19.7
集体企业	994	8830	42.4
股份合作企业	127	732	3.1
联营企业	64	353	2.2
国有联营企业	11	55	0.5
集体联营企业	19	132	1.3
国有与集体联营企业	4	5	
其他联营企业	30	161	0.4
有限责任公司	11444	186086	810.4
国有独资公司	118	3292	13.7
其他有限责任公司	11326	182794	796.7
股份有限公司	1437	33741	235.8
私营企业	198035	993945	3295.5
私营独资企业	19424	82076	296.6
私营合伙企业	646	2976	13.1
私营有限责任公司	176481	892697	2914.4
私营股份有限公司	1484	16196	71.4
其他企业	2965	22808	100.1
港、澳、台商投资企业	319	66806	252.1
与港澳台商合资经营企业	71	6200	36.8
与港澳台商合作经营企业	2	8	
港澳台商独资经营企业	235	60481	213.1
港澳台商投资股份有限公司	7	92	0.1
其他港澳台投资企业	4	25	2.1
外商投资企业	313	39960	192.1
中外合资经营企业	82	21690	98.4
中外合作经营企业	1	3	
外资企业	190	17520	89.4
外商投资股份有限公司	11	607	3.9
其他外商投资	29	140	0.4

1-A-6 限额以上零售业法人企业基本情况

分　组	法　人 单位数 (个)	从业人员 期末人数 (人)	年末零售 营业面积 (万平方米)
零售业	**8585**	**514100**	**2368.3**
按国民经济行业分组			
综合零售	737	172375	859.8
百货零售	329	50301	373.2
超级市场零售	355	116080	465.9
便利店零售	13	3151	14.0
其他综合零售	40	2843	6.6
食品、饮料及烟草制品专门零售	923	35215	74.1
粮油零售	64	1503	4.4
糕点、面包零售	27	1470	4.2
果品、蔬菜零售	136	7677	19.1
肉、禽、蛋、奶及水产品零售	213	9200	17.3
营养和保健品零售	26	1738	1.4
酒、饮料及茶叶零售	228	4769	14.2
烟草制品零售	72	2282	3.6
其他食品零售	157	6576	9.9
纺织、服装及日用品专门零售	545	34691	104.4
纺织品及针织品零售	92	1789	6.6
服装零售	227	17458	78.8
鞋帽零售	24	7316	3.8
化妆品及卫生用品零售	49	3332	2.2
厨具卫具及日用杂品零售	32	762	3.4
钟表、眼镜零售	16	1210	0.7
箱包零售	3	184	0.2
自行车等代步设备零售	15	169	1.2
其他日用品零售	87	2471	7.5
文化、体育用品及器材专门零售	544	22458	46.0
文具用品零售	117	2268	6.6
体育用品及器材零售	24	1163	1.8
图书、报刊零售	45	7201	7.5
音像制品、电子和数字出版物零售	3	104	0.5
珠宝首饰零售	171	4545	6.9
工艺美术品及收藏品零售	103	3908	12.5
乐器零售	16	280	1.0
照相器材零售	11	1333	0.5
其他文化用品零售	54	1656	8.6
医药及医疗器材专门零售	440	43545	73.0

1-A-6　续表 1

分　　组	法　人 单位数 (个)	从业人员 期末人数 (人)	年末零售 营业面积 (万平方米)
西药零售	326	40367	67.1
中药零售	22	1395	2.7
动物用药品零售	4	174	0.4
医疗用品及器材零售	82	1508	2.6
保健辅助治疗器材零售	6	101	0.3
汽车、摩托车、零配件和燃料及其他动力销售	3181	131753	872.6
汽车新车零售	2205	107002	650.9
汽车旧车零售	24	753	5.4
汽车零配件零售	151	3560	13.1
摩托车及零配件零售	70	857	6.4
机动车燃油零售	688	17589	188.5
机动车燃气零售	43	1992	8.3
机动车充电销售			
家用电器及电子产品专门零售	1041	42615	208.7
家用视听设备零售	214	9056	57.0
日用家电零售	343	18149	131.4
计算机、软件及辅助设备零售	228	5188	7.1
通信设备零售	170	8500	10.1
其他电子产品零售	86	1722	3.0
五金、家具及室内装饰材料专门零售	610	12178	56.9
五金零售	284	3601	8.6
灯具零售	25	300	0.9
家具零售	79	4177	28.6
涂料零售	27	377	1.6
卫生洁具零售	18	564	2.7
木质装饰材料零售	25	717	1.5
陶瓷、石材装饰材料零售	57	802	4.6
其他室内装饰材料零售	95	1640	8.5
货摊、无店铺及其他零售业	564	19270	72.8
流动货摊零售	1	7	
互联网零售	275	11937	28.7
邮购及电视、电话零售	3	967	0.4
自动售货机零售	4	97	0.2
旧货零售	1		1.0
生活用燃料零售	186	4171	36.6
宠物食品用品零售	3	67	0.7
其他未列明零售业	91	2024	5.3

1-A-6 续表 2

分组	法人单位数(个)	从业人员期末人数(人)	年末零售营业面积(万平方米)
按登记注册类型分组			
内资企业	8349	411472	1949.0
国有企业	37	2778	8.4
集体企业	84	2699	15.1
股份合作企业	10	144	0.9
联营企业	4	29	1.3
国有联营企业	3	26	0.3
集体联营企业	1	3	1.0
国有与集体联营企业			
其他联营企业			
有限责任公司	1564	132687	646.2
国有独资公司	31	2157	9.4
其他有限责任公司	1533	130530	636.8
股份有限公司	172	27281	210.0
私营企业	6301	237923	1052.7
私营独资企业	282	4592	26.7
私营合伙企业	45	457	2.7
私营有限责任公司	5846	222989	978.5
私营股份有限公司	128	9885	44.9
其他企业	177	7931	14.3
港、澳、台商投资企业	136	65065	242.1
与港澳台商合资经营企业	28	5626	33.2
与港澳台商合作经营企业			
港澳台商独资经营企业	108	59439	208.9
港澳台商投资股份有限公司			
其他港澳台投资企业			
外商投资企业	100	37563	177.2
中外合资经营企业	28	20597	94.2
中外合作经营企业			
外资企业	67	16360	79.1
外商投资股份有限公司	4	582	3.8
其他外商投资	1	24	0.1
按单位规模分组			
大型	188	190400	686.1
中型	1923	212462	1038.8
小型	4369	98806	536.4
微型	2105	12432	107.0

1-A-7　零售业法人企业财务状况

单位：亿元

分　　组	资产总计	负债合计	营业收入
零售业	**9940.76**	**6163.29**	**14197.57**
按国民经济行业分组			
综合零售	2180.78	1396.10	2458.23
百货零售	1495.91	823.81	1163.77
超级市场零售	514.76	467.27	1131.31
便利店零售	43.42	42.07	25.32
其他综合零售	126.70	62.95	137.82
食品、饮料及烟草制品专门零售	510.50	288.85	676.65
粮油零售	33.64	16.09	50.86
糕点、面包零售	9.97	4.75	16.21
果品、蔬菜零售	106.66	61.28	103.96
肉、禽、蛋、奶及水产品零售	78.32	36.01	135.16
营养和保健品零售	34.03	14.32	29.71
酒、饮料及茶叶零售	84.10	51.34	114.60
烟草制品零售	36.58	30.33	64.19
其他食品零售	127.21	74.75	161.97
纺织、服装及日用品专门零售	545.74	317.92	786.85
纺织品及针织品零售	75.16	40.31	105.35
服装零售	254.94	180.09	348.09
鞋帽零售	26.44	15.57	34.34
化妆品及卫生用品零售	28.40	15.93	65.87
厨具卫具及日用杂品零售	15.68	8.94	23.62
钟表、眼镜零售	25.02	11.74	40.56
箱包零售	4.59	2.39	5.69
自行车等代步设备零售	12.25	6.46	19.45
其他日用品零售	103.27	36.51	143.87
文化、体育用品及器材专门零售	577.21	313.16	631.46
文具用品零售	50.62	31.37	82.46
体育用品及器材零售	28.43	17.67	44.07
图书、报刊零售	210.97	118.89	224.76
音像制品、电子和数字出版物零售	2.14	1.52	3.07
珠宝首饰零售	108.44	50.46	120.59
工艺美术品及收藏品零售	108.41	51.30	73.89
乐器零售	6.09	3.48	8.84
照相器材零售	6.03	2.58	17.25
其他文化用品零售	56.10	35.89	56.53

1-A-7 续表 1 单位：亿元

分　组	资产总计	负债合计	营业收入
医药及医疗器材专门零售	338.35	190.56	550.96
西药零售	232.45	138.81	419.18
中药零售	13.43	7.29	18.74
动物用药品零售	6.92	1.71	4.24
医疗用品及器材零售	82.26	40.83	102.77
保健辅助治疗器材零售	3.28	1.91	6.04
汽车、摩托车、零配件和燃料及其他动力销售	2595.77	1701.54	5453.80
汽车新车零售	1638.20	1186.75	3678.51
汽车旧车零售	31.25	14.64	56.68
汽车零配件零售	153.62	78.02	183.18
摩托车及零配件零售	16.57	8.55	36.69
机动车燃油零售	743.82	408.26	1479.04
机动车燃气零售	11.81	5.16	19.34
机动车充电销售	0.50	0.15	0.35
家用电器及电子产品专门零售	1605.91	953.80	1303.93
家用视听设备零售	88.40	55.04	190.75
日用家电零售	1154.82	683.72	521.70
计算机、软件及辅助设备零售	103.12	56.20	192.79
通信设备零售	79.92	53.43	180.24
其他电子产品零售	179.66	105.42	218.45
五金、家具及室内装饰材料专门零售	700.16	418.09	858.44
五金零售	276.83	170.32	332.03
灯具零售	13.85	7.86	20.26
家具零售	99.00	64.85	121.82
涂料零售	19.97	11.71	28.73
卫生洁具零售	14.34	7.28	13.00
木质装饰材料零售	16.14	8.59	26.04
陶瓷、石材装饰材料零售	22.39	11.62	47.64
其他室内装饰材料零售	237.63	135.86	268.92
货摊、无店铺及其他零售业	886.34	808.55	1658.56
流动货摊零售	0.23	0.08	0.46
互联网零售	256.50	187.74	1030.78
邮购及电视、电话零售	19.69	12.29	15.92
自动售货机零售	2.67	1.84	4.07
旧货零售	0.95	0.28	1.04

1-A-7　续表 2　　　　单位：亿元

分　组	资产总计	负债合计	营业收入
生活用燃料零售	92.44	52.39	105.98
宠物食品用品零售	2.71	1.69	4.10
其他未列明零售业	511.16	326.94	314.92
按登记注册类型分组			
内资企业	8752.79	5377.28	12386.87
国有企业	56.79	40.74	59.15
集体企业	63.88	33.05	79.79
股份合作企业	8.73	6.76	3.56
联营企业	1.42	0.66	2.56
国有联营企业	0.42	0.28	1.33
集体联营企业	0.67	0.32	0.76
国有与集体联营企业	0.01	0.00	0.02
其他联营企业	0.32	0.06	0.46
有限责任公司	2163.93	1468.26	3602.17
国有独资公司	290.11	164.19	49.44
其他有限责任公司	1873.82	1304.07	3552.73
股份有限公司	1589.21	909.48	1084.43
私营企业	4806.54	2902.51	7442.71
私营独资企业	237.23	75.63	348.98
私营合伙企业	11.70	5.31	20.75
私营有限责任公司	4428.65	2765.80	6914.90
私营股份有限公司	128.95	55.77	158.07
其他企业	62.28	15.81	112.52
港、澳、台商投资企业	567.97	398.08	937.64
与港澳台商合资经营企业	106.95	58.95	123.74
与港澳台商合作经营企业	0.01	0.00	0.02
港澳台商独资经营企业	460.11	339.02	813.58
港澳台商投资股份有限公司	0.82	0.06	0.18
其他港澳台投资企业	0.07	0.05	0.12
外商投资企业	620.01	387.92	873.05
中外合资经营企业	359.59	265.09	526.25
中外合作经营企业	0.02	0.00	0.03
外资企业	224.24	124.07	250.65
外商投资股份有限公司	35.20	-1.86	95.10
其他外商投资	0.97	0.61	1.01

1-A-8 限额以上零售业法人企业财务状况

单位：亿元

分组	资产总计	负债合计	营业收入
零售业	**6423.29**	**4184.78**	**10584.80**
按国民经济行业分组			
综合零售	1816.06	1195.50	2066.81
百货零售	1267.64	698.87	912.41
超级市场零售	499.55	454.75	1111.50
便利店零售	37.26	35.05	20.50
其他综合零售	11.61	6.83	22.40
食品、饮料及烟草制品专门零售	181.56	96.73	388.82
粮油零售	13.01	6.10	31.48
糕点、面包零售	4.85	2.25	6.27
果品、蔬菜零售	31.08	14.88	72.43
肉、禽、蛋、奶及水产品零售	32.85	16.43	81.67
营养和保健品零售	22.93	9.05	18.62
酒、饮料及茶叶零售	35.93	20.77	76.09
烟草制品零售	18.55	13.26	44.39
其他食品零售	22.36	13.98	57.87
纺织、服装及日用品专门零售	242.67	175.83	425.53
纺织品及针织品零售	13.64	8.70	29.98
服装零售	172.40	135.16	261.71
鞋帽零售	19.78	11.93	26.34
化妆品及卫生用品零售	11.06	7.00	43.83
厨具卫具及日用杂品零售	2.57	1.63	9.03
钟表、眼镜零售	6.57	2.93	14.40
箱包零售	0.78	0.90	1.41
自行车等代步设备零售	1.03	0.54	2.43
其他日用品零售	14.84	7.03	36.40
文化、体育用品及器材专门零售	346.37	198.88	430.01
文具用品零售	17.53	11.91	40.19
体育用品及器材零售	10.81	5.47	27.01
图书、报刊零售	191.28	105.65	190.98
音像制品、电子和数字出版物零售	0.40	0.31	1.41
珠宝首饰零售	55.57	33.07	79.78
工艺美术品及收藏品零售	37.87	21.55	43.91
乐器零售	2.00	1.40	3.93
照相器材零售	4.52	1.77	14.73
其他文化用品零售	26.40	17.75	28.07
医药及医疗器材专门零售	161.22	116.90	327.68

1-A-8　续表 1　　单位：亿元

分　组	资产总计	负债合计	营业收入
西药零售	140.33	104.42	288.54
中药零售	4.24	3.15	7.31
动物用药品零售	0.84	0.25	1.40
医疗用品及器材零售	13.51	7.72	25.95
保健辅助治疗器材零售	2.29	1.37	4.48
汽车、摩托车、零配件和燃料及其他动力销售	2115.08	1420.66	4872.00
汽车新车零售	1385.07	1023.17	3351.34
汽车旧车零售	7.26	5.94	25.19
汽车零配件零售	58.10	17.73	84.27
摩托车及零配件零售	6.83	4.36	26.53
机动车燃油零售	651.81	367.69	1370.34
机动车燃气零售	6.00	1.77	14.34
机动车充电销售			
家用电器及电子产品专门零售	1211.60	727.64	813.55
家用视听设备零售	70.58	47.11	171.87
日用家电零售	1054.46	625.51	392.40
计算机、软件及辅助设备零售	33.69	15.86	100.44
通信设备零售	39.00	30.33	115.18
其他电子产品零售	13.87	8.83	33.66
五金、家具及室内装饰材料专门零售	98.04	64.61	305.53
五金零售	25.72	14.46	85.56
灯具零售	2.63	1.20	5.93
家具零售	29.70	22.56	64.47
涂料零售	4.11	2.77	11.05
卫生洁具零售	3.70	3.43	5.71
木质装饰材料零售	4.20	2.33	10.74
陶瓷、石材装饰材料零售	4.97	2.35	30.13
其他室内装饰材料零售	23.01	15.52	91.95
货摊、无店铺及其他零售业	250.68	188.02	954.85
流动货摊零售	0.10	0.07	0.34
互联网零售	142.27	125.75	824.66
邮购及电视、电话零售	19.61	12.25	15.87
自动售货机零售	0.70	0.60	0.96
旧货零售	0.13	0.08	0.21
生活用燃料零售	67.31	40.92	80.58
宠物食品用品零售	0.38	0.16	1.05
其他未列明零售业	20.18	8.19	31.18

1-A-8 续表 2 单位：亿元

分　组	资产总计	负债合计	营业收入
按登记注册类型分组			
内资企业	5284.98	3432.65	8816.92
国有企业	27.56	20.72	51.58
集体企业	27.74	12.59	60.12
股份合作企业	5.60	4.92	1.37
联营企业	0.17	0.04	1.30
国有联营企业	0.11	0.04	1.21
集体联营企业	0.06	0.00	0.10
国有与集体联营企业			
其他联营企业			
有限责任公司	1625.70	1104.46	3228.50
国有独资公司	262.83	149.13	45.35
其他有限责任公司	1362.87	955.33	3183.15
股份有限公司	1561.06	894.83	1059.50
私营企业	2018.73	1389.51	4348.27
私营独资企业	17.73	8.57	71.94
私营合伙企业	2.61	1.27	11.02
私营有限责任公司	1897.18	1339.44	4132.41
私营股份有限公司	101.21	40.23	132.89
其他企业	18.43	5.58	66.28
港、澳、台商投资企业	538.63	378.73	911.94
与港澳台商合资经营企业	98.54	55.49	121.21
与港澳台商合作经营企业			
港澳台商独资经营企业	440.09	323.24	790.72
港澳台商投资股份有限公司			
其他港澳台投资企业			
外商投资企业	599.68	373.40	855.94
中外合资经营企业	353.51	258.50	519.05
中外合作经营企业			
外资企业	210.62	116.36	241.49
外商投资股份有限公司	34.88	-1.93	94.67
其他外商投资	0.66	0.47	0.73
按单位规模分组			
大型	2534.09	1548.33	2545.74
中型	2694.96	1843.17	4971.50
小型	952.54	625.31	2197.87
微型	241.70	167.98	869.69

B.地区部分

1-B-1　分地区批发业法人企业基本情况

地　区	法人单位数 (个)	从业人员期末人数 (人)
总　计	**397988**	**2438009**
南　京	29187	234674
无　锡	56646	288228
徐　州	27158	217036
常　州	33343	161101
苏　州	120195	491568
南　通	34820	320547
连云港	9279	75244
淮　安	14183	96389
盐　城	21511	165210
扬　州	16663	150657
镇　江	11177	93145
泰　州	13573	82427
宿　迁	10253	61783

1-B-2　分地区批发业法人企业基本情况(按国民经济行业分)

(农、林、牧、渔产品批发)

地　区	法人单位数 (个)	从业人员期末人数 (人)
总　计	**17866**	**132616**
南　京	1168	9782
无　锡	588	2581
徐　州	2136	15877
常　州	727	11398
苏　州	1132	4620
南　通	1746	17951
连云港	565	4029
淮　安	1022	8141
盐　城	2412	17294
扬　州	693	9238
镇　江	665	6232
泰　州	482	3917
宿　迁	4530	21556

1-B-2　续表 1

(食品、饮料及烟草制品批发)

地　区	法人单位数 (个)	从业人员期末人数 (人)
总　计	**30493**	**233634**
南　京	3227	29277
无　锡	3237	19511
徐　州	3415	27894
常　州	2072	8994
苏　州	6115	26825
南　通	2798	31085
连云港	1024	8362
淮　安	1467	11389
盐　城	2394	17952
扬　州	1561	21947
镇　江	886	7391
泰　州	1058	8150
宿　迁	1239	14857

1-B-2 续表 2

(纺织服装及家庭用品批发)

地 区	法人单位数 (个)	从业人员期末人数 (人)
总 计	**66265**	**425840**
南 京	2956	47039
无 锡	7059	44915
徐 州	3090	25130
常 州	4921	21609
苏 州	29115	130265
南 通	9352	86333
连云港	942	5881
淮 安	1451	9760
盐 城	2221	16365
扬 州	2661	23036
镇 江	903	7580
泰 州	925	4319
宿 迁	669	3608

1-B-2　续表 3

(文化、体育用品及器材批发)

地　区	法人单位数 (个)	从业人员期末人数 (人)
总　计	**11994**	**71245**
南　京	1161	11470
无　锡	1416	5686
徐　州	607	4087
常　州	788	2864
苏　州	3352	15589
南　通	937	9665
连云港	547	2303
淮　安	414	2784
盐　城	478	3544
扬　州	1143	6396
镇　江	340	2551
泰　州	469	2500
宿　迁	342	1806

1-B-2 续表 4

(医药及医疗器材批发)

地 区	法人单位数 (个)	从业人员期末人数 (人)
总 计	**9579**	**126798**
南 京	1288	20477
无 锡	639	15953
徐 州	1061	11606
常 州	887	6083
苏 州	1476	11106
南 通	771	6864
连云港	295	17294
淮 安	409	4576
盐 城	585	5944
扬 州	580	4698
镇 江	240	2774
泰 州	1102	16695
宿 迁	246	2728

1-B-2　续表 5

(矿产品、建材及化工产品批发)

地　区	法人单位数 (个)	从业人员期末人数 (人)
总　计	**112272**	**677673**
南　京	7572	44781
无　锡	23140	112101
徐　州	8478	73597
常　州	11162	54416
苏　州	25631	106377
南　通	9065	84073
连云港	2916	18979
淮　安	3975	25331
盐　城	6504	57115
扬　州	4251	36293
镇　江	3705	32258
泰　州	4421	24686
宿　迁	1452	7666

1-B-2 续表 6

(机械设备、五金产品及电子产品批发)

地 区	法人单位数 (个)	从业人员期末人数 (人)
总 计	**107901**	**538567**
南 京	8815	56133
无 锡	16755	71865
徐 州	5624	38893
常 州	9856	41999
苏 州	41799	158791
南 通	6817	53089
连云港	1438	9864
淮 安	2695	16192
盐 城	3476	22944
扬 州	3550	27585
镇 江	2872	22226
泰 州	3425	14949
宿 迁	779	4037

1-B-2　续表 7

(贸易经纪与代理)

地　区	法人单位数 (个)	从业人员期末人数 (人)
总　计	**9556**	**52295**
南　京	785	4544
无　锡	971	4093
徐　州	648	4281
常　州	801	3041
苏　州	1790	5738
南　通	1325	10833
连云港	472	2096
淮　安	440	2813
盐　城	941	5781
扬　州	481	3548
镇　江	397	2816
泰　州	271	1113
宿　迁	234	1598

1-B-2 续表 8

(其他批发业)

地 区	法人单位数 (个)	从业人员期末人数 (人)
总 计	**32062**	**179341**
南 京	2215	11171
无 锡	2841	11523
徐 州	2099	15671
常 州	2129	10697
苏 州	9785	32257
南 通	2009	20654
连云港	1080	6436
淮 安	2310	15403
盐 城	2500	18271
扬 州	1743	17916
镇 江	1169	9317
泰 州	1420	6098
宿 迁	762	3927

1-B-3　分地区批发业法人企业基本情况(按登记注册类型分)

(内资企业)

地　区	法人单位数 (个)	从业人员期末人数 (人)
总　计	**395306**	**2355895**
南　京	29012	217415
无　锡	56402	271870
徐　州	27124	216498
常　州	33165	159064
苏　州	118635	453275
南　通	34594	317277
连云港	9258	75141
淮　安	14135	95268
盐　城	21466	164852
扬　州	16616	149659
镇　江	11129	92416
泰　州	13528	81445
宿　迁	10242	61715

1-B-3 续表 1

(国有企业)

地 区	法人单位数 (个)	从业人员期末人数 (人)
总 计	**772**	**20545**
南 京	66	1645
无 锡	54	1070
徐 州	67	3015
常 州	30	462
苏 州	59	1807
南 通	43	1450
连云港	32	1393
淮 安	115	2196
盐 城	123	2513
扬 州	47	1425
镇 江	61	1128
泰 州	56	1465
宿 迁	19	976

1-B-3　续表 2

(集体企业)

地　区	法人单位数 (个)	从业人员期末人数 (人)
总　计	**1002**	**8660**
南　京	75	789
无　锡	99	896
徐　州	83	1039
常　州	73	163
苏　州	151	433
南　通	64	638
连云港	21	152
淮　安	94	857
盐　城	107	1491
扬　州	100	1147
镇　江	58	484
泰　州	50	395
宿　迁	27	176

1-B-3 续表 3

(股份合作企业)

地 区	法人单位数 (个)	从业人员期末人数 (人)
总 计	**153**	**1212**
南 京	17	79
无 锡	22	111
徐 州	5	18
常 州	2	173
苏 州	50	180
南 通	17	123
连云港	2	39
淮 安	3	12
盐 城	8	103
扬 州	9	130
镇 江	2	7
泰 州	7	178
宿 迁	9	59

1-B-3　续表 4

(联营企业)

地　区	法人单位数 (个)	从业人员期末人数 (人)
总　计	**78**	**535**
南　京	7	18
无　锡	2	6
徐　州	7	29
常　州	3	10
苏　州	6	3
南　通	7	16
连云港	2	28
淮　安	13	175
盐　城	9	126
扬　州	7	51
镇　江	3	2
泰　州	7	58
宿　迁	5	13

1-B-3 续表 5

(有限责任公司)

地 区	法人单位数(个)	从业人员期末人数(人)
总 计	**16402**	**227081**
南 京	2683	51174
无 锡	1923	25408
徐 州	825	9823
常 州	565	6968
苏 州	2437	31051
南 通	1703	22063
连云港	383	19012
淮 安	1094	8882
盐 城	1703	13778
扬 州	1299	12906
镇 江	374	5673
泰 州	870	15966
宿 迁	543	4377

1-B-3　续表 6

(股份有限公司)

地　区	法人单位数 (个)	从业人员期末人数 (人)
总　计	**1932**	**44017**
南　京	235	13751
无　锡	194	2224
徐　州	146	4541
常　州	63	975
苏　州	269	5873
南　通	137	1716
连云港	56	795
淮　安	136	1008
盐　城	248	2792
扬　州	203	2329
镇　江	74	846
泰　州	100	796
宿　迁	71	6371

1-B-3 续表 7

(私营企业)

地 区	法人单位数 (个)	从业人员期末人数 (人)
总 计	**365795**	**1975203**
南 京	25179	141201
无 锡	53793	240806
徐 州	24108	186683
常 州	31936	144768
苏 州	115437	413254
南 通	31821	282368
连云港	8583	52510
淮 安	12077	78527
盐 城	17675	134381
扬 州	14306	116175
镇 江	10070	79807
泰 州	12020	59606
宿 迁	8790	45117

1-B-3　续表 8

(其他企业)

地　区	法人单位数 (个)	从业人员期末人数 (人)
总　计	**9172**	**78642**
南　京	750	8758
无　锡	315	1349
徐　州	1883	11350
常　州	493	5545
苏　州	226	674
南　通	802	8903
连云港	179	1212
淮　安	603	3611
盐　城	1593	9668
扬　州	645	15496
镇　江	487	4469
泰　州	418	2981
宿　迁	778	4626

1-B-3 续表 9

(港、澳、台商投资企业)

地 区	法人单位数 (个)	从业人员期末人数 (人)
总 计	**1121**	**30341**
南 京	86	2377
无 锡	81	3766
徐 州	11	139
常 州	61	589
苏 州	643	19274
南 通	111	1858
连云港	8	32
淮 安	37	1063
盐 城	19	159
扬 州	26	567
镇 江	16	228
泰 州	17	246
宿 迁	5	43

1-B-3　续表 10

(外商投资企业)

地　区	法人单位数 (个)	从业人员期末人数 (人)
总　计	**1561**	**51773**
南　京	89	14882
无　锡	163	12592
徐　州	23	399
常　州	117	1448
苏　州	917	19019
南　通	115	1412
连云港	13	71
淮　安	11	58
盐　城	26	199
扬　州	21	431
镇　江	32	501
泰　州	28	736
宿　迁	6	25

1-B-4 分地区批发业法人企业财务状况

单位：亿元

地 区	资产总计	负债合计	营业收入
总 计	**36832.10**	**25897.38**	**74816.38**
南 京	7896.04	6011.29	12932.21
无 锡	5857.28	4275.95	16096.69
徐 州	1798.21	1086.29	3748.46
常 州	2781.09	2082.72	5005.43
苏 州	9450.35	6788.73	19863.01
南 通	2667.31	1634.44	6183.92
连云港	837.52	548.25	1303.35
淮 安	486.13	221.70	931.02
盐 城	1308.77	813.94	1835.63
扬 州	776.71	368.57	1599.56
镇 江	995.36	690.13	1696.03
泰 州	1440.14	1024.38	2686.19
宿 迁	537.20	350.99	934.89

1-B-5　分地区批发业法人企业财务状况(按国民经济行业分)

(农、林、牧、渔产品批发)　　单位：亿元

地　区	资产总计	负债合计	营业收入
总　计	**1210.66**	**726.94**	**2069.96**
南　京	148.42	95.93	122.81
无　锡	47.21	32.18	134.30
徐　州	101.40	27.32	135.67
常　州	143.85	106.93	197.00
苏　州	217.55	193.37	466.04
南　通	147.05	87.77	400.06
连云港	32.42	15.02	34.02
淮　安	52.84	24.65	95.00
盐　城	90.80	49.05	187.58
扬　州	55.50	20.19	52.60
镇　江	61.61	39.22	75.50
泰　州	42.25	17.78	76.78
宿　迁	69.76	17.52	92.60

1-B-5 续表 1

(食品、饮料及烟草制品批发) 单位：亿元

地 区	资产总计	负债合计	营业收入
总 计	**2452.08**	**1353.48**	**3819.38**
南 京	425.77	260.83	766.92
无 锡	172.72	80.85	275.90
徐 州	197.82	105.27	281.35
常 州	109.65	46.69	183.89
苏 州	449.74	299.57	609.31
南 通	191.22	72.99	392.99
连云港	66.59	20.13	84.51
淮 安	106.80	42.52	151.76
盐 城	94.37	27.77	173.63
扬 州	91.23	25.04	149.08
镇 江	65.56	26.25	86.62
泰 州	160.33	103.82	188.17
宿 迁	320.29	241.73	475.26

1-B-5　续表 2

(纺织、服装及家庭用品批发)　　单位：亿元

地　区	资产总计	负债合计	营业收入
总　计	**6888.85**	**4938.60**	**11579.24**
南　京	2185.95	1893.00	3339.70
无　锡	1168.29	770.66	1282.20
徐　州	122.19	77.00	250.19
常　州	175.86	117.94	390.61
苏　州	2435.67	1687.62	4772.62
南　通	466.60	224.89	917.07
连云港	21.98	9.57	33.15
淮　安	28.63	12.77	67.04
盐　城	57.99	25.61	116.75
扬　州	75.85	38.74	149.04
镇　江	64.25	41.78	90.76
泰　州	59.91	19.82	55.69
宿　迁	25.69	19.20	114.44

1-B-5 续表 3

(文化、体育用品及器材批发) 单位：亿元

地　区	资产总计	负债合计	营业收入
总　计	**849.16**	**458.62**	**1055.87**
南　京	365.26	175.45	272.60
无　锡	69.70	51.62	205.63
徐　州	16.33	10.27	24.63
常　州	51.16	14.80	39.87
苏　州	203.95	132.12	274.58
南　通	48.20	21.95	83.41
连云港	8.90	3.11	11.84
淮　安	16.85	14.39	24.67
盐　城	12.19	5.18	23.32
扬　州	23.58	11.98	33.26
镇　江	8.33	4.98	18.65
泰　州	17.86	10.84	27.39
宿　迁	6.84	1.95	16.02

1-B-5　续表 4

(医药及医疗器材批发)　单位：亿元

地　区	资产总计	负债合计	营业收入
总　计	**1642.06**	**1212.04**	**2531.99**
南　京	475.47	352.06	591.99
无　锡	195.99	158.05	399.09
徐　州	95.31	68.28	198.44
常　州	110.96	73.39	134.39
苏　州	180.20	119.09	303.43
南　通	65.56	44.03	126.17
连云港	47.34	33.14	79.66
淮　安	24.45	15.93	45.28
盐　城	50.25	34.39	91.25
扬　州	41.08	28.93	82.42
镇　江	21.40	15.81	27.40
泰　州	319.60	259.39	427.87
宿　迁	14.43	9.55	24.60

1-B-5 续表 5

(矿产品、建材及化工产品批发) 单位：亿元

地 区	资产总计	负债合计	营业收入
总 计	**15228.24**	**11532.86**	**39753.13**
南 京	2364.39	1832.52	5009.88
无 锡	2910.86	2284.50	11460.20
徐 州	754.66	465.73	1966.48
常 州	1471.12	1279.08	3081.10
苏 州	3523.36	2684.45	9704.29
南 通	1358.48	983.53	3547.08
连云港	528.18	383.79	892.09
淮 安	144.67	70.21	319.31
盐 城	803.08	571.63	873.14
扬 州	250.09	144.56	527.44
镇 江	528.46	404.76	869.58
泰 州	534.36	393.26	1373.25
宿 迁	56.53	34.85	129.27

1-B-5　续表 6

(机械设备、五金产品及电子产品批发)　　单位：亿元

地　区	资产总计	负债合计	营业收入
总　计	**6335.45**	**4308.08**	**10528.07**
南　京	1441.56	1043.64	2298.05
无　锡	1106.93	768.78	1835.51
徐　州	402.17	275.45	700.02
常　州	475.60	327.47	792.68
苏　州	1905.61	1338.37	3081.03
南　通	273.98	150.02	487.98
连云港	77.03	53.75	79.89
淮　安	56.68	21.91	116.70
盐　城	102.18	52.35	159.92
扬　州	176.99	74.69	458.22
镇　江	135.54	78.40	236.94
泰　州	154.00	106.31	232.37
宿　迁	27.17	16.95	48.75

1-B-5 续表 7

(贸易经纪与代理) 单位：亿元

地 区	资产总计	负债合计	营业收入
总 计	**772.84**	**538.93**	**1136.81**
南 京	367.65	275.36	257.10
无 锡	53.66	33.21	220.34
徐 州	27.45	19.97	60.60
常 州	47.52	27.18	63.98
苏 州	90.85	68.77	148.36
南 通	31.33	10.78	65.40
连云港	19.91	14.05	37.36
淮 安	7.37	2.66	33.27
盐 城	26.99	13.29	61.21
扬 州	12.19	6.05	21.81
镇 江	48.95	40.03	76.14
泰 州	33.93	25.87	81.81
宿 迁	5.05	1.71	9.42

1-B-5　续表 8

(其他批发业)　　单位：亿元

地　区	资产总计	负债合计	营业收入
总　计	**1452.75**	**827.84**	**2341.92**
南　京	121.57	82.50	273.15
无　锡	131.91	96.10	283.53
徐　州	80.88	37.01	131.07
常　州	195.36	89.24	121.89
苏　州	443.43	265.38	503.34
南　通	84.89	38.48	163.76
连云港	35.16	15.70	50.83
淮　安	47.84	16.66	77.99
盐　城	70.92	34.67	148.83
扬　州	50.18	18.38	125.69
镇　江	61.26	38.90	214.45
泰　州	117.90	87.29	222.85
宿　迁	11.45	7.53	24.53

1-B-6　分地区批发业法人企业财务状况(按登记注册类型分)

(内资企业)　　　　单位：亿元

地　区	资产总计	负债合计	营业收入
总　计	**33490.29**	**23820.90**	**68558.34**
南　京	7424.79	5679.50	12467.04
无　锡	5393.76	3954.41	14908.47
徐　州	1741.63	1046.90	3713.89
常　州	2591.48	1976.41	4889.37
苏　州	7830.07	5852.90	16315.48
南　通	2519.13	1553.05	5960.63
连云港	808.30	525.31	1280.39
淮　安	478.72	218.27	922.79
盐　城	1293.49	806.85	1812.58
扬　州	715.38	355.58	1299.86
镇　江	938.91	650.29	1636.92
泰　州	1220.34	851.05	2449.50
宿　迁	534.30	350.38	901.43

1-B-6　续表 1

(国有企业)　　单位：亿元

地　区	资产总计	负债合计	营业收入
总　计	**1019.88**	**409.25**	**1233.02**
南　京	145.16	42.79	225.33
无　锡	90.01	23.79	116.17
徐　州	50.89	13.41	98.62
常　州	103.42	62.32	78.74
苏　州	117.70	25.84	142.14
南　通	69.26	16.04	102.20
连云港	28.30	11.63	38.76
淮　安	50.67	21.90	83.74
盐　城	57.10	17.22	98.65
扬　州	50.99	15.71	62.32
镇　江	174.61	128.99	59.94
泰　州	61.41	23.78	92.73
宿　迁	20.34	5.84	33.69

1-B-6 续表 2

(集体企业) 单位：亿元

地 区	资产总计	负债合计	营业收入
总 计	**469.29**	**313.44**	**179.92**
南 京	53.12	15.85	19.75
无 锡	344.98	243.58	112.79
徐 州	4.03	1.55	5.65
常 州	32.46	33.44	0.53
苏 州	11.28	7.57	5.99
南 通	2.64	0.85	3.47
连云港	1.36	0.81	2.40
淮 安	2.14	0.86	5.23
盐 城	6.07	2.87	8.65
扬 州	6.30	3.11	9.20
镇 江	2.81	1.61	2.27
泰 州	1.81	1.09	3.74
宿 迁	0.28	0.25	0.25

1-B-6　续表 3

(股份合作企业)　　单位：亿元

地　区	资产总计	负债合计	营业收入
总　计	**25.27**	**20.73**	**177.72**
南　京	0.58	0.24	0.43
无　锡	0.56	0.37	0.84
徐　州	0.06		0.06
常　州	17.89	16.81	172.48
苏　州	3.69	2.87	1.13
南　通	0.39	0.20	0.73
连云港	0.07	0.01	0.06
淮　安	0.03	0.02	0.05
盐　城	0.10	0.05	0.55
扬　州	1.53	0.03	0.62
镇　江			0.01
泰　州	0.30	0.11	0.65
宿　迁	0.06		0.10

1-B-6 续表 4

(联营企业) 单位：亿元

地 区	资产总计	负债合计	营业收入
总 计	**1.73**	**0.51**	**2.03**
南 京	0.48	0.16	0.01
无 锡	0.06		0.10
徐 州	0.07	0.01	0.10
常 州	0.22	0.09	0.03
苏 州	0.09	0.04	0.01
南 通	0.04	0.01	0.15
连云港	0.17	0.01	0.52
淮 安	0.18	0.03	0.37
盐 城	0.15	0.07	0.38
扬 州	0.07	0.06	0.14
镇 江			0.01
泰 州	0.15	0.03	0.20
宿 迁	0.05		0.02

1-B-6　续表 5

(有限责任公司)　　单位：亿元

地　区	资产总计	负债合计	营业收入
总　计	**8953.68**	**6903.38**	**18529.18**
南　京	2647.94	2071.13	5131.38
无　锡	1342.77	1062.27	3435.16
徐　州	353.07	285.17	765.50
常　州	401.03	312.69	709.08
苏　州	2093.17	1579.10	5096.63
南　通	376.86	272.42	1090.37
连云港	188.56	149.57	270.94
淮　安	117.82	57.58	133.78
盐　城	514.37	385.06	351.74
扬　州	102.02	55.50	153.45
镇　江	220.76	172.46	403.52
泰　州	499.45	432.00	812.71
宿　迁	95.84	68.42	174.93

1-B-6 续表 6

(股份有限公司) 单位：亿元

地 区	资产总计	负债合计	营业收入
总 计	**3736.54**	**2762.87**	**4693.08**
南 京	2496.96	2028.00	2774.96
无 锡	412.88	167.86	485.28
徐 州	69.76	39.98	221.77
常 州	72.03	54.28	69.17
苏 州	257.01	156.69	184.21
南 通	66.24	36.58	390.81
连云港	18.01	13.45	149.69
淮 安	2.53	0.50	5.69
盐 城	55.47	48.67	44.01
扬 州	13.14	6.69	28.00
镇 江	3.45	2.24	13.78
泰 州	54.46	20.80	76.17
宿 迁	214.59	187.16	249.54

1-B-6　续表 7

(私营企业)　　单位：亿元

地　区	资产总计	负债合计	营业收入
总　计	**19064.70**	**13340.79**	**43298.53**
南　京	2055.87	1515.68	4271.68
无　锡	3193.59	2453.35	10747.74
徐　州	1233.50	699.53	2566.84
常　州	1933.56	1476.01	3778.37
苏　州	5343.47	4079.03	10882.52
南　通	1975.00	1214.58	4304.90
连云港	567.23	349.21	813.22
淮　安	296.49	135.76	678.81
盐　城	635.53	347.50	1244.97
扬　州	521.63	271.31	994.66
镇　江	524.43	340.23	1138.96
泰　州	594.15	370.98	1447.22
宿　迁	190.22	87.62	428.65

1-B-6 续表 8

(其他企业) 单位：亿元

地　区	资产总计	负债合计	营业收入
总　计	**219.21**	**69.93**	**444.86**
南　京	24.67	5.65	43.50
无　锡	8.89	3.20	10.41
徐　州	30.24	7.24	55.35
常　州	30.87	20.76	80.97
苏　州	3.66	1.74	2.85
南　通	28.69	12.38	68.00
连云港	4.61	0.63	4.80
淮　安	8.85	1.61	15.11
盐　城	24.68	5.42	63.63
扬　州	19.69	3.18	51.47
镇　江	12.84	4.76	18.44
泰　州	8.61	2.26	16.09
宿　迁	12.90	1.09	14.25

1-B-6　续表 9

(港、澳、台商投资企业)　　单位：亿元

地　区	资产总计	负债合计	营业收入
总　计	**1479.51**	**930.15**	**2039.06**
南　京	256.46	181.70	118.47
无　锡	250.59	154.82	440.99
徐　州	5.85	0.99	3.11
常　州	169.70	98.86	84.86
苏　州	481.95	288.07	1022.23
南　通	124.89	73.11	188.10
连云港	27.94	21.87	17.74
淮　安	7.19	3.39	7.94
盐　城	5.47	0.81	6.50
扬　州	13.38	4.26	6.05
镇　江	50.76	37.47	49.53
泰　州	84.48	64.20	60.78
宿　迁	0.85	0.60	32.76

1-B-6 续表 10

(外商投资企业) 单位：亿元

地 区	资产总计	负债合计	营业收入
总 计	**1862.30**	**1146.33**	**4218.98**
南 京	214.79	150.09	346.70
无 锡	212.93	166.73	747.23
徐 州	50.73	38.41	31.46
常 州	19.91	7.44	31.21
苏 州	1138.33	647.77	2525.30
南 通	23.29	8.28	35.19
连云港	1.27	1.06	5.21
淮 安	0.22	0.05	0.29
盐 城	9.82	6.29	16.55
扬 州	47.95	8.73	293.65
镇 江	5.69	2.37	9.58
泰 州	135.32	109.13	175.92
宿 迁	2.05	0.01	0.70

1-B-7　分地区零售业法人企业基本情况

地　区	法人单位数 (个)	从业人员期末人数 (人)	年末零售营业面积 (万平方米)
总　计	**216007**	**1358042**	**4953.4**
南　京	21052	212877	773.4
无　锡	18557	99786	423.1
徐　州	27297	181001	569.5
常　州	11622	66070	295.1
苏　州	46348	204144	758.7
南　通	12804	115606	434.1
连云港	10658	56714	249.6
淮　安	11064	73721	279.5
盐　城	13236	93377	290.0
扬　州	11338	78008	232.2
镇　江	6827	55152	167.0
泰　州	8255	49269	213.1
宿　迁	16949	72317	268.2

1-B-8 分地区零售业法人企业基本情况(按国民经济行业分)

(综合零售)

地 区	法人单位数 (个)	从业人员期末人数 (人)	年末零售营业面积 (万平方米)
总 计	**21967**	**278226**	**1247.8**
南 京	1608	48734	258.5
无 锡	881	19975	114.9
徐 州	5309	40484	132.6
常 州	775	10167	46.5
苏 州	1498	39246	186.2
南 通	1148	24832	118.2
连云港	1226	9687	45.9
淮 安	2125	18118	84.8
盐 城	1457	16170	58.6
扬 州	1628	14676	59.6
镇 江	684	13174	41.9
泰 州	711	8916	45.7
宿 迁	2917	14047	54.4

1-B-8　续表 1

(食品、饮料及烟草制品专门零售)

地　区	法人单位数 (个)	从业人员期末人数 (人)	年末零售营业面积 (万平方米)
总　计	**20703**	**113975**	**332.4**
南　京	3375	27078	70.0
无　锡	2166	7746	20.9
徐　州	2401	15163	63.3
常　州	1157	3867	15.3
苏　州	3651	12473	30.6
南　通	1115	7277	23.0
连云港	998	5102	17.8
淮　安	984	5917	15.6
盐　城	1218	7200	18.8
扬　州	937	6466	19.7
镇　江	690	4363	11.3
泰　州	867	6790	11.6
宿　迁	1144	4533	14.4

1-B-8 续表 2

(纺织、服装及日用品专门零售)

地 区	法人单位数 (个)	从业人员期末人数 (人)	年末零售营业面积 (万平方米)
总 计	**30550**	**144038**	**380.7**
南 京	2189	24226	54.7
无 锡	2307	7555	18.7
徐 州	4387	26259	59.6
常 州	1243	4616	13.0
苏 州	8510	23019	78.2
南 通	2110	13821	29.4
连云港	943	4408	13.1
淮 安	1149	5387	16.4
盐 城	1660	9911	22.8
扬 州	1688	7892	14.5
镇 江	739	4126	9.9
泰 州	623	2467	17.8
宿 迁	3002	10351	32.6

1-B-8　续表 3

(文化、体育用品及器材专门零售)

地　区	法人单位数 (个)	从业人员期末人数 (人)	年末零售营业面积 (万平方米)
总　计	**15193**	**78749**	**182.9**
南　京	1795	17947	22.0
无　锡	2247	6459	17.2
徐　州	1003	5871	21.9
常　州	669	3079	10.2
苏　州	2457	7877	25.0
南　通	847	7920	16.8
连云港	2055	8375	17.6
淮　安	438	2320	6.3
盐　城	543	3660	9.8
扬　州	1248	7054	13.4
镇　江	440	2313	5.6
泰　州	578	2180	5.8
宿　迁	873	3694	11.4

1-B-8 续表 4

(医药及医疗器材专门零售)

地 区	法人单位数(个)	从业人员期末人数(人)	年末零售营业面积(万平方米)
总 计	**16592**	**115439**	**250.0**
南 京	1081	13809	22.7
无 锡	1331	8563	16.4
徐 州	1506	11280	22.9
常 州	980	7654	16.1
苏 州	2673	17524	37.9
南 通	1709	11756	26.5
连云港	1067	5303	17.4
淮 安	1144	7866	16.0
盐 城	1681	10096	22.7
扬 州	1047	7691	14.6
镇 江	552	3784	8.8
泰 州	718	4824	9.9
宿 迁	1103	5289	18.1

1-B-8　续表 5

(汽车、摩托车、零配件和燃料及其他动力销售)

地　区	法人单位数 (个)	从业人员期末人数 (人)	年末零售营业面积 (万平方米)
总　计	**21413**	**219948**	**1333.4**
南　京	1629	26271	170.5
无　锡	2023	21839	150.3
徐　州	2450	22113	116.8
常　州	1772	15637	113.5
苏　州	3173	38377	244.1
南　通	1572	20102	118.0
连云港	1375	8624	66.4
淮　安	1189	9854	64.1
盐　城	1832	16947	69.7
扬　州	1026	11035	53.4
镇　江	776	9553	47.5
泰　州	862	8851	60.1
宿　迁	1734	10745	59.0

1-B-8 续表 6

(家用电器及电子产品专门零售)

地 区	法人单位数 (个)	从业人员期末人数 (人)	年末零售营业面积 (万平方米)
总 计	**25306**	**144594**	**425.1**
南 京	3548	28387	90.1
无 锡	2482	11715	36.4
徐 州	2456	15596	38.5
常 州	1572	8429	38.1
苏 州	6247	25157	53.0
南 通	1196	9521	36.4
连云港	852	4696	23.4
淮 安	1173	7397	22.2
盐 城	1402	9383	21.5
扬 州	1222	8277	20.0
镇 江	879	5885	14.0
泰 州	965	4761	15.1
宿 迁	1312	5390	16.5

1-B-8　续表 7

(五金、家具及室内装饰材料专门零售)

地　区	法人单位数 (个)	从业人员期末人数 (人)	年末零售营业面积 (万平方米)
总　计	**31133**	**134703**	**454.1**
南　京	3285	13059	45.4
无　锡	3264	10402	32.1
徐　州	3618	22203	69.9
常　州	2084	7615	24.8
苏　州	6845	18698	54.9
南　通	1763	12268	42.5
连云港	1026	5470	28.7
淮　安	1746	8951	29.9
盐　城	1653	9274	34.9
扬　州	1506	8471	21.8
镇　江	1309	6770	18.0
泰　州	1536	5564	25.8
宿　迁	1498	5958	25.3

1-B-8 续表 8

(货摊、无店铺及其他零售)

地 区	法人单位数 (个)	从业人员期末人数 (人)	年末零售营业面积 (万平方米)
总 计	**33150**	**128370**	**347.1**
南 京	2542	13366	39.4
无 锡	1856	5532	16.2
徐 州	4167	22032	43.9
常 州	1370	5006	17.5
苏 州	11294	21773	49.0
南 通	1344	8109	23.5
连云港	1116	5049	19.3
淮 安	1116	7911	24.2
盐 城	1790	10736	31.2
扬 州	1036	6446	15.2
镇 江	758	5184	9.9
泰 州	1395	4916	21.4
宿 迁	3366	12310	36.5

1-B-9　分地区零售业法人企业基本情况(按登记注册类型分)

(内资企业)

地　区	法人单位数 (个)	从业人员期末人数 (人)	年末零售营业面积 (万平方米)
总　计	**215375**	**1251276**	**4509.1**
南　京	20959	171074	610.4
无　锡	18503	93075	390.7
徐　州	27273	178883	557.4
常　州	11581	62536	284.7
苏　州	46121	172697	634.8
南　通	12750	106132	389.0
连云港	10649	56325	248.7
淮　安	11037	71937	272.5
盐　城	13214	91142	281.0
扬　州	11306	75350	219.4
镇　江	6807	52857	153.0
泰　州	8244	47725	205.5
宿　迁	16931	71543	261.9

1-B-9 续表 1

(国有企业)

地 区	法人单位数 (个)	从业人员期末人数 (人)	年末零售营业面积 (万平方米)
总 计	**309**	**4781**	**19.7**
南 京	63	1264	5.0
无 锡	25	105	0.1
徐 州	36	1168	7.6
常 州	7	35	0.2
苏 州	36	166	0.9
南 通	20	181	0.5
连云港	12	102	0.2
淮 安	17	206	0.3
盐 城	22	211	0.9
扬 州	30	665	1.1
镇 江	19	601	2.9
泰 州	9	26	0.1
宿 迁	13	51	0.1

1-B-9　续表 2

(集体企业)

地　区	法人单位数 (个)	从业人员期末人数 (人)	年末零售营业面积 (万平方米)
总　计	**994**	**8830**	**42.4**
南　京	115	1098	6.1
无　锡	78	331	1.8
徐　州	123	1933	8.1
常　州	42	133	2.4
苏　州	93	460	2.6
南　通	102	825	2.4
连云港	26	163	1.0
淮　安	92	883	5.6
盐　城	85	1057	5.0
扬　州	81	507	1.4
镇　江	82	1115	4.9
泰　州	50	207	0.5
宿　迁	25	118	0.7

1-B-9 续表 3

(股份合作企业)

地 区	法人单位数 (个)	从业人员期末人数 (人)	年末零售营业面积 (万平方米)
总 计	**127**	**732**	**3.1**
南 京	32	99	0.5
无 锡	17	75	0.2
徐 州	4	82	0.5
常 州			
苏 州	20	144	0.6
南 通	17	95	0.2
连云港			
淮 安	2	6	
盐 城	11	95	0.4
扬 州	4	37	0.4
镇 江	2	22	
泰 州	9	42	0.1
宿 迁	9	35	0.1

1-B-9　续表 4

(联营企业)

地　区	法人单位数 (个)	从业人员期末人数 (人)	年末零售营业面积 (万平方米)
总　计	**64**	**353**	**2.2**
南　京	9	26	0.1
无　锡	3	8	1.0
徐　州	4	38	0.2
常　州	1	1	
苏　州	2	24	0.3
南　通	2	9	
连云港	5	77	0.1
淮　安	21	86	0.3
盐　城	9	52	0.1
扬　州	2	2	
镇　江	2	16	0.1
泰　州	3	11	
宿　迁	1	3	

1-B-9 续表 5

(有限责任公司)

地 区	法人单位数 (个)	从业人员期末人数 (人)	年末零售营业面积 (万平方米)
总 计	**11444**	**186086**	**810.4**
南 京	2039	41625	142.7
无 锡	869	18958	100.6
徐 州	981	14516	50.6
常 州	279	8181	49.3
苏 州	1240	28112	133.6
南 通	659	14597	82.8
连云港	407	6203	36.0
淮 安	894	9402	36.6
盐 城	1333	13145	49.1
扬 州	771	10307	43.3
镇 江	254	6762	19.0
泰 州	509	7347	38.1
宿 迁	1209	6931	28.7

1-B-9　续表 6

(股份有限公司)

地　区	法人单位数 (个)	从业人员期末人数 (人)	年末零售营业面积 (万平方米)
总　计	**1437**	**33741**	**235.8**
南　京	160	7358	76.4
无　锡	124	3926	26.4
徐　州	134	2506	8.7
常　州	34	2059	8.3
苏　州	209	3927	42.2
南　通	54	1115	12.8
连云港	53	463	6.1
淮　安	115	2360	11.4
盐　城	144	1905	12.1
扬　州	134	2888	11.1
镇　江	51	1950	5.8
泰　州	69	1985	9.9
宿　迁	156	1299	4.6

1-B-9 续表 7

(私营企业)

地 区	法人单位数 (个)	从业人员期末人数 (人)	年末零售营业面积 (万平方米)
总 计	**198035**	**993945**	**3295.5**
南 京	17857	110500	329.7
无 锡	17147	68849	257.2
徐 州	25099	151256	455.7
常 州	11075	51799	222.3
苏 州	44365	139443	453.7
南 通	11845	88991	286.7
连云港	10105	49100	204.0
淮 安	9774	58309	216.9
盐 城	11437	73706	210.0
扬 州	10225	60692	161.0
镇 江	6279	41773	118.8
泰 州	7478	37066	153.5
宿 迁	15349	62461	226.1

1-B-9　续表 8

(其他企业)

地　区	法人单位数 (个)	从业人员期末人数 (人)	年末零售营业面积 (万平方米)
总　计	**2965**	**22808**	**100.1**
南　京	684	9104	49.9
无　锡	240	823	3.4
徐　州	892	7384	26.2
常　州	143	328	2.2
苏　州	156	421	0.9
南　通	51	319	3.6
连云港	41	217	1.3
淮　安	122	685	1.4
盐　城	173	971	3.3
扬　州	59	252	1.2
镇　江	118	618	1.6
泰　州	117	1041	3.4
宿　迁	169	645	1.6

1-B-9 续表 9

(港、澳、台商投资企业)

地 区	法人单位数 (个)	从业人员期末人数 (人)	年末零售营业面积 (万平方米)
总 计	**319**	**66806**	**252.1**
南 京	49	18830	60.9
无 锡	27	3655	20.2
徐 州	12	1155	4.5
常 州	20	3020	8.2
苏 州	115	23908	81.0
南 通	25	8292	35.6
连云港	5	66	0.1
淮 安	19	1313	6.3
盐 城	12	1942	7.7
扬 州	16	2301	11.7
镇 江	11	1536	9.3
泰 州	4	506	3.9
宿 迁	4	282	2.8

1-B-9　续表 10

(外商投资企业)

地　区	法人单位数 (个)	从业人员期末人数 (人)	年末零售营业面积 (万平方米)
总　计	**313**	**39960**	**192.1**
南　京	44	22973	102.1
无　锡	27	3056	12.2
徐　州	12	963	7.5
常　州	21	514	2.3
苏　州	112	7539	42.9
南　通	29	1182	9.4
连云港	4	323	0.8
淮　安	8	471	0.6
盐　城	10	293	1.3
扬　州	16	357	1.1
镇　江	9	759	4.7
泰　州	7	1038	3.7
宿　迁	14	492	3.4

1-B-10 分地区零售业法人企业基本情况(按零售业态分)

(有店铺零售)

地 区	法人单位数 (个)	从业人员期末人数 (人)	年末零售营业面积 (万平方米)
总 计	**154927**	**1154873**	**4584.1**
南 京	13482	174676	718.3
无 锡	12963	85832	403.6
徐 州	21473	153787	522.1
常 州	9281	58219	277.9
苏 州	20262	151517	682.0
南 通	10997	103722	400.5
连云港	9328	51834	231.6
淮 安	9771	66464	263.1
盐 城	11891	86068	276.8
扬 州	9732	69744	214.7
镇 江	5579	48317	155.1
泰 州	6665	44254	197.5
宿 迁	13503	60439	241.0

1-B-10　续表 1

(食杂店)

地　区	法人单位数 (个)	从业人员期末人数 (人)	年末零售营业面积 (万平方米)
总　计	**8102**	**38093**	**116.9**
南　京	928	4025	10.9
无　锡	612	1666	4.8
徐　州	1119	6389	16.9
常　州	463	1702	8.1
苏　州	886	2692	10.1
南　通	590	3872	12.0
连云港	429	1863	7.0
淮　安	582	3451	8.8
盐　城	549	3246	13.4
扬　州	682	3695	8.5
镇　江	345	1941	4.6
泰　州	277	1133	4.0
宿　迁	640	2418	8.1

1-B-10 续表 2

(便利店)

地 区	法人单位数 (个)	从业人员期末人数 (人)	年末零售营业面积 (万平方米)
总 计	**13270**	**94466**	**321.1**
南 京	840	22060	93.3
无 锡	574	3027	10.3
徐 州	2534	13908	32.9
常 州	677	2816	9.8
苏 州	836	4824	25.9
南 通	1043	6127	19.6
连云港	894	4400	17.3
淮 安	1189	7191	27.7
盐 城	1134	7005	18.9
扬 州	953	7043	17.2
镇 江	528	3941	8.2
泰 州	400	4411	9.5
宿 迁	1668	7713	30.5

1-B-10　续表 3

(折扣店)

地　区	法人单位数 (个)	从业人员期末人数 (人)	年末零售营业面积 (万平方米)
总　计	**3302**	**16469**	**56.6**
南　京	231	1288	6.9
无　锡	168	753	4.6
徐　州	446	2565	6.0
常　州	144	347	1.4
苏　州	238	593	6.3
南　通	248	1631	4.0
连云港	280	1245	4.2
淮　安	307	1974	4.7
盐　城	325	1833	6.0
扬　州	345	1577	3.6
镇　江	102	464	1.6
泰　州	88	294	0.9
宿　迁	380	1905	6.4

1-B-10 续表 4

(超市)

地 区	法人单位数 (个)	从业人员期末人数 (人)	年末零售营业面积 (万平方米)
总 计	**4732**	**64120**	**164.2**
南 京	397	8038	10.2
无 锡	270	3215	10.8
徐 州	937	10119	30.0
常 州	227	3737	9.6
苏 州	381	7877	15.9
南 通	497	5649	18.2
连云港	292	3584	9.0
淮 安	347	3234	14.5
盐 城	348	4190	12.7
扬 州	308	2834	7.0
镇 江	155	4993	6.2
泰 州	159	4173	7.8
宿 迁	414	2477	12.3

1-B-10　续表 5

(大型超市)

地　区	法人单位数 (个)	从业人员期末人数 (人)	年末零售营业面积 (万平方米)
总　计	**291**	**101853**	**546.0**
南　京	24	28176	145.8
无　锡	23	9773	41.1
徐　州	26	4662	30.3
常　州	14	4020	17.1
苏　州	44	22856	86.1
南　通	36	10843	58.0
连云港	11	1225	18.4
淮　安	41	4857	48.0
盐　城	13	2410	18.1
扬　州	17	5018	29.7
镇　江	15	2933	20.9
泰　州	13	3099	16.5
宿　迁	14	1981	16.1

1-B-10 续表 6

(仓储会员店)

地 区	法人单位数(个)	从业人员期末人数(人)	年末零售营业面积(万平方米)
总 计	**2772**	**22572**	**102.0**
南 京	160	3208	22.8
无 锡	143	955	4.9
徐 州	660	3815	13.5
常 州	104	536	2.2
苏 州	165	4091	18.6
南 通	220	1544	5.2
连云港	125	681	3.4
淮 安	366	2538	12.4
盐 城	193	1684	5.4
扬 州	204	1352	3.9
镇 江	78	547	2.1
泰 州	97	455	2.3
宿 迁	257	1166	5.3

1-B-10　续表 7

(百货店)

地　区	法人单位数 (个)	从业人员期末人数 (人)	年末零售营业面积 (万平方米)
总　计	**22819**	**157548**	**652.6**
南　京	1823	28706	100.0
无　锡	985	9484	63.2
徐　州	4955	30370	82.1
常　州	793	4429	28.0
苏　州	1948	10950	93.6
南　通	1371	12711	52.5
连云港	1444	8264	36.5
淮　安	1968	10293	35.4
盐　城	1568	11311	39.7
扬　州	1691	9959	30.3
镇　江	842	6340	22.8
泰　州	759	4391	32.1
宿　迁	2672	10340	36.3

1-B-10 续表 8

(专业店)

地 区	法人单位数 (个)	从业人员期末人数 (人)	年末零售营业面积 (万平方米)
总 计	**68853**	**427489**	**1600.0**
南 京	5026	55701	233.7
无 锡	6507	30977	127.6
徐 州	8203	57800	193.8
常 州	4802	24043	117.6
苏 州	10036	50466	213.7
南 通	4536	35789	121.5
连云港	4285	20681	97.5
淮 安	3623	22378	67.9
盐 城	6454	43396	126.0
扬 州	4003	26806	77.3
镇 江	2287	15733	50.7
泰 州	3065	17950	73.2
宿 迁	6026	25769	99.4

1-B-10　续表 9

(专卖店)

地　区	法人单位数 (个)	从业人员期末人数 (人)	年末零售营业面积 (万平方米)
总　计	**38454**	**288583**	**1115.0**
南　京	3685	35185	100.8
无　锡	3680	27968	131.2
徐　州	4262	30189	103.9
常　州	2239	16632	82.4
苏　州	5207	46126	201.8
南　通	3217	27939	111.0
连云港	2649	16253	67.3
淮　安	2174	15845	65.9
盐　城	2559	16620	57.1
扬　州	2345	16486	48.9
镇　江	1450	12030	41.8
泰　州	1758	11852	42.7
宿　迁	3229	15458	60.1

1-B-10 续表 10

(家居建材商店)

地 区	法人单位数 (个)	从业人员期末人数 (人)	年末零售营业面积 (万平方米)
总 计	**7837**	**40351**	**181.5**
南 京	1324	6381	29.4
无 锡	656	2595	14.4
徐 州	798	5900	25.8
常 州	376	1829	7.3
苏 州	1166	3584	18.9
南 通	653	5154	18.0
连云港	318	1480	8.1
淮 安	520	2877	10.8
盐 城	458	3085	12.8
扬 州	354	2045	6.7
镇 江	329	1949	9.8
泰 州	479	1819	12.7
宿 迁	406	1653	6.8

1-B-10 续表 11

(购物中心)

地 区	法人单位数 (个)	从业人员期末人数 (人)	年末零售营业面积 (万平方米)
总 计	**1206**	**39121**	**269.6**
南 京	160	18432	120.2
无 锡	53	2155	24.9
徐 州	141	1782	16.1
常 州	51	1254	7.9
苏 州	191	1834	30.4
南 通	82	2934	16.7
连云港	60	844	11.4
淮 安	108	930	10.0
盐 城	110	2688	7.8
扬 州	57	496	2.3
镇 江	28	3018	4.1
泰 州	66	1077	7.5
宿 迁	99	1677	10.3

1-B-10 续表 12

(厂家直销中心)

地　区	法人单位数 (个)	从业人员期末人数 (人)	年末零售营业面积 (万平方米)
总　计	**4482**	**35821**	**193.9**
南　京	687	7873	51.5
无　锡	281	1462	5.7
徐　州	460	4145	30.8
常　州	298	1969	10.3
苏　州	776	3928	16.4
南　通	298	2979	16.0
连云港	154	1178	10.8
淮　安	209	1939	11.1
盐　城	284	2333	9.2
扬　州	265	2592	7.5
镇　江	188	1640	4.2
泰　州	260	1803	9.0
宿　迁	322	1980	11.4

1-B-10　续表 13

(无店铺零售)

地　区	法人单位数 (个)	从业人员期末人数 (人)	年末零售营业面积 (万平方米)
总　计	**70223**	**270067**	**582.6**
南　京	8205	44635	63.8
无　锡	5998	15839	23.1
徐　州	7126	34839	67.5
常　州	2694	9437	23.6
苏　州	27523	74588	157.9
南　通	2700	18625	50.7
连云港	1715	7100	26.2
淮　安	1783	9983	30.1
盐　城	1875	10130	22.9
扬　州	2051	10883	22.7
镇　江	1415	8428	18.1
泰　州	1879	6769	22.3
宿　迁	5259	18811	53.8

1-B-10 续表 14

(电视购物)

地 区	法人单位数 (个)	从业人员期末人数 (人)	年末零售营业面积 (万平方米)
总 计	**216**	**2220**	**3.5**
南 京	28	1139	0.6
无 锡	4	7	
徐 州	25	109	0.5
常 州	8	21	0.1
苏 州	50	273	0.4
南 通	17	107	0.2
连云港	7	57	0.1
淮 安	20	247	0.3
盐 城	17	107	0.9
扬 州	11	50	0.1
镇 江	3	5	
泰 州	7	34	0.1
宿 迁	19	64	0.2

1-B-10　续表 15

(邮购)

地　区	法人单位数 (个)	从业人员期末人数 (人)	年末零售营业面积 (万平方米)
总　计	**1813**	**7349**	**13.6**
南　京	124	1468	1.3
无　锡	83	264	0.3
徐　州	897	2708	3.4
常　州	36	175	0.4
苏　州	180	572	0.7
南　通	46	234	0.4
连云港	88	449	1.1
淮　安	44	221	0.5
盐　城	45	246	1.0
扬　州	61	245	0.2
镇　江	9	50	
泰　州	36	239	2.6
宿　迁	164	478	1.5

1-B-10 续表 16

(网上商店)

地 区	法人单位数 (个)	从业人员期末人数 (人)	年末零售营业面积 (万平方米)
总 计	**20858**	**89964**	**199.7**
南 京	910	9038	6.8
无 锡	758	2696	5.4
徐 州	3478	16834	22.3
常 州	403	1561	5.0
苏 州	8665	28753	84.0
南 通	1063	7101	14.6
连云港	601	2432	4.5
淮 安	333	2057	7.0
盐 城	532	2622	7.0
扬 州	379	2255	3.9
镇 江	102	903	3.2
泰 州	426	1837	6.6
宿 迁	3208	11875	29.3

1-B-10　续表 17

(自动售货亭)

地　区	法人单位数(个)	从业人员期末人数(人)	年末零售营业面积(万平方米)
总　计	**808**	**2658**	**9.5**
南　京	58	307	0.3
无　锡	51	118	0.2
徐　州	48	195	0.6
常　州	17	33	0.1
苏　州	191	494	1.7
南　通	30	195	1.1
连云港	8	31	0.1
淮　安	24	107	0.3
盐　城	31	146	0.4
扬　州	37	253	0.5
镇　江	10	338	2.1
泰　州	186	62	1.0
宿　迁	117	379	1.1

1-B-10 续表 18

(电话购物)

地 区	法人单位数 (个)	从业人员期末人数 (人)	年末零售营业面积 (万平方米)
总 计	**902**	**5803**	**15.9**
南 京	173	2909	3.0
无 锡	78	244	0.3
徐 州	67	338	0.9
常 州	34	133	0.2
苏 州	160	408	1.2
南 通	47	247	1.1
连云港	19	73	0.9
淮 安	94	594	1.7
盐 城	38	184	0.6
扬 州	53	151	0.1
镇 江	19	87	0.3
泰 州	58	167	4.5
宿 迁	62	268	1.0

1-B-10 续表 19

(其他)

地 区	法人单位数 (个)	从业人员期末人数 (人)	年末零售营业面积 (万平方米)
总 计	**51497**	**184466**	**388.7**
南 京	7380	35803	56.8
无 锡	5360	13823	18.1
徐 州	3424	17878	44.4
常 州	2318	8040	18.7
苏 州	20615	47233	76.5
南 通	1702	11858	36.3
连云港	1149	4754	21.1
淮 安	1466	7859	22.7
盐 城	1344	7524	15.5
扬 州	1688	8738	18.7
镇 江	1330	7604	15.1
泰 州	1362	5154	16.9
宿 迁	2359	8198	28.1

1-B-11 分地区零售业法人企业财务状况

单位：亿元

地 区	资产总计	负债合计	营业收入
总 计	**9940.76**	**6163.29**	**14197.57**
南 京	3398.06	2150.05	3314.63
无 锡	772.80	540.26	1163.97
徐 州	733.78	372.64	1552.98
常 州	512.81	345.22	737.44
苏 州	1656.28	1284.95	2808.80
南 通	758.55	397.46	1044.11
连云港	226.80	95.06	348.78
淮 安	284.30	132.63	601.03
盐 城	427.13	224.42	700.39
扬 州	329.78	183.56	521.14
镇 江	271.28	163.18	431.24
泰 州	283.93	166.27	475.93
宿 迁	285.27	107.58	497.11

1-B-12　分地区零售业法人企业财务状况(按国民经济行业分)

(综合零售)　　　　单位：亿元

地　区	资产总计	负债合计	营业收入
总　计	**2180.78**	**1396.10**	**2458.23**
南　京	941.55	608.15	618.59
无　锡	144.30	90.31	193.32
徐　州	157.53	88.16	270.95
常　州	85.54	49.15	109.11
苏　州	311.73	263.94	553.33
南　通	157.94	75.22	145.06
连云港	33.76	17.85	47.11
淮　安	71.98	36.82	97.26
盐　城	79.55	53.35	114.72
扬　州	55.99	37.34	86.34
镇　江	74.11	41.61	98.60
泰　州	32.69	22.46	68.51
宿　迁	34.10	11.73	55.33

1-B-12 续表 1

(食品、饮料及烟草制品专门零售) 单位：亿元

地区	资产总计	负债合计	营业收入
总 计	**510.50**	**288.85**	**676.65**
南 京	132.72	72.66	185.51
无 锡	30.81	17.59	40.96
徐 州	55.69	25.07	126.35
常 州	19.82	17.42	25.76
苏 州	110.98	83.51	70.04
南 通	27.14	10.79	43.62
连云港	21.17	10.16	26.92
淮 安	14.99	4.66	27.99
盐 城	33.99	15.93	36.94
扬 州	17.57	9.41	23.83
镇 江	14.17	7.52	25.64
泰 州	20.31	10.29	28.69
宿 迁	11.13	3.84	14.40

1-B-12　续表 2

(纺织、服装及日用品专门零售)　单位：亿元

地　区	资产总计	负债合计	营业收入
总　计	**545.74**	**317.92**	**786.85**
南　京	159.30	117.46	223.95
无　锡	21.40	13.74	32.76
徐　州	73.98	26.52	139.56
常　州	22.59	12.23	31.84
苏　州	106.97	87.49	116.24
南　通	46.57	17.33	68.91
连云港	9.04	2.58	12.59
淮　安	11.09	2.64	22.91
盐　城	29.08	14.49	53.86
扬　州	21.51	8.75	25.26
镇　江	10.52	6.14	17.41
泰　州	7.46	4.00	10.62
宿　迁	26.24	4.54	30.94

1-B-12 续表 3

(文化、体育用品及器材专门零售) 单位：亿元

地 区	资产总计	负债合计	营业收入
总 计	**577.21**	**313.16**	**631.46**
南 京	218.08	138.07	226.66
无 锡	28.65	15.31	55.21
徐 州	24.02	12.99	33.80
常 州	19.01	11.76	29.21
苏 州	76.56	52.70	40.23
南 通	23.58	10.37	37.58
连云港	42.45	10.79	42.59
淮 安	6.19	1.92	12.19
盐 城	17.07	7.65	17.25
扬 州	22.38	9.61	28.67
镇 江	6.32	3.10	9.55
泰 州	10.01	6.12	10.87
宿 迁	82.88	32.78	87.65

1-B-12　续表 4

(医药及医疗器材专门零售)　　单位：亿元

地　区	资产总计	负债合计	营业收入
总　计	**338.35**	**190.56**	**550.96**
南　京	60.35	39.81	91.29
无　锡	20.50	14.17	37.94
徐　州	43.87	27.21	70.52
常　州	24.44	14.21	30.63
苏　州	46.26	28.96	76.45
南　通	29.62	12.53	50.66
连云港	13.32	4.60	20.25
淮　安	29.25	18.24	55.45
盐　城	26.31	11.00	48.55
扬　州	18.48	8.92	26.75
镇　江	8.56	4.48	14.65
泰　州	9.78	4.58	15.83
宿　迁	7.62	1.85	11.99

1-B-12 续表 5

(汽车、摩托车、零配件和燃料及其他动力销售) 单位：亿元

地 区	资产总计	负债合计	营业收入
总 计	**2595.77**	**1701.54**	**5453.80**
南 京	438.68	277.82	923.67
无 锡	365.96	271.46	612.38
徐 州	167.59	103.33	403.16
常 州	168.16	129.06	347.71
苏 州	554.86	420.97	1217.57
南 通	248.58	123.27	492.97
连云港	53.19	26.11	128.97
淮 安	72.63	39.18	256.13
盐 城	145.36	82.57	274.03
扬 州	100.03	54.82	218.89
镇 江	87.11	57.10	173.38
泰 州	127.60	84.10	238.95
宿 迁	66.03	31.74	165.98

1-B-12　续表 6

(家用电器及电子产品专门零售)　　单位：亿元

地　区	资产总计	负债合计	营业收入
总　计	**1605.91**	**953.80**	**1303.93**
南　京	1094.76	654.86	425.82
无　锡	56.17	39.51	105.39
徐　州	59.27	25.79	154.70
常　州	53.86	39.78	74.75
苏　州	134.72	89.69	185.72
南　通	37.31	18.47	76.62
连云港	15.56	8.17	23.77
淮　安	23.71	9.74	48.79
盐　城	33.95	15.61	57.94
扬　州	45.59	26.65	51.59
镇　江	19.10	11.07	40.28
泰　州	18.13	9.31	34.04
宿　迁	13.78	5.14	24.50

1-B-12 续表 7

(五金、家具及室内装饰材料专门零售) 单位：亿元

地 区	资产总计	负债合计	营业收入
总 计	**700.16**	**418.09**	**858.44**
南 京	89.35	58.48	122.45
无 锡	73.64	59.65	55.34
徐 州	88.44	36.13	233.03
常 州	94.82	58.83	57.98
苏 州	118.60	89.06	102.19
南 通	63.94	32.52	63.25
连云港	16.10	6.51	26.68
淮 安	25.69	9.32	39.89
盐 城	27.50	11.11	44.04
扬 州	30.21	18.81	30.92
镇 江	31.77	23.18	31.91
泰 州	28.24	10.37	33.55
宿 迁	11.85	4.11	17.20

1-B-12　续表 8

(货摊、无店铺及其他零售业)　　单位：亿元

地　区	资产总计	负债合计	营业收入
总　计	**886.34**	**583.26**	**1477.25**
南　京	263.28	182.73	496.69
无　锡	31.36	18.51	30.67
徐　州	63.38	27.45	120.91
常　州	24.59	12.78	30.46
苏　州	195.59	168.63	447.04
南　通	123.86	96.96	65.44
连云港	22.21	8.29	19.90
淮　安	28.77	10.11	40.41
盐　城	34.30	12.71	53.04
扬　州	18.03	9.24	28.90
镇　江	19.63	8.99	19.81
泰　州	29.72	15.03	34.88
宿　迁	31.64	11.84	89.11

1-B-13 分地区零售业法人企业财务状况(按登记注册类型分)

(内资企业) 单位：亿元

地 区	资产总计	负债合计	营业收入
总 计	**8752.79**	**5377.28**	**12386.87**
南 京	2917.25	1849.08	2713.91
无 锡	604.71	402.61	996.12
徐 州	717.25	363.04	1525.76
常 州	487.50	332.09	696.46
苏 州	1367.20	1065.83	2174.33
南 通	701.13	353.93	984.42
连云港	221.78	92.68	344.26
淮 安	274.51	127.12	581.52
盐 城	413.00	217.90	666.89
扬 州	268.95	165.35	438.45
镇 江	254.93	155.20	400.42
泰 州	251.71	145.35	410.49
宿 迁	272.87	107.10	453.83

1-B-13　续表 1

(国有企业)　　单位：亿元

地　区	资产总计	负债合计	营业收入
总　计	**56.79**	**40.74**	**59.15**
南　京	28.47	21.33	33.83
无　锡	2.23	1.37	2.67
徐　州	6.21	7.27	2.78
常　州	0.11	0.05	0.49
苏　州	4.08	2.02	2.48
南　通	0.86	0.51	0.76
连云港	1.28	1.12	0.21
淮　安	0.55	0.26	0.51
盐　城	1.71	0.17	0.93
扬　州	3.97	1.17	2.23
镇　江	5.12	3.93	12.02
泰　州	0.19	0.11	0.07
宿　迁	2.00	1.41	0.16

1-B-13 续表 2

(集体企业)　　单位：亿元

地 区	资产总计	负债合计	营业收入
总 计	**63.88**	**33.05**	**79.79**
南 京	10.54	5.11	11.60
无 锡	1.94	1.55	1.78
徐 州	9.87	3.84	29.07
常 州	5.86	4.88	1.98
苏 州	4.29	2.65	3.95
南 通	2.22	0.96	3.37
连云港	0.60	0.22	0.51
淮 安	2.67	1.55	4.27
盐 城	2.60	0.67	6.05
扬 州	4.52	2.76	1.97
镇 江	17.38	8.33	13.69
泰 州	0.77	0.28	0.85
宿 迁	0.63	0.24	0.69

1-B-13　续表 3

(股份合作企业)　　单位：亿元

地　区	资产总计	负债合计	营业收入
总　计	**8.73**	**6.76**	**3.56**
南　京	5.95	5.89	0.67
无　锡	0.16	0.13	0.51
徐　州	0.15	0.12	0.59
常　州	0.00	0.00	0.00
苏　州	0.97	0.19	0.44
南　通	0.31	0.14	0.42
连云港	0.00	0.00	0.00
淮　安	0.02	0.00	0.03
盐　城	0.79	0.12	0.48
扬　州	0.11	0.08	0.15
镇　江	0.07	0.04	0.05
泰　州	0.17	0.04	0.11
宿　迁	0.03	0.00	0.11

1-B-13 续表 4

(联营企业) 单位：亿元

地 区	资产总计	负债合计	营业收入
总 计	**1.42**	**0.66**	**2.56**
南 京	0.03	0.02	0.04
无 锡	0.08	0.02	0.45
徐 州	0.20	0.07	0.03
常 州	0.01		0.01
苏 州	0.23	0.10	1.16
南 通	0.01	0.01	0.02
连云港	0.13	0.01	0.04
淮 安	0.45	0.26	0.44
盐 城	0.10	0.05	0.13
扬 州			
镇 江	0.04	0.02	0.14
泰 州	0.12	0.10	0.10
宿 迁			0.01

1-B-13　续表 5

(有限责任公司)　　单位：亿元

地　区	资产总计	负债合计	营业收入
总　计	**2163.93**	**1468.26**	**3602.17**
南　京	959.90	650.48	1220.26
无　锡	189.10	139.20	352.93
徐　州	87.77	56.25	222.76
常　州	61.64	43.44	132.26
苏　州	338.47	273.04	678.35
南　通	170.52	70.93	315.18
连云港	27.26	18.25	40.73
淮　安	52.56	31.83	125.65
盐　城	79.05	44.95	122.35
扬　州	53.11	43.75	102.91
镇　江	42.82	30.36	68.56
泰　州	64.74	46.31	105.97
宿　迁	36.99	19.48	114.26

1-B-13 续表 6

(股份有限公司) 单位：亿元

地 区	资产总计	负债合计	营业收入
总 计	**1589.21**	**909.48**	**1084.43**
南 京	1173.90	649.80	318.15
无 锡	65.09	26.97	79.22
徐 州	45.23	36.37	55.04
常 州	29.78	9.59	42.69
苏 州	108.08	100.53	252.35
南 通	7.29	2.68	14.09
连云港	9.40	2.29	50.23
淮 安	46.37	33.02	54.12
盐 城	47.18	30.22	72.19
扬 州	11.28	7.26	18.19
镇 江	21.87	0.67	72.12
泰 州	14.43	7.74	33.91
宿 迁	9.31	2.33	22.13

1-B-13　续表 7

(私营企业)　　单位：亿元

地　区	资产总计	负债合计	营业收入
总　计	**4806.54**	**2902.51**	**7442.71**
南　京	715.76	510.15	1073.85
无　锡	343.22	232.84	551.97
徐　州	548.88	256.45	1188.86
常　州	387.58	272.65	516.55
苏　州	907.44	684.69	1233.04
南　通	519.00	278.35	648.66
连云港	182.16	70.64	251.92
淮　安	170.91	60.03	394.05
盐　城	278.73	141.24	459.34
扬　州	195.41	110.21	312.31
镇　江	165.92	111.48	231.64
泰　州	168.91	90.31	265.82
宿　迁	222.62	83.47	314.69

1-B-13 续表 8

(其他企业) 单位：亿元

地　区	资产总计	负债合计	营业收入
总　计	**62.28**	**15.81**	**112.52**
南　京	22.70	6.29	55.52
无　锡	2.88	0.53	6.60
徐　州	18.94	2.68	26.63
常　州	2.52	1.48	2.49
苏　州	3.64	2.61	2.57
南　通	0.91	0.35	1.92
连云港	0.96	0.15	0.62
淮　安	0.98	0.17	2.44
盐　城	2.83	0.47	5.42
扬　州	0.56	0.11	0.68
镇　江	1.71	0.37	2.20
泰　州	2.37	0.45	3.64
宿　迁	1.29	0.16	1.78

1-B-13　续表 9

(港、澳、台商投资企业)　　单位：亿元

地　区	资产总计	负债合计	营业收入
总　计	**567.97**	**398.08**	**937.64**
南　京	191.02	125.90	287.73
无　锡	20.02	11.47	57.12
徐　州	4.92	2.74	16.93
常　州	21.08	10.84	34.16
苏　州	225.09	178.24	415.33
南　通	44.59	34.30	40.56
连云港	2.50	0.20	0.50
淮　安	4.79	3.12	11.65
盐　城	9.50	5.72	18.92
扬　州	33.30	19.15	28.93
镇　江	8.09	4.07	18.21
泰　州	1.66	1.22	5.06
宿　迁	1.43	1.13	2.53

1-B-13 续表 10

(外商投资企业) 单位：亿元

地 区	资产总计	负债合计	营业收入
总 计	**620.01**	**387.92**	**873.05**
南 京	289.79	175.07	312.99
无 锡	148.08	126.18	110.72
徐 州	11.61	6.87	10.28
常 州	4.24	2.30	6.81
苏 州	63.99	40.88	219.14
南 通	12.83	9.23	19.14
连云港	2.51	2.17	4.02
淮 安	5.00	2.39	7.87
盐 城	4.63	0.81	14.58
扬 州	27.53	-0.95	53.77
镇 江	8.27	3.92	12.61
泰 州	30.56	19.70	60.38
宿 迁	10.98	-0.65	40.76

1-B-14　分地区零售业法人企业财务状况(按零售业态分)

(有店铺零售)　　单位：亿元

地　区	资产总计	负债合计	营业收入
总　计	**8523.49**	**5241.96**	**12096.29**
南　京	2923.77	1817.93	2521.54
无　锡	704.21	495.13	1057.06
徐　州	656.69	342.16	1383.59
常　州	460.83	321.81	674.54
苏　州	1241.77	962.01	2297.17
南　通	706.49	372.47	968.65
连云港	201.19	81.53	318.66
淮　安	255.55	119.60	567.08
盐　城	386.33	202.82	653.12
扬　州	300.47	164.39	486.51
镇　江	245.06	146.52	406.31
泰　州	257.67	152.80	435.07
宿　迁	183.46	62.77	327.00

1-B-14 续表 1

(食杂店) 单位：亿元

地区	资产总计	负债合计	营业收入
总计	**117.54**	**56.94**	**162.89**
南京	13.69	7.62	26.97
无锡	4.03	2.43	5.08
徐州	19.80	7.00	32.89
常州	12.45	9.01	10.35
苏州	11.14	7.95	9.73
南通	13.58	6.61	16.70
连云港	4.17	1.28	5.45
淮安	8.13	2.72	18.20
盐城	7.45	2.83	9.89
扬州	9.54	4.75	10.01
镇江	5.16	2.56	6.48
泰州	3.71	1.49	4.35
宿迁	4.67	0.69	6.78

1-B-14　续表 2

(便利店)　　单位：亿元

地　区	资产总计	负债合计	营业收入
总　计	**515.87**	**344.32**	**850.49**
南　京	180.92	146.82	276.97
无　锡	7.23	6.79	13.10
徐　州	57.39	32.45	54.27
常　州	16.37	8.47	37.14
苏　州	86.61	96.34	161.87
南　通	22.42	10.02	27.16
连云港	11.34	3.10	14.24
淮　安	18.82	6.15	33.20
盐　城	22.21	9.94	40.85
扬　州	41.60	9.08	83.15
镇　江	14.23	7.33	15.96
泰　州	10.12	5.74	17.44
宿　迁	26.62	2.08	75.14

1-B-14 续表 3

(折扣店) 单位：亿元

地　区	资产总计	负债合计	营业收入
总　计	**71.09**	**40.64**	**83.48**
南　京	6.98	5.38	10.31
无　锡	13.32	8.06	23.47
徐　州	7.81	2.79	7.50
常　州	0.99	0.47	2.15
苏　州	14.53	12.38	3.85
南　通	6.43	2.55	6.42
连云港	2.78	0.67	3.39
淮　安	4.43	0.96	8.37
盐　城	4.55	3.81	5.68
扬　州	4.16	2.30	4.64
镇　江	1.27	0.80	1.94
泰　州	0.73	0.18	1.29
宿　迁	3.10	0.29	4.46

1-B-14　续表 4

(超市)　　单位：亿元

地　区	资产总计	负债合计	营业收入
总　计	**232.45**	**162.81**	**383.80**
南　京	29.77	20.67	68.50
无　锡	7.21	5.00	21.01
徐　州	47.51	28.86	78.91
常　州	13.67	11.07	20.14
苏　州	33.78	36.04	54.23
南　通	16.80	7.71	31.59
连云港	10.05	4.30	15.14
淮　安	9.35	4.61	17.35
盐　城	19.73	15.38	17.42
扬　州	6.03	3.79	10.20
镇　江	22.23	16.05	26.89
泰　州	10.33	8.46	13.76
宿　迁	6.00	0.87	8.67

1-B-14 续表 5

(大型超市) 单位：亿元

地 区	资产总计	负债合计	营业收入
总 计	**480.10**	**422.38**	**1029.18**
南 京	150.69	153.32	302.95
无 锡	27.86	29.76	71.24
徐 州	23.97	18.66	29.23
常 州	15.84	11.80	31.51
苏 州	118.48	105.44	357.89
南 通	50.42	42.20	46.38
连云港	9.04	8.06	11.93
淮 安	11.44	6.55	26.85
盐 城	18.21	10.02	34.81
扬 州	16.53	14.61	33.08
镇 江	18.30	6.39	39.22
泰 州	8.08	6.81	23.61
宿 迁	11.25	8.76	20.48

1-B-14　续表 6

(仓储会员店)　　单位：亿元

地　区	资产总计	负债合计	营业收入
总　计	**91.24**	**86.33**	**216.40**
南　京	15.75	32.25	29.55
无　锡	2.00	3.27	3.42
徐　州	13.22	6.96	11.33
常　州	3.78	8.01	4.67
苏　州	27.02	24.54	118.47
南　通	5.34	1.57	10.08
连云港	2.18	0.58	2.71
淮　安	5.68	1.01	10.99
盐　城	7.06	3.71	13.37
扬　州	2.78	1.33	4.47
镇　江	1.34	0.88	2.04
泰　州	1.21	0.56	2.31
宿　迁	3.88	1.66	2.99

1-B-14 续表 7

(百货店) 单位：亿元

地 区	资产总计	负债合计	营业收入
总 计	**1471.14**	**803.22**	**1213.64**
南 京	753.95	422.13	347.85
无 锡	130.73	74.68	113.72
徐 州	101.64	46.33	159.85
常 州	45.90	22.05	54.46
苏 州	136.68	95.14	156.70
南 通	54.69	25.32	73.83
连云港	22.97	7.10	37.22
淮 安	51.91	26.24	55.03
盐 城	41.43	21.95	49.21
扬 州	40.65	22.22	55.74
镇 江	41.14	23.00	40.10
泰 州	24.37	11.46	38.94
宿 迁	25.07	5.60	30.99

1-B-14　续表 8

(专业店)　　　　　　　　　　　　　　　　　　　　　　　　单位：亿元

地　区	资产总计	负债合计	营业收入
总　计	**3095.15**	**1829.87**	**4736.50**
南　京	934.78	585.79	981.70
无　锡	277.35	203.27	357.62
徐　州	224.23	101.12	532.37
常　州	186.54	120.47	273.80
苏　州	399.61	296.58	761.47
南　通	293.31	151.38	397.10
连云港	82.57	30.05	143.11
淮　安	93.87	44.76	232.11
盐　城	198.03	94.52	358.79
扬　州	126.10	72.19	181.12
镇　江	73.23	39.40	151.42
泰　州	124.33	69.50	212.10
宿　迁	81.20	20.84	153.79

1-B-14 续表 9

(专卖店)

单位：亿元

地 区	资产总计	负债合计	营业收入
总 计	**2728.30**	**1709.85**	**3675.72**
南 京	1067.09	608.50	546.07
无 锡	229.39	159.30	484.42
徐 州	166.39	100.52	371.40
常 州	173.51	129.94	246.74
苏 州	435.17	326.76	804.57
南 通	188.66	118.82	346.01
连云港	77.15	37.58	111.47
淮 安	63.55	31.96	176.50
盐 城	83.08	44.13	138.73
扬 州	76.48	49.22	128.27
镇 江	58.77	39.70	123.89
泰 州	62.38	41.11	109.99
宿 迁	46.68	22.32	87.65

1-B-14　续表 10

(家居建材商店)　　单位：亿元

地　区	资产总计	负债合计	营业收入
总　计	**183.23**	**104.39**	**247.31**
南　京	37.29	24.74	56.52
无　锡	15.23	12.38	12.95
徐　州	25.03	12.23	53.64
常　州	7.48	4.59	9.43
苏　州	22.45	18.14	20.74
南　通	23.21	9.59	26.84
连云港	3.85	1.05	6.81
淮　安	8.14	1.88	13.44
盐　城	8.40	3.14	14.96
扬　州	7.37	3.70	8.20
镇　江	9.51	7.16	9.39
泰　州	9.27	3.20	9.01
宿　迁	5.99	2.58	5.37

1-B-14 续表 11

(购物中心) 单位：亿元

地 区	资产总计	负债合计	营业收入
总 计	**533.89**	**343.64**	**630.01**
南 京	264.62	208.23	355.53
无 锡	46.80	16.90	37.49
徐 州	14.38	9.72	59.41
常 州	26.63	6.11	21.55
苏 州	61.95	57.59	24.37
南 通	62.29	10.58	29.26
连云港	2.68	1.42	6.42
淮 安	4.57	0.94	11.04
盐 城	16.75	13.80	34.54
扬 州	1.74	0.94	2.06
镇 江	18.94	10.42	20.37
泰 州	4.60	2.29	10.84
宿 迁	7.95	4.70	17.11

1-B-14　续表 12

(厂家直销中心)　　单位：亿元

地　区	资产总计	负债合计	营业收入
总　计	**237.80**	**144.26**	**363.10**
南　京	58.21	35.10	93.72
无　锡	16.68	7.41	13.09
徐　州	31.99	18.93	64.99
常　州	13.76	8.77	23.36
苏　州	25.87	19.72	35.12
南　通	14.30	5.89	23.43
连云港	7.27	3.74	10.06
淮　安	11.78	7.70	23.30
盐　城	9.14	4.64	15.55
扬　州	9.03	4.32	15.48
镇　江	15.73	13.06	9.19
泰　州	16.55	9.93	21.60
宿　迁	7.50	5.06	14.20

1-B-14 续表 13

(无店铺零售) 单位：亿元

地 区	资产总计	负债合计	营业收入
总 计	**1802.85**	**1176.09**	**2607.23**
南 京	534.42	353.33	863.54
无 锡	89.81	54.98	117.58
徐 州	101.60	40.96	209.33
常 州	59.88	33.76	72.86
苏 州	512.01	399.70	757.02
南 通	156.89	116.98	117.07
连云港	33.23	17.38	44.15
淮 安	34.98	14.49	45.50
盐 城	48.55	24.83	58.19
扬 州	36.18	22.07	44.89
镇 江	41.87	30.33	37.70
泰 州	37.07	19.24	50.01
宿 迁	116.36	48.02	189.38

1-B-14　续表 14

(电视购物)　　　　单位：亿元

地　区	资产总计	负债合计	营业收入
总　计	**26.17**	**17.47**	**41.28**
南　京	21.24	13.90	29.43
无　锡	0.02	0.02	0.03
徐　州	1.08	0.74	0.47
常　州	0.09	0.07	0.26
苏　州	2.31	2.12	8.36
南　通	0.23	0.06	0.54
连云港	0.03	0.01	0.06
淮　安	0.64	0.37	1.43
盐　城	0.27	0.12	0.30
扬　州	0.12	0.03	0.14
镇　江	0.01		0.02
泰　州	0.08	0.02	0.12
宿　迁	0.05		0.12

1-B-14 续表 15

(邮购) 单位：亿元

地 区	资产总计	负债合计	营业收入
总 计	**18.03**	**6.94**	**29.07**
南 京	5.95	2.96	9.17
无 锡	0.81	0.42	1.16
徐 州	3.58	0.96	6.95
常 州	0.20	0.12	0.34
苏 州	1.82	1.10	2.61
南 通	0.67	0.20	0.95
连云港	1.08	0.42	2.33
淮 安	0.80	0.09	0.95
盐 城	0.64	0.17	1.09
扬 州	0.49	0.20	0.89
镇 江	0.04	0.02	0.18
泰 州	0.56	0.11	1.34
宿 迁	1.37	0.17	1.11

1-B-14　续表 16

(网上商店)　　单位：亿元

地　区	资产总计	负债合计	营业收入
总　计	**439.45**	**285.51**	**1366.72**
南　京	115.07	72.98	489.92
无　锡	21.17	10.65	55.00
徐　州	33.65	11.26	79.55
常　州	5.93	3.79	9.44
苏　州	163.29	141.03	502.24
南　通	34.14	18.83	52.36
连云港	6.22	1.43	10.31
淮　安	5.42	1.80	10.40
盐　城	7.27	2.82	14.82
扬　州	5.98	3.11	10.29
镇　江	4.28	2.21	8.84
泰　州	7.79	4.50	14.34
宿　迁	29.23	11.11	109.21

1-B-14 续表 17

(自动售货亭) 单位：亿元

地 区	资产总计	负债合计	营业收入
总 计	**9.25**	**5.77**	**17.46**
南 京	0.90	0.91	1.96
无 锡	0.15	0.18	0.28
徐 州	0.66	0.23	0.87
常 州	0.27	0.13	0.13
苏 州	1.75	1.47	3.26
南 通	0.48	0.22	0.74
连云港	0.03	0.01	0.07
淮 安	0.36	0.14	0.40
盐 城	0.45	0.24	0.58
扬 州	0.85	0.52	1.87
镇 江	2.53	1.67	6.30
泰 州	0.17	0.01	0.13
宿 迁	0.65	0.03	0.87

1-B-14　续表 18

(电话购物)　　　　单位：亿元

地　区	资产总计	负债合计	营业收入
总　计	**40.63**	**24.17**	**45.90**
南　京	28.76	18.01	31.90
无　锡	0.66	0.30	0.85
徐　州	1.05	0.36	1.20
常　州	1.13	0.95	0.71
苏　州	3.62	2.95	3.43
南　通	0.58	0.28	0.96
连云港	0.30	0.08	0.37
淮　安	1.89	0.72	2.93
盐　城	0.33	0.14	0.67
扬　州	0.38	0.13	0.60
镇　江	0.14	0.08	0.34
泰　州	0.71	0.15	1.23
宿　迁	1.09	0.03	0.73

1-B-14 续表 19

(其他) 单位：亿元

地区	资产总计	负债合计	营业收入
总计	**1376.81**	**898.06**	**1302.77**
南京	413.79	280.26	375.08
无锡	78.92	47.51	99.41
徐州	68.29	30.85	128.92
常州	53.85	29.56	63.75
苏州	349.43	259.37	254.29
南通	122.93	97.97	65.25
连云港	27.67	16.07	33.94
淮安	29.22	12.42	33.97
盐城	40.99	21.88	43.59
扬州	30.60	18.93	33.81
镇江	38.00	28.25	29.14
泰州	30.39	15.25	37.49
宿迁	92.75	39.73	104.14

第2篇

住宿和餐饮业企业基本情况及财务状况篇

A.行业部分

2-A-1　住宿业法人企业基本情况

分　组	法人单位数(个)	从业人员期末人数(人)
住宿业	**6353**	**149892**
按国民经济行业分组		
旅游饭店	1526	94914
一般旅馆	4026	45406
经济型连锁酒店	672	10772
其他一般旅馆	3354	34634
民宿服务	139	1006
露营地服务	8	19
其他住宿业	654	8547
按登记注册类型分组		
内资企业	6251	139072
国有企业	110	8636
集体企业	79	1346
股份合作企业	7	29
联营企业	4	227
国有联营企业	2	85
集体联营企业		
国有与集体联营企业		
其他联营企业	2	142
有限责任公司	764	47352
国有独资公司	57	7678
其他有限责任公司	707	39674
股份有限公司	82	6438
私营企业	5185	74822
私营独资企业	853	5557
私营合伙企业	72	543
私营有限责任公司	4199	66654
私营股份有限公司	61	2068
其他企业	20	222
港、澳、台商投资企业	60	6189
与港澳台商合资经营企业	20	2746
与港澳台商合作经营企业		
港澳台商独资经营企业	37	3125
港澳台商投资股份有限公司	2	246
其他港澳台投资企业	1	72
外商投资企业	42	4631
中外合资经营企业	15	1053
中外合作经营企业	1	10
外资企业	25	3274
外商投资股份有限公司	1	294
其他外商投资		
按星级分组		
一星	134	910
二星	280	2929
三星	652	16296
四星	300	26189
五星	123	23851
其他	4864	79717

2-A-2 限额以上住宿业法人企业基本情况

分 组	法人单位数 (个)	从业人员期末人数 (人)
住宿业	**1075**	**101285**
按国民经济行业分组		
旅游饭店	594	82198
一般旅馆	434	16277
经济型连锁酒店	172	5840
其他一般旅馆	262	10437
民宿服务	5	225
露营地服务		
其他住宿业	42	2585
按登记注册类型分组		
内资企业	1015	91140
国有企业	54	7493
集体企业	11	937
股份合作企业		
联营企业	2	209
国有联营企业	1	85
集体联营企业		
国有与集体联营企业		
其他联营企业	1	124
有限责任公司	319	39620
国有独资公司	41	7176
其他有限责任公司	278	32444
股份有限公司	30	5526
私营企业	597	37325
私营独资企业	37	1472
私营合伙企业	3	93
私营有限责任公司	541	34130
私营股份有限公司	16	1630
其他企业	2	30
港、澳、台商投资企业	35	5759
与港澳台商合资经营企业	11	2647
与港澳台商合作经营企业		
港澳台商独资经营企业	21	2794
港澳台商投资股份有限公司	2	246
其他港澳台投资企业	1	72
外商投资企业	25	4386
中外合资经营企业	7	1013
中外合作经营企业		
外资企业	17	3079
外商投资股份有限公司	1	294
其他外商投资		
按星级分组		
一星	3	194
二星	26	1077
三星	150	11149
四星	144	23153
五星	82	22619
其他	670	43093

2-A-3　住宿业法人企业财务状况

单位：亿元

分　组	资产总计	负债合计	营业收入
住宿业	**1154.95**	**753.06**	**325.91**
按国民经济行业分组			
旅游饭店	931.48	615.78	220.98
一般旅馆	190.53	115.59	88.28
经济型连锁酒店	53.05	34.29	23.26
其他一般旅馆	137.48	81.30	65.02
民宿服务	5.01	1.88	1.73
露营地服务	0.03	0.01	0.03
其他住宿业	27.90	19.81	14.88
按登记注册类型分组			
内资企业	1022.85	642.15	300.07
国有企业	56.48	25.76	14.94
集体企业	6.79	4.76	2.89
股份合作企业	0.08	0.04	0.05
联营企业	0.22	0.20	0.59
国有联营企业	0.12	0.10	0.34
集体联营企业			
国有与集体联营企业			
其他联营企业	0.10	0.10	0.25
有限责任公司	506.33	305.61	108.83
国有独资公司	61.08	31.27	14.12
其他有限责任公司	445.25	274.34	94.72
股份有限公司	89.20	38.90	24.93
私营企业	362.07	266.24	147.24
私营独资企业	17.42	9.02	9.69
私营合伙企业	1.34	0.58	0.93
私营有限责任公司	335.21	252.09	132.36
私营股份有限公司	8.10	4.55	4.26
其他企业	1.68	0.63	0.59
港、澳、台商投资企业	77.62	72.24	13.84
与港澳台商合资经营企业	38.70	43.37	6.72
与港澳台商合作经营企业			
港澳台商独资经营企业	36.90	28.64	6.48
港澳台商投资股份有限公司	1.80	0.06	0.51
其他港澳台投资企业	0.21	0.16	0.14
外商投资企业	54.48	38.67	12.00
中外合资经营企业	9.78	5.93	2.31
中外合作经营企业	0.00	0.01	0.08
外资企业	41.96	31.41	8.35
外商投资股份有限公司	2.73	1.32	1.25
其他外商投资			
按星级分组			
一星	1.67	0.65	1.60
二星	11.65	4.61	6.35
三星	72.79	52.81	31.61
四星	225.54	123.43	54.82
五星	354.29	234.89	71.77
其他	489.01	336.66	159.76

2-A-4 限额以上住宿业法人企业财务状况

单位：亿元

分　组	资产总计	负债合计	营业收入
住宿业	**816.19**	**570.12**	**240.28**
按国民经济行业分组			
旅游饭店	735.16	512.37	195.57
一般旅馆	71.65	51.96	38.80
经济型连锁酒店	33.11	22.16	15.18
其他一般旅馆	38.53	29.80	23.61
民宿服务	1.25	0.51	0.45
露营地服务			
其他住宿业	8.14	5.28	5.46
按登记注册类型分组			
内资企业	704.78	474.07	215.86
国有企业	53.95	21.71	13.42
集体企业	5.43	3.25	2.40
股份合作企业			
联营企业	0.17	0.15	0.53
国有联营企业	0.12	0.10	0.34
集体联营企业			
国有与集体联营企业			
其他联营企业	0.05	0.05	0.20
有限责任公司	395.25	260.00	93.38
国有独资公司	56.47	30.29	13.17
其他有限责任公司	338.78	229.71	80.21
股份有限公司	59.18	25.74	20.84
私营企业	190.66	163.13	85.17
私营独资企业	6.99	6.34	3.36
私营合伙企业	0.45	0.06	0.34
私营有限责任公司	176.56	153.28	77.86
私营股份有限公司	6.66	3.45	3.60
其他企业	0.13	0.10	0.12
港、澳、台商投资企业	63.90	61.80	13.07
与港澳台商合资经营企业	37.23	42.72	6.59
与港澳台商合作经营企业			
港澳台商独资经营企业	24.65	18.86	5.84
港澳台商投资股份有限公司	1.80	0.06	0.51
其他港澳台投资企业	0.21	0.16	0.14
外商投资企业	47.52	34.26	11.34
中外合资经营企业	7.89	5.26	2.05
中外合作经营企业			
外资企业	36.89	27.68	8.04
外商投资股份有限公司	2.73	1.32	1.25
其他外商投资			
按星级分组			
一星	0.26	0.24	0.32
二星	4.26	2.45	3.08
三星	51.83	40.66	22.31
四星	182.47	89.49	48.99
五星	282.26	218.57	66.63
其他	295.10	218.72	98.94

2-A-5　餐饮业法人企业基本情况

分　组	法人单位数(个)	从业人员期末人数(人)	年末餐饮营业面积(万平方米)
餐饮业	**19567**	**330941**	**1059.5**
按国民经济行业分组			
正餐服务	14981	225924	894.1
快餐服务	1491	73067	84.2
饮料及冷饮服务	476	3866	11.0
茶馆服务	89	432	2.1
咖啡馆服务	147	908	2.9
酒吧服务	85	482	2.1
其他饮料及冷饮服务	155	2044	3.9
餐饮配送及外卖送餐服务	518	9358	16.8
餐饮配送服务	471	8407	16.3
外卖送餐服务	47	951	0.5
其他餐饮业	2101	18726	53.3
小吃服务	689	4586	12.9
其他未列明餐饮业	1412	14140	40.4
按登记注册类型分组			
内资企业	19333	267341	993.8
国有企业	54	2970	8.4
集体企业	55	809	2.1
股份合作企业	4	13	0.2
联营企业	3	30	0.4
国有联营企业			
集体联营企业			
国有与集体联营企业			
其他联营企业	3	30	0.4
有限责任公司	1540	52597	148.2
国有独资公司	34	2460	9.4
其他有限责任公司	1506	50137	138.8
股份有限公司	135	4717	16.6
私营企业	17511	205889	817.0
私营独资企业	1218	14579	71.7
私营合伙企业	127	1648	6.5
私营有限责任公司	16000	186724	730.6
私营股份有限公司	166	2938	8.3
其他企业	31	316	0.9
港、澳、台商投资企业	112	23937	30.5
与港澳台商合资经营企业	30	4403	12.0
与港澳台商合作经营企业	3	160	0.6
港澳台商独资经营企业	76	19285	17.0
港澳台商投资股份有限公司	3	89	1.0
其他港澳台投资企业			
外商投资企业	122	39663	35.2
中外合资经营企业	24	28325	16.9
中外合作经营企业	1	1	
外资企业	82	11122	18.0
外商投资股份有限公司	5	76	0.1
其他外商投资	10	139	0.3

2-A-6 限额以上餐饮业法人企业基本情况

分　　组	法人单位数(个)	从业人员期末人数(人)	年末餐饮营业面积(万平方米)
餐饮业	**1848**	**199339**	**416.7**
按国民经济行业分组			
正餐服务	1655	123512	351.6
快餐服务	101	63839	52.7
饮料及冷饮服务	16	1462	1.7
茶馆服务	3	77	0.2
咖啡馆服务	4	263	0.6
酒吧服务	2	68	0.2
其他饮料及冷饮服务	7	1054	0.6
餐饮配送及外卖送餐服务	49	4890	5.7
餐饮配送服务	47	4338	5.7
外卖送餐服务	2	552	
其他餐饮业	27	5636	5.0
小吃服务	11	1040	1.1
其他未列明餐饮业	16	4596	3.9
按登记注册类型分组			
内资企业	1783	137635	361.6
国有企业	21	2493	4.3
集体企业	9	536	0.9
股份合作企业	1	1	0.2
联营企业	2	24	0.1
国有联营企业			
集体联营企业			
国有与集体联营企业			
其他联营企业	2	24	0.1
有限责任公司	327	39168	88.6
国有独资公司	22	2259	7.1
其他有限责任公司	305	36909	81.4
股份有限公司	29	3942	12.4
私营企业	1389	91377	254.8
私营独资企业	198	7716	28.6
私营合伙企业	13	787	2.6
私营有限责任公司	1152	80985	219.2
私营股份有限公司	26	1889	4.4
其他企业	5	94	0.4
港、澳、台商投资企业	40	23332	22.4
与港澳台商合资经营企业	12	4274	6.2
与港澳台商合作经营企业	1	148	0.4
港澳台商独资经营企业	27	18910	15.9
港澳台商投资股份有限公司			
其他港澳台投资企业			
外商投资企业	25	38372	32.7
中外合资经营企业	6	28143	16.3
中外合作经营企业			
外资企业	18	10135	16.3
外商投资股份有限公司			
其他外商投资	1	94	0.2
按单位规模分组			
大型	35	80850	69.5
中型	256	54376	96.9
小型	1446	63413	240.9
微型	111	700	9.4

2-A-7　餐饮业法人企业财务状况

单位：亿元

分　　组	资产总计	负债合计	营业收入
餐饮业	**839.76**	**540.95**	**662.31**
按国民经济行业分组			
正餐服务	715.83	459.58	460.37
快餐服务	53.43	30.65	136.47
饮料及冷饮服务	9.55	5.84	7.77
茶馆服务	0.59	0.56	0.72
咖啡馆服务	4.46	3.31	1.48
酒吧服务	2.55	0.66	0.84
其他饮料及冷饮服务	1.96	1.31	4.72
餐饮配送及外卖送餐服务	11.37	6.72	24.76
餐饮配送服务	11.07	6.54	23.65
外卖送餐服务	0.29	0.17	1.11
其他餐饮业	49.58	38.17	32.94
小吃服务	6.09	3.23	6.58
其他未列明餐饮业	43.48	34.94	26.36
按登记注册类型分组			
内资企业	725.13	495.31	537.54
国有企业	11.90	11.72	6.13
集体企业	2.66	1.23	1.66
股份合作企业	0.09	0.05	0.04
联营企业	0.09	0.01	0.08
国有联营企业			
集体联营企业			
国有与集体联营企业			
其他联营企业	0.09	0.01	0.08
有限责任公司	184.12	140.33	110.90
国有独资公司	4.93	3.53	4.82
其他有限责任公司	179.20	136.80	106.09
股份有限公司	22.74	10.55	9.95
私营企业	502.38	330.70	408.27
私营独资企业	27.73	11.25	31.28
私营合伙企业	1.86	1.04	3.62
私营有限责任公司	467.15	313.79	366.91
私营股份有限公司	5.64	4.61	6.47
其他企业	1.14	0.72	0.50
港、澳、台商投资企业	73.86	24.00	43.01
与港澳台商合资经营企业	46.87	6.78	10.94
与港澳台商合作经营企业	0.89	0.99	0.24
港澳台商独资经营企业	26.07	16.20	31.81
港澳台商投资股份有限公司	0.03	0.03	0.02
其他港澳台投资企业			
外商投资企业	40.76	21.65	81.77
中外合资经营企业	10.48	4.54	38.88
中外合作经营企业			
外资企业	28.64	15.44	42.52
外商投资股份有限公司	0.08	0.04	0.11
其他外商投资	1.56	1.63	0.27

2-A-8 限额以上餐饮业法人企业财务状况

单位：亿元

分组	资产总计	负债合计	营业收入
餐饮业	**558.83**	**371.00**	**440.40**
按国民经济行业分组			
正餐服务	502.46	340.63	293.45
快餐服务	41.51	23.56	120.16
饮料及冷饮服务	4.47	2.39	3.51
茶馆服务	0.05	0.02	0.18
咖啡馆服务	3.06	1.43	0.43
酒吧服务	0.12	0.06	0.10
其他饮料及冷饮服务	1.24	0.88	2.79
餐饮配送及外卖送餐服务	4.03	2.22	10.76
餐饮配送服务	4.01	2.21	10.37
外卖送餐服务	0.01	0.02	0.38
其他餐饮业	6.36	2.20	12.54
小吃服务	1.89	0.85	1.93
其他未列明餐饮业	4.47	1.34	10.61
按登记注册类型分组			
内资企业	458.68	336.80	318.68
国有企业	10.46	10.71	5.31
集体企业	1.89	1.09	1.19
股份合作企业	0.07	0.03	0.02
联营企业	0.06		0.07
国有联营企业			
集体联营企业			
国有与集体联营企业			
其他联营企业	0.06		0.07
有限责任公司	158.50	122.19	89.16
国有独资公司	4.63	3.19	4.56
其他有限责任公司	153.88	119.00	84.60
股份有限公司	14.62	8.42	8.44
私营企业	273.00	194.33	214.29
私营独资企业	16.10	7.64	19.45
私营合伙企业	1.02	0.38	2.29
私营有限责任公司	252.11	182.94	187.94
私营股份有限公司	3.77	3.36	4.61
其他企业	0.08	0.03	0.20
港、澳、台商投资企业	70.92	21.82	41.83
与港澳台商合资经营企业	45.65	6.18	10.75
与港澳台商合作经营企业	0.69	0.81	0.22
港澳台商独资经营企业	24.59	14.83	30.86
港澳台商投资股份有限公司			
其他港澳台投资企业			
外商投资企业	29.22	12.38	79.89
中外合资经营企业	9.71	4.37	38.34
中外合作经营企业			
外资企业	17.98	6.41	41.32
外商投资股份有限公司			
其他外商投资	1.54	1.60	0.23
按单位规模分组			
大型	138.13	68.07	167.22
中型	220.29	171.06	117.75
小型	196.67	129.42	151.40
微型	3.75	2.44	4.04

B.地区部分

2-B-1　分地区住宿业法人企业基本情况

地　区	法人单位数 (个)	年末从业人数 (人)
总　计	**6353**	**149892**
南　京	1220	33219
无　锡	650	17048
徐　州	394	7623
常　州	340	11478
苏　州	1329	33375
南　通	487	8345
连云港	294	5367
淮　安	250	5741
盐　城	282	6481
扬　州	358	8502
镇　江	186	4474
泰　州	244	4865
宿　迁	319	3374

2-B-2 分地区住宿业法人企业基本情况(按国民经济行业分)

(旅游饭店)

地　区	法人单位数 (个)	从业人员期末人数 (人)
总　计	**1526**	**94914**
南　京	314	21439
无　锡	139	10934
徐　州	77	3446
常　州	103	8526
苏　州	371	23670
南　通	78	4206
连云港	93	3182
淮　安	76	3621
盐　城	61	3708
扬　州	102	5188
镇　江	38	2701
泰　州	35	2844
宿　迁	39	1449

2-B-2　续表 1

(一般旅馆)

地　区	法人单位数 (个)	从业人员期末人数 (人)
总　计	**4026**	**45406**
南　京	769	9738
无　锡	420	5027
徐　州	269	3621
常　州	189	2343
苏　州	787	8034
南　通	356	3461
连云港	155	1593
淮　安	139	1579
盐　城	181	2405
扬　州	219	2692
镇　江	122	1473
泰　州	175	1766
宿　迁	245	1674

2-B-2 续表 2

(民宿服务)

地　区	法人单位数 (个)	从业人员期末人数 (人)
总　计	**139**	**1006**
南　京	17	109
无　锡	18	163
徐　州	5	55
常　州	11	242
苏　州	50	205
南　通	10	47
连云港		
淮　安	3	10
盐　城	8	44
扬　州	10	89
镇　江	1	3
泰　州	2	18
宿　迁	4	21

2-B-2　续表 3

(露营地服务)

地　区	法人单位数 (个)	从业人员期末人数 (人)
总　计	8	19
南　京		
无　锡		
徐　州		
常　州	1	2
苏　州	1	
南　通	1	
连云港	1	7
淮　安	2	8
盐　城	1	2
扬　州	1	
镇　江		
泰　州		
宿　迁		

2-B-2 续表 4

(其他住宿业)

地 区	法人单位数 (个)	从业人员期末人数 (人)
总 计	**654**	**8547**
南 京	120	1933
无 锡	73	924
徐 州	43	501
常 州	36	365
苏 州	120	1466
南 通	42	631
连云港	45	585
淮 安	30	523
盐 城	31	322
扬 州	26	533
镇 江	25	297
泰 州	32	237
宿 迁	31	230

2-B-3　分地区住宿业法人企业基本情况(按登记注册类型分)

(内资企业)

地　区	法人单位数 (个)	从业人员期末人数 (人)
总　计	**6251**	**139072**
南　京	1204	30376
无　锡	639	16107
徐　州	391	7285
常　州	327	9960
苏　州	1303	30360
南　通	475	7746
连云港	292	5355
淮　安	245	5323
盐　城	279	6438
扬　州	351	7664
镇　江	184	4266
泰　州	242	4818
宿　迁	319	3374

2-B-3 续表 1

(国有企业)

地 区	法人单位数 (个)	从业人员期末人数 (人)
总 计	**110**	**8636**
南 京	42	3652
无 锡	15	789
徐 州	8	633
常 州	4	180
苏 州	16	1598
南 通	1	4
连云港	4	190
淮 安	1	0
盐 城	5	1061
扬 州	4	118
镇 江	5	339
泰 州	1	1
宿 迁	4	71

2-B-3　续表 2

(集体企业)

地　区	法人单位数 (个)	从业人员期末人数 (人)
总　计	**79**	**1346**
南　京	12	307
无　锡	9	67
徐　州	5	144
常　州	6	141
苏　州	17	534
南　通	13	29
连云港	3	17
淮　安	3	27
盐　城	1	
扬　州	6	62
镇　江	4	18
泰　州		
宿　迁		

2-B-3 续表 3

(股份合作企业)

地　区	法人单位数 (个)	从业人员期末人数 (人)
总　计	**7**	**29**
南　京	2	12
无　锡	2	3
徐　州		
常　州		
苏　州	1	4
南　通	2	10
连云港		
淮　安		
盐　城		
扬　州		
镇　江		
泰　州		
宿　迁		

2-B-3 续表 4

(联营企业)

地 区	法人单位数 (个)	从业人员期末人数 (人)
总 计	**4**	**227**
南 京	3	209
无 锡		
徐 州		
常 州		
苏 州	1	18
南 通		
连云港		
淮 安		
盐 城		
扬 州		
镇 江		
泰 州		
宿 迁		

2-B-3 续表 5

(有限责任公司)

地 区	法人单位数 (个)	从业人员期末人数 (人)
总 计	**764**	**47352**
南 京	215	12615
无 锡	52	4081
徐 州	41	2082
常 州	19	1273
苏 州	168	13895
南 通	30	2406
连云港	38	2205
淮 安	44	1491
盐 城	41	1544
扬 州	49	2963
镇 江	17	1139
泰 州	22	804
宿 迁	28	854

2-B-3　续表 6

(股份有限公司)

地　区	法人单位数 (个)	从业人员期末人数 (人)
总　计	**82**	**6438**
南　京	20	2170
无　锡	7	625
徐　州	9	178
常　州	1	775
苏　州	12	724
南　通	4	61
连云港	3	19
淮　安	4	264
盐　城	4	91
扬　州	7	364
镇　江	4	536
泰　州	4	627
宿　迁	3	4

2-B-3 续表 7

(私营企业)

地 区	法人单位数 (个)	从业人员期末人数 (人)
总 计	**5185**	**74822**
南 京	908	11286
无 锡	554	10542
徐 州	327	4248
常 州	295	7571
苏 州	1087	13582
南 通	414	5186
连云港	244	2924
淮 安	192	3541
盐 城	228	3742
扬 州	283	4135
镇 江	154	2234
泰 州	215	3386
宿 迁	284	2445

2-B-3　续表 8

(其他企业)

地　区	法人单位数 (个)	从业人员期末人数 (人)
总　计	**20**	**222**
南　京	2	125
无　锡		
徐　州	1	
常　州	2	20
苏　州	1	5
南　通	11	50
连云港		
淮　安	1	
盐　城		
扬　州	2	22
镇　江		
泰　州		
宿　迁		

2-B-3 续表 9

(港、澳、台商投资企业)

地 区	法人单位数 (个)	从业人员期末人数 (人)
总 计	**60**	**6189**
南 京	9	1654
无 锡	8	222
徐 州	3	338
常 州	8	1107
苏 州	17	2063
南 通	4	262
连云港		
淮 安	4	160
盐 城	3	43
扬 州	3	316
镇 江		
泰 州	1	24
宿 迁		

2-B-3　续表 10

(外商投资企业)

地　区	法人单位数 (个)	从业人员期末人数 (人)
总　计	**42**	**4631**
南　京	7	1189
无　锡	3	719
徐　州		
常　州	5	411
苏　州	9	952
南　通	8	337
连云港	2	12
淮　安	1	258
盐　城		
扬　州	4	522
镇　江	2	208
泰　州	1	23
宿　迁		

2-B-4 分地区住宿业法人企业基本情况(按星级分)

(一星)

地 区	法人单位数 (个)	从业人员期末人数 (人)
总 计	**134**	**910**
南 京	26	234
无 锡	9	77
徐 州	10	78
常 州	3	69
苏 州	17	89
南 通	15	62
连云港	3	40
淮 安	12	95
盐 城	4	23
扬 州	3	30
镇 江	11	33
泰 州	7	28
宿 迁	14	52

2-B-4　续表 1

(二星)

地　区	法人单位数 (个)	从业人员期末人数 (人)
总　计	**280**	**2929**
南　京	36	379
无　锡	18	121
徐　州	22	325
常　州	6	17
苏　州	45	377
南　通	26	208
连云港	12	119
淮　安	21	311
盐　城	13	126
扬　州	25	387
镇　江	13	73
泰　州	11	136
宿　迁	32	350

2-B-4 续表 2

(三星)

地 区	法人单位数 (个)	从业人员期末人数 (人)
总 计	**652**	**16296**
南 京	101	3452
无 锡	59	1967
徐 州	46	1146
常 州	36	868
苏 州	99	2002
南 通	62	892
连云港	23	570
淮 安	40	858
盐 城	35	1440
扬 州	49	1278
镇 江	33	615
泰 州	24	770
宿 迁	45	438

2-B-4　续表 3

(四星)

地　区	法人单位数 (个)	从业人员期末人数 (人)
总　计	**300**	**26189**
南　京	47	4671
无　锡	24	2234
徐　州	12	1053
常　州	29	3202
苏　州	64	6103
南　通	27	1792
连云港	10	610
淮　安	11	1202
盐　城	17	1090
扬　州	20	1455
镇　江	9	786
泰　州	12	1442
宿　迁	18	549

2-B-4 续表 4

(五星)

地 区	法人单位数 (个)	从业人员期末人数 (人)
总 计	**123**	**23851**
南 京	25	5587
无 锡	11	2274
徐 州	3	975
常 州	11	2805
苏 州	32	6329
南 通	6	185
连云港	5	806
淮 安	6	861
盐 城	6	993
扬 州	8	1303
镇 江	4	1000
泰 州	4	416
宿 迁	2	317

2-B-4　续表 5

(其他)

地　区	法人单位数 (个)	从业人员期末人数 (人)
总　计	**4864**	**79717**
南　京	985	18896
无　锡	529	10375
徐　州	301	4046
常　州	255	4517
苏　州	1072	18475
南　通	351	5206
连云港	241	3222
淮　安	160	2414
盐　城	207	2809
扬　州	253	4049
镇　江	116	1967
泰　州	186	2073
宿　迁	208	1668

2-B-5　分地区住宿业法人企业财务状况

单位：亿元

地　区	资产总计	负债合计	营业收入
总　计	**1154.95**	**753.06**	**325.91**
南　京	274.46	165.19	88.85
无　锡	90.31	71.58	33.50
徐　州	32.91	19.48	19.81
常　州	52.07	42.89	22.94
苏　州	444.02	278.02	73.23
南　通	53.32	28.16	17.19
连云港	19.85	12.44	8.37
淮　安	29.54	19.24	10.94
盐　城	41.65	29.19	10.93
扬　州	45.57	37.06	16.03
镇　江	20.94	14.36	9.37
泰　州	31.21	25.41	10.33
宿　迁	19.10	10.06	4.41

2-B-6　分地区住宿业法人企业财务状况(按国民经济行业分)

(旅游饭店)　　　　　　　　　　　　　　　　单位：亿元

地　区	资产总计	负债合计	营业收入
总　计	**931.48**	**615.78**	**220.98**
南　京	225.51	137.16	62.91
无　锡	66.87	56.08	22.66
徐　州	18.94	12.52	10.35
常　州	43.04	34.76	17.43
苏　州	390.11	238.25	55.90
南　通	34.68	18.36	9.53
连云港	13.06	10.72	5.26
淮　安	23.51	16.69	6.65
盐　城	31.30	22.76	5.93
扬　州	37.20	32.38	9.77
镇　江	13.53	9.88	5.92
泰　州	18.06	17.54	6.78
宿　迁	15.68	8.67	1.89

2-B-6 续表 1

(一般旅馆) 单位：亿元

地 区	资产总计	负债合计	营业收入
总 计	**190.53**	**115.59**	**88.28**
南 京	42.72	23.21	21.74
无 锡	19.14	13.01	8.86
徐 州	13.02	6.41	7.92
常 州	5.86	6.19	4.60
苏 州	44.91	32.86	14.77
南 通	16.65	8.68	6.61
连云港	6.11	1.42	2.37
淮 安	4.83	1.75	3.42
盐 城	8.66	5.47	4.27
扬 州	7.32	4.08	5.31
镇 江	6.55	3.88	3.06
泰 州	12.17	7.54	3.17
宿 迁	2.60	1.07	2.18

2-B-6　续表 2

(民宿服务)　　单位：亿元

地　区	资产总计	负债合计	营业收入
总　计	**5.01**	**1.88**	**1.73**
南　京	0.13	0.11	0.22
无　锡	1.35	0.22	0.28
徐　州	0.07	0.02	0.12
常　州	1.90	1.08	0.43
苏　州	0.62	0.32	0.26
南　通	0.27	0.07	0.10
连云港			
淮　安	0.02		0.02
盐　城	0.35	0.05	0.09
扬　州	0.23	0.01	0.16
镇　江			0.01
泰　州	0.06		0.01
宿　迁	0.01		0.02

2-B-6 续表 3

(露营地服务) 单位：亿元

地 区	资产总计	负债合计	营业收入
总 计	**0.03**	**0.01**	**0.03**
南 京			
无 锡			
徐 州			
常 州			
苏 州			
南 通			
连云港			
淮 安	0.02		0.03
盐 城			
扬 州			
镇 江			
泰 州			
宿 迁			

2-B-6　续表 4

(其他住宿业)　　单位：亿元

地　区	资产总计	负债合计	营业收入
总　计	**27.90**	**19.81**	**14.88**
南　京	6.09	4.71	3.98
无　锡	2.96	2.26	1.70
徐　州	0.87	0.53	1.42
常　州	1.27	0.86	0.48
苏　州	8.38	6.59	2.29
南　通	1.73	1.06	0.94
连云港	0.68	0.29	0.73
淮　安	1.16	0.79	0.83
盐　城	1.34	0.90	0.64
扬　州	0.83	0.58	0.79
镇　江	0.87	0.60	0.40
泰　州	0.92	0.32	0.38
宿　迁	0.81	0.31	0.32

2-B-7 分地区住宿业法人企业财务状况(按登记注册类型分)

(内资企业) 单位：亿元

地 区	资产总计	负债合计	营业收入
总 计	**1022.85**	**642.15**	**300.07**
南 京	219.50	117.74	79.83
无 锡	83.02	63.00	31.46
徐 州	26.77	15.11	19.25
常 州	41.87	31.27	18.73
苏 州	410.97	252.14	66.88
南 通	47.15	27.25	16.17
连云港	19.81	12.41	8.35
淮 安	25.92	17.87	10.25
盐 城	41.53	29.14	10.84
扬 州	38.47	29.06	14.54
镇 江	17.89	11.87	9.09
泰 州	30.87	25.21	10.26
宿 迁	19.10	10.06	4.41

2-B-7　续表 1

(国有企业)　　单位：亿元

地　区	资产总计	负债合计	营业收入
总　计	**56.48**	**25.76**	**14.94**
南　京	22.63	7.75	6.38
无　锡	6.67	3.06	1.45
徐　州	5.41	3.54	1.29
常　州	0.58	0.41	0.32
苏　州	11.22	3.23	2.82
南　通	0.02		0.05
连云港	0.21	0.24	0.15
淮　安			
盐　城	6.30	6.09	1.52
扬　州	0.73	0.36	0.13
镇　江	2.29	0.76	0.65
泰　州	0.04		0.05
宿　迁	0.37	0.32	0.13

2-B-7 续表 2

(集体企业) 单位：亿元

地　区	资产总计	负债合计	营业收入
总　计	**6.79**	**4.76**	**2.89**
南　京	0.87	0.63	0.60
无　锡	0.23	0.54	0.15
徐　州	0.25	0.24	0.41
常　州	0.38	0.14	0.37
苏　州	4.34	2.81	1.07
南　通	0.44	0.25	0.06
连云港	0.04	0.03	0.04
淮　安	0.01	0.01	0.02
盐　城			
扬　州	0.22	0.13	0.16
镇　江	0.01		0.03
泰　州			
宿　迁			

2-B-7 续表 3

(股份合作企业)　　　　单位：亿元

地 区	资产总计	负债合计	营业收入
总 计	**0.08**	**0.04**	**0.05**
南 京	0.06	0.03	0.03
无 锡			
徐 州			
常 州			
苏 州	0.01	0.01	
南 通			0.02
连云港			
淮 安			
盐 城			
扬 州			
镇 江			
泰 州			
宿 迁			

2-B-7 续表 4

(联营企业) 单位：亿元

地 区	资产总计	负债合计	营业收入
总 计	**0.22**	**0.2**	**0.59**
南 京	0.17	0.15	0.53
无 锡			
徐 州			
常 州			
苏 州	0.05	0.05	0.05
南 通			
连云港			
淮 安			
盐 城			
扬 州			
镇 江			
泰 州			
宿 迁			

2-B-7　续表 5

(有限责任公司)　　单位：亿元

地　区	资产总计	负债合计	营业收入
总　计	**506.33**	**305.61**	**108.83**
南　京	75.60	46.90	30.24
无　锡	29.17	21.72	9.85
徐　州	8.97	6.11	5.00
常　州	6.04	4.35	2.29
苏　州	294.98	159.71	35.66
南　通	13.75	8.05	5.49
连云港	9.74	6.66	3.37
淮　安	8.98	5.02	2.89
盐　城	10.69	9.97	2.44
扬　州	22.52	17.75	6.09
镇　江	4.38	5.57	2.66
泰　州	6.83	5.72	1.82
宿　迁	14.68	8.08	1.02

2-B-7 续表 6

(股份有限公司) 单位：亿元

地 区	资产总计	负债合计	营业收入
总 计	**89.20**	**38.90**	**24.93**
南 京	52.69	14.93	15.26
无 锡	1.99	1.24	1.54
徐 州	0.57	0.19	0.28
常 州	3.92	0.35	2.22
苏 州	12.94	8.49	1.67
南 通	0.16	0.03	0.09
连云港	0.10	0.04	0.01
淮 安	1.02	0.76	0.38
盐 城	1.29	1.05	0.17
扬 州	0.61	0.29	0.44
镇 江	6.05	1.92	0.97
泰 州	7.84	9.59	1.88
宿 迁	0.01	0.01	0.03

2-B-7　续表 7

(私营企业)　　单位：亿元

地　区	资产总计	负债合计	营业收入
总　计	**362.07**	**266.24**	**147.24**
南　京	66.45	47.00	26.49
无　锡	44.96	36.44	18.47
徐　州	11.56	5.03	12.28
常　州	30.50	25.82	13.44
苏　州	87.43	77.83	25.58
南　通	32.65	18.88	10.32
连云港	9.71	5.44	4.79
淮　安	15.91	12.09	6.95
盐　城	23.25	12.03	6.70
扬　州	14.30	10.51	7.70
镇　江	5.16	3.62	4.78
泰　州	16.16	9.90	6.51
宿　迁	4.04	1.64	3.23

2-B-7 续表 8

(其他企业) 单位：亿元

地 区	资产总计	负债合计	营业收入
总 计	**1.68**	**0.63**	**0.59**
南 京	1.01	0.34	0.31
无 锡			
徐 州			
常 州	0.45	0.21	0.09
苏 州			0.02
南 通	0.13	0.04	0.14
连云港			
淮 安			
盐 城			
扬 州	0.09	0.03	0.03
镇 江			
泰 州			
宿 迁			

2-B-7　续表 9

(港、澳、台商投资企业)　　单位：亿元

地　区	资产总计	负债合计	营业收入
总　计	**77.62**	**72.24**	**13.84**
南　京	33.47	35.37	4.20
无　锡	1.76	0.93	0.47
徐　州	6.14	4.37	0.55
常　州	8.50	10.52	3.00
苏　州	20.95	15.77	4.21
南　通	2.50	0.25	0.37
连云港			
淮　安	0.80	0.33	0.33
盐　城	0.12	0.04	0.09
扬　州	3.19	4.48	0.58
镇　江			
泰　州	0.18	0.16	0.04
宿　迁			

2-B-7 续表 10

(外商投资企业) 单位：亿元

地区	资产总计	负债合计	营业收入
总计	**54.48**	**38.67**	**12.00**
南京	21.49	12.08	4.81
无锡	5.53	7.64	1.57
徐州			
常州	1.70	1.09	1.22
苏州	12.10	10.10	2.14
南通	3.66	0.66	0.65
连云港	0.04	0.03	0.02
淮安	2.82	1.04	0.36
盐城			
扬州	3.91	3.52	0.91
镇江	3.05	2.49	0.29
泰州	0.17	0.03	0.03
宿迁			

2-B-8　分地区住宿业法人企业财务状况(按星级分)

(一星)　　　　单位：亿元

地　区	资产总计	负债合计	营业收入
总　计	**1.67**	**0.65**	**1.60**
南　京	0.36	0.28	0.39
无　锡	0.18	0.01	0.12
徐　州	0.06	0.01	0.12
常　州	0.04	0.04	0.15
苏　州	0.21	0.15	0.12
南　通	0.24	0.08	0.15
连云港	0.12		0.05
淮　安	0.19	0.02	0.23
盐　城	0.06	0.02	0.05
扬　州	0.04	0.02	0.04
镇　江	0.03	0.01	0.07
泰　州	0.11	0.01	0.03
宿　迁	0.04		0.08

2-B-8 续表 1

(二星) 单位：亿元

地 区	资产总计	负债合计	营业收入
总 计	**11.65**	**4.61**	**6.35**
南 京	1.07	0.47	0.75
无 锡	0.57	0.55	0.24
徐 州	2.62	1.10	1.43
常 州	0.04	0.05	0.05
苏 州	2.39	0.88	0.67
南 通	1.18	0.27	0.51
连云港	0.32	0.03	0.28
淮 安	1.14	0.52	0.55
盐 城	0.87	0.27	0.23
扬 州	0.71	0.26	0.75
镇 江	0.15	0.03	0.14
泰 州	0.30	0.07	0.27
宿 迁	0.30	0.11	0.48

2-B-8　续表 2

(三星)　　　　单位：亿元

地　区	资产总计	负债合计	营业收入
总　计	**72.79**	**52.81**	**31.61**
南　京	9.98	7.69	6.71
无　锡	4.48	4.11	3.18
徐　州	5.31	3.48	3.71
常　州	5.43	3.58	1.83
苏　州	15.11	10.94	3.21
南　通	5.59	1.72	2.35
连云港	1.44	0.82	0.73
淮　安	5.82	5.23	1.55
盐　城	8.19	6.42	2.38
扬　州	3.88	2.10	2.13
镇　江	3.05	2.86	1.83
泰　州	3.48	3.43	1.43
宿　迁	1.03	0.43	0.59

2-B-8 续表 3

(四星) 单位：亿元

地 区	资产总计	负债合计	营业收入
总 计	**225.54**	**123.43**	**54.82**
南 京	26.28	13.11	12.41
无 锡	11.44	9.16	4.83
徐 州	6.67	4.69	2.28
常 州	11.53	6.58	6.48
苏 州	108.68	46.74	12.53
南 通	11.52	6.90	3.42
连云港	5.08	2.24	1.04
淮 安	9.34	5.24	2.00
盐 城	10.53	9.33	1.85
扬 州	7.62	5.27	2.26
镇 江	5.14	5.24	1.47
泰 州	9.57	7.90	3.33
宿 迁	2.13	1.02	0.93

2-B-8　续表 4

(五星)　　　　单位：亿元

地　区	资产总计	负债合计	营业收入
总　计	**354.29**	**234.89**	**71.77**
南　京	109.60	69.10	25.73
无　锡	27.73	22.04	7.50
徐　州	6.00	4.37	1.88
常　州	19.82	18.30	6.23
苏　州	133.38	74.22	18.18
南　通	2.15	0.13	0.34
连云港	3.58	2.79	1.52
淮　安	6.08	5.00	1.68
盐　城	8.15	6.67	1.82
扬　州	10.88	13.27	2.73
镇　江	6.71	2.57	2.40
泰　州	7.48	9.13	1.46
宿　迁	12.71	7.29	0.30

2-B-8 续表 5

(其他) 单位：亿元

地　区	资产总计	负债合计	营业收入
总　计	**489.01**	**336.66**	**159.76**
南　京	127.16	74.53	42.86
无　锡	45.91	35.70	17.64
徐　州	12.24	5.83	10.39
常　州	15.21	14.34	8.21
苏　州	184.24	145.09	38.53
南　通	32.65	19.06	10.41
连云港	9.31	6.57	4.74
淮　安	6.98	3.23	4.93
盐　城	13.86	6.47	4.61
扬　州	22.44	16.14	8.13
镇　江	5.86	3.64	3.46
泰　州	10.28	4.86	3.82
宿　迁	2.88	1.21	2.03

2-B-9　分地区餐饮业法人企业基本情况

地　区	法人单位数 (个)	从业人员期末人数 (人)	年末餐饮营业面积 (万平方米)
总　计	**19567**	**330941**	**1059.5**
南　京	3545	77524	190.9
无　锡	2040	43743	120.0
徐　州	1243	14559	51.7
常　州	1227	30148	75.6
苏　州	4434	67798	182.0
南　通	1189	15028	75.6
连云港	714	7944	35.5
淮　安	889	12237	54.8
盐　城	1037	16143	72.2
扬　州	1269	16400	62.6
镇　江	614	9450	54.9
泰　州	621	11743	48.8
宿　迁	745	8224	35.1

2-B-10 分地区餐饮业法人企业基本情况(按国民经济行业分)

(正餐服务)

地　区	法人单位数(个)	从业人员期末人数(人)	年末餐饮营业面积(万平方米)
总　计	**14981**	**225924**	**894.1**
南　京	2889	53459	153.9
无　锡	1438	24684	99.5
徐　州	946	11709	45.9
常　州	936	14922	61.3
苏　州	3006	36148	133.6
南　通	960	13088	68.1
连云港	584	6853	32.3
淮　安	759	10346	50.6
盐　城	818	14266	64.8
扬　州	1017	13710	55.9
镇　江	503	8650	50.0
泰　州	538	10811	47.1
宿　迁	587	7278	31.1

2-B-10　续表 1

(快餐服务)

地　区	法人单位数(个)	从业人员期末人数(人)	年末餐饮营业面积(万平方米)
总　计	**1491**	**73067**	**84.2**
南　京	234	16866	24.3
无　锡	204	15775	13.2
徐　州	104	1167	2.2
常　州	126	14031	11.9
苏　州	408	21119	21.6
南　通	76	690	2.0
连云港	40	547	1.0
淮　安	39	436	1.6
盐　城	86	635	2.9
扬　州	78	1209	1.6
镇　江	21	108	0.2
泰　州	23	138	0.6
宿　迁	52	346	1.1

2-B-10 续表 2

(饮料及冷饮服务)

地 区	法人单位数 (个)	从业人员期末人数 (人)	年末餐饮营业面积 (万平方米)
总 计	**476**	**3866**	**11.0**
南 京	95	915	1.7
无 锡	92	332	1.3
徐 州	14	202	0.2
常 州	27	87	0.2
苏 州	105	1154	2.5
南 通	35	343	2.8
连云港	6	17	0.1
淮 安	14	172	0.5
盐 城	10	66	0.3
扬 州	31	347	0.6
镇 江	15	37	0.3
泰 州	15	109	0.2
宿 迁	17	85	0.3

2-B-10　续表 3

(餐饮配送及外卖送餐服务)

地　区	法人单位数 (个)	从业人员期末人数 (人)	年末餐饮营业面积 (万平方米)
总　计	**518**	**9358**	**16.8**
南　京	46	530	1.6
无　锡	79	1608	2.2
徐　州	30	364	0.6
常　州	17	260	0.2
苏　州	244	5131	9.6
南　通	19	171	0.5
连云港	6	28	0.1
淮　安	5	95	0.1
盐　城	19	226	0.8
扬　州	22	324	0.6
镇　江	15	85	0.3
泰　州	7	483	
宿　迁	9	53	0.1

2-B-10 续表 4

(其他餐饮业)

地 区	法人单位数 (个)	从业人员期末人数 (人)	年末餐饮营业面积 (万平方米)
总 计	**2101**	**18726**	**53.3**
南 京	281	5754	9.4
无 锡	227	1344	3.7
徐 州	149	1117	2.8
常 州	121	848	1.9
苏 州	671	4246	14.6
南 通	99	736	2.2
连云港	78	499	2.1
淮 安	72	1188	1.9
盐 城	104	950	3.3
扬 州	121	810	4.0
镇 江	60	570	4.1
泰 州	38	202	0.8
宿 迁	80	462	2.5

2-B-11　分地区餐饮业法人企业基本情况(按登记注册类型分)

(内资企业)

地　区	法人单位数 (个)	从业人员期末人数 (人)	年末餐饮营业面积 (万平方米)
总　计	**19333**	**267341**	**993.8**
南　京	3500	60227	169.8
无　锡	2015	29471	109.8
徐　州	1242	14534	51.7
常　州	1208	19089	65.9
苏　州	4334	48718	166.7
南　通	1179	14791	74.5
连云港	711	7899	35.3
淮　安	883	11754	52.8
盐　城	1027	16092	72.0
扬　州	1264	15708	62.2
镇　江	610	9341	49.7
泰　州	620	11735	48.8
宿　迁	740	7982	34.6

2-B-11 续表 1

(国有企业)

地 区	法人单位数 (个)	从业人员期末人数 (人)	年末餐饮营业面积 (万平方米)
总 计	**54**	**2970**	**8.4**
南 京	13	1115	1.8
无 锡	5	136	2.0
徐 州	7	385	0.8
常 州	2	3	
苏 州	4	277	1.0
南 通	1	45	0.1
连云港	1	27	0.1
淮 安	9	92	1.2
盐 城			
扬 州	4	356	0.5
镇 江	7	380	0.9
泰 州			
宿 迁	1	154	0.2

2-B-11　续表 2

(集体企业)

地　区	法人单位数 (个)	从业人员期末人数 (人)	年末餐饮营业面积 (万平方米)
总　计	**55**	**809**	**2.1**
南　京	3	38	0.1
无　锡	9	449	0.6
徐　州	5	51	0.2
常　州	6	9	0.3
苏　州	6	45	0.3
南　通	5	51	0.1
连云港	1	3	
淮　安	5	27	0.1
盐　城	4	52	0.2
扬　州	5	47	0.1
镇　江	4	26	0.1
泰　州	1	6	
宿　迁	1	5	

2-B-11 续表 3

(股份合作企业)

地 区	法人单位数 (个)	从业人员期末人数 (人)	年末餐饮营业面积 (万平方米)
总 计	**4**	**13**	**0.2**
南 京	1	9	
无 锡	1	3	
徐 州	1	1	0.2
常 州			
苏 州	1		
南 通			
连云港			
淮 安			
盐 城			
扬 州			
镇 江			
泰 州			
宿 迁			

2-B-11　续表 4

(联营企业)

地　区	法人单位数 (个)	从业人员期末人数 (人)	年末餐饮营业面积 (万平方米)
总　计	**3**	**30**	**0.4**
南　京			
无　锡			
徐　州			
常　州			
苏　州	2	22	0.3
南　通			
连云港			
淮　安			
盐　城			
扬　州			
镇　江			
泰　州	1	8	0.1
宿　迁			

2-B-11 续表 5

(有限责任公司)

地 区	法人单位数(个)	从业人员期末人数(人)	年末餐饮营业面积(万平方米)
总 计	**1540**	**52597**	**148.2**
南 京	458	20296	46.8
无 锡	137	4595	16.1
徐 州	63	1577	4.8
常 州	28	1233	2.9
苏 州	171	7605	14.9
南 通	69	2284	4.9
连云港	60	1254	3.6
淮 安	138	2129	9.9
盐 城	136	3748	14.4
扬 州	100	2960	10.9
镇 江	40	1500	4.7
泰 州	62	1924	8.2
宿 迁	78	1492	6.1

2-B-11　续表 6

(股份有限公司)

地　区	法人单位数 (个)	从业人员期末人数 (人)	年末餐饮营业面积 (万平方米)
总　计	**135**	**4717**	**16.6**
南　京	18	250	0.8
无　锡	14	519	3.1
徐　州	11	335	0.6
常　州	4	17	0.2
苏　州	16	1328	4.1
南　通	10	164	0.8
连云港	13	221	1.8
淮　安	9	83	0.4
盐　城	8	437	1.5
扬　州	10	802	1.8
镇　江	1	10	
泰　州	12	467	0.9
宿　迁	9	84	0.4

2-B-11 续表 7

(私营企业)

地 区	法人单位数(个)	从业人员期末人数(人)	年末餐饮营业面积(万平方米)
总 计	**17511**	**205889**	**817.0**
南 京	3000	38421	120.2
无 锡	1846	23735	87.9
徐 州	1154	12179	45.1
常 州	1168	17827	62.5
苏 州	4133	39416	146.1
南 通	1089	12218	68.5
连云港	636	6394	29.7
淮 安	713	9366	40.9
盐 城	878	11853	55.9
扬 州	1144	11539	48.9
镇 江	557	7420	44.0
泰 州	542	9274	39.4
宿 迁	651	6247	27.9

2-B-11　续表 8

(其他企业)

地　区	法人单位数 (个)	从业人员期末人数 (人)	年末餐饮营业面积 (万平方米)
总　计	**31**	**316**	**0.9**
南　京	7	98	0.1
无　锡	3	34	0.2
徐　州	1	6	0.1
常　州			
苏　州	1	25	
南　通	5	29	0.1
连云港			
淮　安	9	57	0.2
盐　城	1	2	
扬　州	1	4	
镇　江	1	5	
泰　州	2	56	0.2
宿　迁			

2-B-11 续表 9

(港、澳、台商投资企业)

地 区	法人单位数 (个)	从业人员期末人数 (人)	年末餐饮营业面积 (万平方米)
总 计	**112**	**23937**	**30.5**
南 京	19	7859	6.3
无 锡	10	2882	3.5
徐 州			
常 州	8	10812	9.1
苏 州	51	1232	3.7
南 通	6	211	1.0
连云港	2	38	0.2
淮 安	5	396	1.0
盐 城	2	12	
扬 州	3	253	0.1
镇 江	1		5.0
泰 州			
宿 迁	5	242	0.5

2-B-11　续表 10

(外商投资企业)

地　区	法人单位数 (个)	从业人员期末人数 (人)	年末餐饮营业面积 (万平方米)
总　计	**122**	**39663**	**35.2**
南　京	26	9438	14.8
无　锡	15	11390	6.6
徐　州	1	25	
常　州	11	247	0.5
苏　州	49	17848	11.5
南　通	4	26	0.1
连云港	1	7	
淮　安	1	87	1.0
盐　城	8	39	0.2
扬　州	2	439	0.3
镇　江	3	109	0.1
泰　州	1	8	
宿　迁			

2-B-12　分地区餐饮业法人企业财务状况

单位：亿元

地　区	资产总计	负债合计	营业收入
总　计	**839.76**	**540.95**	**662.31**
南　京	134.25	95.44	168.96
无　锡	131.67	76.46	75.76
徐　州	35.22	18.85	39.61
常　州	54.37	44.09	49.93
苏　州	129.02	96.33	130.35
南　通	57.09	29.52	35.53
连云港	20.24	6.64	14.17
淮　安	37.30	14.30	29.99
盐　城	69.43	35.65	35.97
扬　州	66.35	47.21	30.01
镇　江	34.85	28.33	17.65
泰　州	40.27	24.32	23.62
宿　迁	29.70	23.80	10.76

2-B-13　分地区餐饮业法人企业财务状况(按国民经济行业分)

(正餐服务)　　单位：亿元

地　区	资产总计	负债合计	营业收入
总　计	**715.83**	**459.58**	**460.37**
南　京	108.30	79.94	103.72
无　锡	118.23	68.16	48.88
徐　州	30.14	16.75	33.40
常　州	44.51	38.47	26.84
苏　州	100.35	77.23	72.58
南　通	54.67	27.70	30.86
连云港	18.41	6.01	11.91
淮　安	35.27	13.83	26.47
盐　城	66.20	34.64	31.85
扬　州	38.34	21.72	25.30
镇　江	33.34	27.59	16.34
泰　州	39.66	23.94	22.65
宿　迁	28.40	23.61	9.58

2-B-13 续表 1

(快餐服务)　　单位：亿元

地　区	资产总计	负债合计	营业收入
总　计	**53.43**	**30.65**	**136.47**
南　京	18.42	10.49	51.34
无　锡	9.04	6.96	20.77
徐　州	2.40	1.15	2.63
常　州	8.33	4.78	21.19
苏　州	10.58	5.59	33.50
南　通	0.88	0.51	1.54
连云港	0.78	0.31	0.92
淮　安	0.66	0.10	0.73
盐　城	0.64	0.22	1.36
扬　州	0.88	0.30	1.71
镇　江	0.21	0.15	0.19
泰　州	0.14	0.04	0.18
宿　迁	0.46	0.04	0.42

2-B-13　续表 2

(饮料及冷饮服务)　　单位：亿元

地　区	资产总计	负债合计	营业收入
总　计	**9.55**	**5.84**	**7.77**
南　京	1.62	2.27	2.14
无　锡	1.90	0.18	0.36
徐　州	0.34	0.17	0.44
常　州	0.06	0.04	0.15
苏　州	4.30	2.65	1.96
南　通	0.23	0.13	1.12
连云港	0.09	0.09	0.04
淮　安	0.20	0.04	0.46
盐　城	0.09	0.01	0.10
扬　州	0.46	0.20	0.72
镇　江	0.04	0.02	0.05
泰　州	0.15	0.03	0.16
宿　迁	0.07		0.09

2-B-13 续表 3

(餐饮配送及外卖送餐服务) 单位：亿元

地 区	资产总计	负债合计	营业收入
总 计	**11.37**	**6.72**	**24.76**
南 京	0.63	0.55	1.43
无 锡	1.36	0.60	4.06
徐 州	0.88	0.27	0.64
常 州	0.13	0.11	0.48
苏 州	6.89	4.66	15.41
南 通	0.28	0.03	0.39
连云港	0.03	0.02	0.04
淮 安	0.07	0.01	0.26
盐 城	0.17	0.06	0.60
扬 州	0.53	0.12	0.82
镇 江	0.16	0.07	0.19
泰 州	0.17	0.21	0.40
宿 迁	0.06		0.05

2-B-13　续表 4

(其他餐饮业)　　单位：亿元

地　区	资产总计	负债合计	营业收入
总　计	**49.58**	**38.17**	**32.94**
南　京	5.28	2.20	10.34
无　锡	1.14	0.55	1.70
徐　州	1.46	0.51	2.50
常　州	1.33	0.68	1.29
苏　州	6.91	6.20	6.90
南　通	1.02	1.15	1.62
连云港	0.93	0.22	1.26
淮　安	1.10	0.32	2.07
盐　城	2.32	0.73	2.06
扬　州	26.13	24.87	1.47
镇　江	1.10	0.50	0.89
泰　州	0.15	0.10	0.23
宿　迁	0.71	0.15	0.63

2-B-14 分地区餐饮业法人企业财务状况(按登记注册类型分)

(内资企业)

单位：亿元

地 区	资产总计	负债合计	营业收入
总 计	**725.13**	**495.31**	**537.54**
南 京	106.55	78.26	113.17
无 锡	89.54	70.33	57.28
徐 州	35.20	18.85	39.58
常 州	42.97	37.79	31.92
苏 州	104.83	85.01	101.02
南 通	55.45	29.06	35.02
连云港	20.16	6.52	14.12
淮 安	34.45	12.42	29.02
盐 城	68.08	35.22	35.83
扬 州	63.75	45.99	29.02
镇 江	34.70	28.16	17.42
泰 州	40.26	24.32	23.61
宿 迁	29.19	23.38	10.54

2-B-14　续表 1

(国有企业)　　单位：亿元

地　区	资产总计	负债合计	营业收入
总　计	**11.90**	**11.72**	**6.13**
南　京	2.21	1.68	2.19
无　锡	0.84	0.55	0.55
徐　州	1.05	1.69	1.08
常　州	0.01		0.01
苏　州	0.52	0.22	0.39
南　通	0.06	0.02	0.03
连云港	0.02	0.01	0.04
淮　安	0.14	0.05	0.32
盐　城			
扬　州	4.76	4.65	1.05
镇　江	1.12	2.20	0.30
泰　州			
宿　迁	1.18	0.64	0.18

2-B-14 续表 2

(集体企业) 单位：亿元

地 区	资产总计	负债合计	营业收入
总 计	**2.66**	**1.23**	**1.66**
南 京	0.02	0.02	0.02
无 锡	1.65	1.02	0.85
徐 州	0.34	0.05	0.19
常 州	0.04	0.01	0.03
苏 州	0.02		0.02
南 通	0.07	0.01	0.11
连云港	0.01		
淮 安	0.08	0.01	0.12
盐 城	0.10	0.04	0.19
扬 州	0.05	0.03	0.07
镇 江	0.26	0.05	0.04
泰 州			0.02
宿 迁			0.01

2-B-14　续表 3

(股份合作企业)　　单位：亿元

地　区	资产总计	负债合计	营业收入
总　计	**0.09**	**0.05**	**0.04**
南　京	0.01	0.01	0.01
无　锡			
徐　州	0.07	0.03	0.02
常　州			
苏　州	0.02	0.01	
南　通			
连云港			
淮　安			
盐　城			
扬　州			
镇　江			
泰　州			
宿　迁			

2-B-14 续表 4

(联营企业) 单位：亿元

地 区	资产总计	负债合计	营业收入
总 计	**0.09**	**0.01**	**0.08**
南 京			
无 锡			
徐 州			
常 州			
苏 州	0.07	0.01	0.05
南 通			
连云港			
淮 安			
盐 城			
扬 州			
镇 江			
泰 州	0.02		0.03
宿 迁			

2-B-14　续表 5

(有限责任公司)　单位：亿元

地　区	资产总计	负债合计	营业收入
总　计	**184.12**	**140.33**	**110.90**
南　京	37.29	24.15	44.48
无　锡	22.39	21.72	9.84
徐　州	5.49	4.12	3.79
常　州	1.50	2.21	2.76
苏　州	24.56	21.38	14.81
南　通	19.37	11.44	5.82
连云港	4.68	2.13	1.89
淮　安	10.03	4.45	4.52
盐　城	19.03	13.58	8.33
扬　州	9.41	7.02	6.49
镇　江	2.33	2.57	2.48
泰　州	9.95	7.31	3.45
宿　迁	18.08	18.26	2.25

2-B-14 续表 6

(股份有限公司) 单位：亿元

地 区	资产总计	负债合计	营业收入
总 计	**22.74**	**10.55**	**9.95**
南 京	0.56	0.51	0.78
无 锡	0.36	0.32	1.01
徐 州	0.86	0.26	1.14
常 州	0.11	0.07	0.02
苏 州	2.22	2.49	2.87
南 通	0.14	0.07	0.32
连云港	4.11	0.44	0.32
淮 安	6.72	1.36	0.18
盐 城	3.20	1.84	0.80
扬 州	0.89	0.26	1.06
镇 江			0.01
泰 州	3.41	2.88	1.34
宿 迁	0.14	0.04	0.10

2-B-14　续表 7

(私营企业)　　单位：亿元

地　区	资产总计	负债合计	营业收入
总　计	**502.38**	**330.70**	**408.27**
南　京	66.35	51.86	65.57
无　锡	64.31	46.73	44.97
徐　州	27.39	12.71	33.36
常　州	41.32	35.50	29.11
苏　州	76.55	60.24	82.88
南　通	35.72	17.52	28.66
连云港	11.33	3.93	11.86
淮　安	17.43	6.53	23.76
盐　城	45.74	19.77	26.51
扬　州	48.63	34.02	20.35
镇　江	30.99	23.34	14.59
泰　州	26.84	14.11	18.65
宿　迁	9.78	4.43	8.00

2-B-14 续表 8

(其他企业) 单位：亿元

地区	资产总计	负债合计	营业收入
总计	**1.14**	**0.72**	**0.50**
南京	0.10	0.02	0.12
无锡			0.07
徐州			
常州			
苏州	0.86	0.66	
南通	0.08	0.01	0.08
连云港			
淮安	0.05	0.01	0.12
盐城			
扬州			
镇江			
泰州	0.04	0.03	0.11
宿迁			

2-B-14　续表 9

(港、澳、台商投资企业)　　单位：亿元

地　区	资产总计	负债合计	营业收入
总　计	**73.86**	**24.00**	**43.01**
南　京	8.69	3.83	16.38
无　锡	37.75	3.82	4.52
徐　州			
常　州	10.84	6.23	17.48
苏　州	9.48	6.72	2.59
南　通	1.63	0.46	0.49
连云港	0.08	0.11	0.04
淮　安	2.49	1.70	0.87
盐　城	0.92	0.43	0.03
扬　州	1.47	0.27	0.37
镇　江			
泰　州			
宿　迁	0.51	0.43	0.22

2-B-14 续表 10

(外商投资企业)　　单位：亿元

地 区	资产总计	负债合计	营业收入
总 计	**40.76**	**21.65**	**81.77**
南 京	19.01	13.36	39.41
无 锡	4.37	2.30	13.95
徐 州	0.02		0.04
常 州	0.56	0.07	0.53
苏 州	14.72	4.61	26.74
南 通	0.02		0.02
连云港			
淮 安	0.36	0.18	0.10
盐 城	0.42	0.01	0.10
扬 州	1.12	0.96	0.61
镇 江	0.14	0.17	0.23
泰 州	0.01		0.02
宿 迁			

第3篇

房地产开发经营业生产经营及财务状况篇

3-1 各地区按登记注册类型分

地区	总计	内资企业					
			国有企业	集体企业	股份合作企业	国有联营企业	集体联营企业
总计	**13610**	**12866**	**86**	**58**	**1**		**1**
南京	1133	1044	17				1
无锡	1186	1088	7	11			
徐州	1404	1349	9	1			
常州	788	683	1				
苏州	2428	2264	10	23	1		
南通	1159	1095	3	1			
连云港	684	668	1	1			
淮安	762	731	4				
盐城	1212	1197	7	3			
扬州	871	822	10	8			
镇江	587	547	10	9			
泰州	605	593	6	1			
宿迁	791	785	1				

注：表3-1、3-2、3-3统计范围为全部房地产开发经营业法人单位，本篇其他表统计范围为有开发经营活动的房地产开发经营业法人单位。

房地产开发企业个数

单位：个

国有与集体联营企业	其他联营企业	国有独资公司	其他有限责任公司	股份有限公司	私营独资企业	私营合伙企业	私营有限责任公司
1		**264**	**2753**	**256**	**15**	**10**	**9264**
		40	395	35	1	2	538
		17	267	22	4	1	755
		25	201	25			1072
		15	71	9	1		580
		54	631	38	4	3	1473
		14	215	20		2	831
		12	93	8			545
		17	142	19			535
		17	217	20	1		912
		6	158	15	1	1	610
1		14	112	13	2		382
		13	116	9		1	436
		20	135	23	1		595

3-1 续表

地区			港、澳、台商投资企业				
	私营股份有限公司	其他内资企业		合资经营企业(港、澳、台资)	合作经营企业(港、澳、台资)	港、澳、台商独资经营企业	港、澳、台商投资股份有限公司
总计	**157**		**526**	**207**	**10**	**302**	**6**
南京	15		69	27		42	
无锡	4		71	24	2	43	2
徐州	16		44	23	1	20	
常州	6		70	34	2	34	
苏州	27		99	28	2	66	2
南通	9		43	18	1	24	
连云港	8		14	4		10	
淮安	14		26	14		12	
盐城	20		12	4	1	6	1
扬州	13		34	18		15	1
镇江	4		30	8		22	
泰州	11		10	4		6	
宿迁	10		4	1	1	2	

单位：个

其他港、澳、台投资企业	外商投资企业	中外合资经营企业	中外合作经营企业	独资企业	外商投资股份有限公司	其他外商投资企业
1	**218**	**100**	**6**	**103**	**4**	**5**
	20	8	1	8	1	2
	27	7	2	17		1
	11	9	1	1		
	35	17		17	1	
1	65	22	2	40		1
	21	13		7	1	
	2	1		1		
	5	3		2		
	3	3				
	15	12		3		
	10	3		5	1	1
	2	1		1		
	2	1		1		

3-2 各地区按登记注册类型分

地区	总计	内资企业					
			国有企业	集体企业	股份合作企业	国有联营企业	集体联营企业
总计	**244177**	**222855**	**1741**	**575**	**18**		**12**
南京	28513	24691	411				12
无锡	19689	17156	100	82			
徐州	23569	21957	233	25			
常州	12468	9768					
苏州	38513	34466	169	268	18		
南通	22198	20107	50	5			
连云港	11133	10929					
淮安	13943	13302	57				
盐城	22582	22212	35	6			
扬州	14368	13130	144	69			
镇江	13534	11948	264	120			
泰州	10590	10228	173				
宿迁	13077	12961	105				

房地产开发企业年末从业人数

单位：人

国有与集体联营企业	其他联营企业	国有独资公司	其他有限责任公司	股份有限公司	私营独资企业	私营合伙企业	私营有限责任公司
12		**7196**	**61009**	**5751**	**65**	**86**	**144229**
		1405	11833	925	7	7	9806
		389	4966	231	4	13	11345
		750	3938	571			16211
		262	1406	267			7813
		1428	12468	1036	10	17	18739
		245	5515	343		35	13712
		351	1841	169			8477
		498	2956	542			9050
		422	5318	464	7		15677
		171	3272	176	18	10	9115
12		327	2780	462	19		7871
		207	2217	305		4	7181
		741	2499	260			9232

3-2 续表

地 区	私营股份有限公司	其他内资企 业	港、澳、台商投资企 业	合资经营企业(港、澳、台资)	合作经营企业(港、澳、台资)	港、澳、台商独资经营企业	港、澳、台商投资股份有限公司
总 计	**2161**		**14237**	**6363**	**240**	**7431**	**177**
南 京	285		2933	1555		1378	
无 锡	26		1828	460	89	1239	40
徐 州	229		1336	714	28	594	
常 州	20		1671	881	40	750	
苏 州	313		2268	760	27	1339	116
南 通	202		1330	472	3	855	
连云港	91		174	58		116	
淮 安	199		582	348		234	
盐 城	283		340	139	40	150	11
扬 州	155		879	605		264	10
镇 江	93		517	142		375	
泰 州	141		296	169		127	
宿 迁	124		83	60	13	10	

单位：人

其他港、澳、台投资企业	外商投资企业	中外合资经营企业	中外合作经营企业	独资企业	外商投资股份有限公司	其他外商投资企业
26	**7085**	**3314**	**59**	**3547**	**59**	**106**
	889	496	10	341	10	32
	705	141	10	511		43
	276	256	15	5		
	1029	452		551	26	
26	1779	1078	24	677		
	761	368		385	8	
	30	6		24		
	59	19		40		
	30	30				
	359	354		5		
	1069	46		977	15	31
	66	65		1		
	33	3		30		

3-3 各地区按登记注册类型分

地区	总计	内资企业					
			国有企业	集体企业	股份合作企业	国有联营企业	集体联营企业
总计	**877062933**	**781807894**	**14255841**	**1497805**	**34894**		**151**
南京	194646363	171678445	4178955				151
无锡	81232755	70043529	1512093	313072			
徐州	47635631	41559048	558406	32381			
常州	56292077	44109224					
苏州	229190987	206619876	1740231	962180	34894		
南通	70396354	62083673	1917778	675			
连云港	16926759	16635502					
淮安	27634954	26113880	504637				
盐城	27317548	26288068	115201	151			
扬州	35127142	30109047	181320	2842			
镇江	45377985	42430895	764100	186267			
泰州	19623118	18626071	546037	236			
宿迁	25661261	25510637	2237083				

房地产开发企业资产总计

单位：万元

国有与集体联营企业	其他联营企业	国有独资公司	其他有限责任公司	股份有限公司	私营独资企业	私营合伙企业	私营有限责任公司
1422		**96014334**	**322246167**	**23404549**	**176547**	**239432**	**318236411**
		15933622	92393521	7545267	19100	60	49988800
		4500243	25964036	539303	8495	42776	37041994
		5283190	13015693	1882560			20510776
		2300004	17843150	1028397			22493602
		26460596	92650505	4179088	148648	190370	78970990
		2908627	25539028	516109		5227	30744967
		2283623	6156794	226394			7729387
		9013435	6541889	758269			9131490
		5487820	5462198	2671697			12250954
		525587	15245712	197219	182	106	13746869
1422		12518737	10324627	1960082	121		16660052
		1389761	6082796	1118959		892	9035999
		7409089	5026217	781205			9930530

3-3 续表

地区	私营股份有限公司	其他内资企业	港、澳、台商投资企业	合资经营企业(港、澳、台资)	合作经营企业(港、澳、台资)	港、澳、台商独资经营企业	港、澳、台商投资股份有限公司
总计	**5700342**		**68440744**	**26953024**	**1820437**	**38934955**	**620252**
南京	1618969		19113436	8210077		10903359	
无锡	121517		8226649	1878103	1010097	5210652	127797
徐州	276040		4607959	2724354	628	1882977	
常州	444071		8742175	5248754	51514	3441908	
苏州	1282375		14088438	2973421	668639	9871851	462452
南通	451262		4687113	2152500	13959	2520654	
连云港	239303		261421	134131		127290	
淮安	164159		1471587	881169		590418	
盐城	300047		964045	377701	2659	566254	17432
扬州	209208		4059730	1735618		2311540	12571
镇江	15486		1224688	344576		880112	
泰州	451392		846728	234306		612422	
宿迁	126513		146774	58314	72942	15519	

单位：万元

其他港、澳、台投资企业	外商投资企业	中外合资经营企业	中外合作经营企业	独资企业	外商投资股份有限公司	其他外商投资企业
112075	**26814295**	**12177509**	**859873**	**12765366**	**147097**	**864451**
	3854482	1375845	351437	1599937	23019	504244
	2962576	599804	92868	2158098		111805
	1468624	1110252	333818	24554		
	3440678	1836044		1517279	87355	
112075	8482673	4466527	81750	3728408		205988
	3625568	1232247		2382557	10763	
	29836	15832		14004		
	49487	20799		28688		
	65435	65435				
	958365	950216		8149		
	1722403	351571		1302458	25960	42414
	150320	150320				
	3850	2617		1233		

3-4 房地产开发企业主要指标情况

指　　标	计量单位	2018 年	2017 年	2018 年比 2017 年增减(%)
企业个数	个	**6723**	**6530**	**3.0**
大型企业	个	119	71	67.6
中型企业	个	3955	3550	11.4
小微型企业	个	2649	2909	-8.9
资产总计	亿元	**72233.10**	**61005.46**	**18.4**
大型企业	亿元	6144.95	4056.96	51.5
中型企业	亿元	49587.31	39599.72	25.2
小微型企业	亿元	16500.84	17348.78	-4.9
房屋建筑面积				
施工面积	万平方米	62620.7	59464.2	5.3
#住宅	万平方米	46298.7	43554.5	6.3
#办公楼	万平方米	2462.1	2503.7	-1.7
#商业营业用房	万平方米	6841.0	7067.9	-3.2
新开工面积	万平方米	16881.5	13739.1	22.9
#住宅	万平方米	12953.3	10263.9	26.2
#办公楼	万平方米	444.7	626.7	-29.0
#商业营业用房	万平方米	1422.7	1283.0	10.9
竣工面积	万平方米	8641.7	9581.7	-9.8
#住宅	万平方米	6450.1	7089.8	-9.0
#办公楼	万平方米	279.1	340.6	-18.1
#商业营业用房	万平方米	996.9	1085.9	-8.2
房屋竣工价值	亿元	**3407.06**	**3429.35**	**-0.6**
商品房销售				
商品房销售面积	万平方米	13500.1	14211.1	-5.0
#住宅	万平方米	12050.0	12486.7	-3.5
#办公楼	万平方米	279.0	386.0	-27.7
#商业营业用房	万平方米	816.1	967.7	-15.7
商品房销售额	亿元	14209.89	13066.85	8.7
#住宅	亿元	12709.71	11325.84	12.2
#办公楼	亿元	337.52	421.61	-19.9
#商业营业用房	亿元	972.32	1125.80	-13.6
商品房待售面积	万平方米	5015.7	5590.5	-10.3
#住宅	万平方米	2507.6	3021.2	-17.0
#办公楼	万平方米	430.3	227.7	89.0
#商业营业用房	万平方米	1468.5	1594.2	-7.9
负债合计	亿元	**55295.88**	**47088.91**	**17.4**

3-5　各地区按资质等级分房地产开发企业个数

单位：个

地区	总计	一级	二级	三级	四级	暂定	其他
总计	**6723**	**101**	**1702**	**543**	**29**	**3534**	**814**
南京	605	22	175	74	2	220	112
无锡	729	8	222	40	2	363	94
徐州	455	3	120	23	3	236	70
常州	401	10	121	18	2	210	40
苏州	1242	15	276	103	6	740	102
南通	656	20	154	42	2	374	64
连云港	316	6	96	38		151	25
淮安	361	1	103	27		176	54
盐城	515	4	86	35	2	335	53
扬州	373	4	85	31	3	208	42
镇江	381	3	105	43	5	196	29
泰州	339	3	88	42	2	163	41
宿迁	350	2	71	27		162	88

3-6 各地区按资质等级分房地产开发企业年末从业人数

单位：人

地区	总计	一级	二级	三级	四级	暂定	其他
总计	**174486**	**7223**	**50176**	**8915**	**355**	**87860**	**19957**
南京	22238	2251	7660	1410	11	7791	3115
无锡	15902	427	5787	591	51	7188	1858
徐州	12678	74	3333	396	46	6751	2078
常州	9492	619	3285	236	22	4662	668
苏州	31913	1038	8498	1467	53	18270	2587
南通	15493	783	3761	530	26	9005	1388
连云港	7093	252	2329	609		3397	506
淮安	9375	70	2698	791		4487	1329
盐城	14134	833	2968	518	18	8240	1557
扬州	8608	261	1963	478	58	4944	904
镇江	11114	347	2949	893	53	5786	1086
泰州	8217	148	2918	597	17	3561	976
宿迁	8229	120	2027	399		3778	1905

3-7　各地区按资质等级分房地产开发企业资产总计

单位：万元

地　区	总　计	一　级	二　级	三　级	四　级	暂　定	其　他
总　计	**722328318**	**51039472**	**231947992**	**23240376**	**396684**	**332582614**	**83121181**
南　京	154576606	15025970	54074617	8156713	58106	50705863	26555337
无　锡	70709658	2038011	27502906	1998332	24372	28162103	10983936
徐　州	36965756	484128	11619716	397779	114276	21040855	3309002
常　州	46757623	4964867	15791584	607174	19198	22049215	3325586
苏　州	181922110	7169476	51180223	4799874	37917	103660130	15074490
南　通	62772904	6184359	19829462	1043195	8005	31933625	3774259
连云港	15037930	949909	5589811	709954		7043171	745085
淮　安	22930426	50044	12106071	685306		6674113	3414892
盐　城	21886675	331640	6672004	1178575	6147	11249615	2448695
扬　州	27610026	707689	5844295	558333	5584	16911071	3583056
镇　江	44006752	12173474	8714325	2025283	118767	19136450	1838454
泰　州	16418184	561265	5568681	393145	4312	7706745	2184036
宿　迁	20733668	398641	7454299	686715		6309660	5884354

3-8 各地区按用途分房地产开发企业房屋施工面积

单位：平方米

地区	房屋施工面积	住宅	#别墅、高档公寓	办公楼	商业营业用房	其他
总计	**626207378**	**462986590**	**28465275**	**24621481**	**68409527**	**70189780**
南京	86643873	56010629	2967200	6604537	9473010	14555697
无锡	60053909	44853591	4050294	2354858	7581517	5263943
徐州	58313726	46513410	1778089	1237085	6235552	4327679
常州	33229356	24198556	1589304	1448842	2763338	4818620
苏州	116155484	83107712	9563119	6215268	11772057	15060447
南通	57562956	42913425	2307270	2390009	6014550	6244972
连云港	25577832	20713212	329943	572050	1639158	2653412
淮安	32919984	25618735	672727	789544	3980309	2531396
盐城	32934975	26179596	465771	800611	3763388	2191380
扬州	29088760	20881442	1400769	1390248	3628174	3188896
镇江	32534436	24815753	1907755	458295	3392954	3867434
泰州	25192625	19973320	1130080	160161	2509827	2549317
宿迁	35999462	27207209	302954	199973	5655693	2936587

3-9　各地区按资质等级分房地产开发企业房屋施工面积

单位：平方米

地　区	总　计	一　级	二　级	三　级	四　级	暂　定	其　他
总　计	**626207378**	**23331121**	**196076228**	**19147361**	**365178**	**314873366**	**72414124**
南　京	86643873	7930430	33060751	3493980	19938	29936732	12202042
无　锡	60053909	965337	20345984	1083034	23463	28857376	8778715
徐　州	58313726	1448025	18806769	1054676	180837	29150210	7673209
常　州	33229356	1668266	13351238	448739	105147	15086895	2569071
苏　州	116155484	3463927	32287921	3323273	3032	66012746	11064585
南　通	57562956	3312072	15286728	1137561	5584	34151537	3669474
连云港	25577832	965339	8445065	2220320		12553749	1393359
淮　安	32919984	129000	12006146	1843334		14150893	4790611
盐　城	32934975	1042051	7457907	837524		20066530	3530963
扬　州	29088760	334008	6832682	581301		16810394	4530375
镇　江	32534436	898559	9348855	1078559		19870636	1337827
泰　州	25192625	778700	8443291	588060	27177	11859010	3496387
宿　迁	35999462	395407	10402891	1457000		16366658	7377506

3-10 各地区按用途分房地产开发企业房屋新开工面积

单位：平方米

地区	房屋新开工面积	住宅	#别墅、高档公寓	办公楼	商业营业用房	其他
总计	**168814988**	**129533404**	**7990078**	**4447344**	**14226964**	**20607276**
南京	19513941	12635300	736935	1037435	2268123	3573083
无锡	15060222	11982207	1032516	396649	1208341	1473025
徐州	20773227	17408875	916555	98795	1603835	1661722
常州	10029045	7748301	561024	339315	503243	1438186
苏州	28007529	20717283	2629190	1059438	2216318	4014490
南通	18122761	14139317	590031	445380	1377493	2160571
连云港	8025308	6489142	103983	117102	493745	925319
淮安	8507880	6794232	274445	12868	809630	891150
盐城	10803356	8358252	47592	401649	1191201	852254
扬州	9848791	7070102	481650	418764	1018387	1341538
镇江	5228142	4153264	396281	84290	387584	603004
泰州	7545353	6213056	216606	28854	513480	789963
宿迁	7349433	5824073	3270	6805	635584	882971

3-11　各地区按资质等级分房地产开发企业房屋新开工面积

单位：平方米

地　区	总　　计	一　　级	二　　级	三　　级	四　　级	暂　　定	其　　他
总　计	**168814988**	**5255219**	**39137235**	**3170044**	**84499**	**97345184**	**23822807**
南　京	19513941	2020091	6652180	494311		6384687	3962672
无　锡	15060222	522683	3466583	329961		7953103	2787892
徐　州	20773227	474451	3427586	70006	54290	14349580	2397314
常　州	10029045		2939377	133192		5390742	1565734
苏　州	28007529	285103	5519823	249851	3032	20352796	1596924
南　通	18122761	461657	3543602	381592		12324413	1411497
连云港	8025308	285571	2342784	338617		4500360	557976
淮　安	8507880		2774481	470399		3287919	1975081
盐　城	10803356	944404	2028401	184192		5728946	1917413
扬　州	9848791	30224	1996271	255941		6411040	1155315
镇　江	5228142	188110	1110239	28178		3653939	247676
泰　州	7545353	9925	2043827	110554	27177	4259382	1094488
宿　迁	7349433	33000	1292081	123250		2748277	3152825

3-12 各地区按用途分房地产开发企业房屋竣工面积

单位：平方米

地 区	房屋竣工面积	住 宅	#别墅、高档公寓	办公楼	商业营业用房	其 他
总 计	**86416705**	**64501087**	**3385422**	**2790783**	**9969403**	**9155432**
南 京	12454436	9126195	231625	493582	1041766	1792893
无 锡	8070588	5755964	403003	377526	1061894	875204
徐 州	7601277	6227359	117732	142895	711993	519030
常 州	4811966	3766925	349588	159090	246814	639137
苏 州	15038018	10044090	1247416	812566	2235001	1946361
南 通	11124141	8378179	212873	284651	1126887	1334424
连云港	2278885	2133198	10014	11606	88395	45686
淮 安	3321820	2806953	82507	18776	323964	172127
盐 城	4578643	3911189		47305	364093	256056
扬 州	5741962	3802341	203129	228905	1064777	645939
镇 江	5745310	4350589	373771	96613	884768	413340
泰 州	3648901	2800432	153764	64341	433111	351017
宿 迁	2000758	1397673		52927	385940	164218

3-13　各地区按资质等级分房地产开发企业房屋竣工面积

单位：平方米

地区	总计	一级	二级	三级	四级	暂定	其他
总计	**86416705**	**4767555**	**29466248**	**3288868**	**26224**	**41681170**	**7186640**
南京	12454436	1444595	4308327	1003424		4405920	1292170
无锡	8070588	123877	2853793	112604		4185353	794961
徐州	7601277	240346	1926727		26224	4127141	1280839
常州	4811966	311015	1280744	57220		3085542	77445
苏州	15038018	107234	6592008	451504		7153943	733329
南通	11124141	1303808	3954555	293463		5106148	466167
连云港	2278885		808922	353457		953959	162547
淮安	3321820		1059726	344999		1285719	631376
盐城	4578643	542808	1052094	180765		2428357	374619
扬州	5741962	124661	1603313	302070		3235183	476735
镇江	5745310	387687	2072122	88916		2912782	283803
泰州	3648901	181524	1351980	79964		1688851	346582
宿迁	2000758		601937	20482		1112272	266067

3-14 各地区按用途分房地产开发企业房屋竣工价值

单位：万元

地区	房屋竣工价值	住宅	#别墅、高档公寓	办公楼	商业营业用房	其他
总计	**34070589**	**25928212**	**1888244**	**1269862**	**4344750**	**2527765**
南京	6896366	5346149	116903	325245	609478	615494
无锡	3509043	2616885	277288	109299	505739	277120
徐州	2364698	1875349	49750	86793	281374	121182
常州	1490858	1238468	109530	43553	62354	146483
苏州	7796672	5569015	934797	494259	1176088	557310
南通	3638103	2737448	112675	86400	470651	343604
连云港	695710	635210	2880	6949	31492	22059
淮安	887604	755521	18177	2298	90734	39051
盐城	1119857	923312		35666	98421	62458
扬州	2206188	1525651	81737	19480	525697	135360
镇江	1767534	1431380	114477	20458	220057	95639
泰州	1140724	911718	70030	14316	131915	82775
宿迁	557232	362106		25146	140750	29230

3-15　各地区按资质等级分房地产开发企业房屋竣工价值

单位：万元

地区	总计	一级	二级	三级	四级	暂定	其他
总计	**34070589**	**1519690**	**11411004**	**1087165**	**3926**	**16938232**	**3110572**
南京	6896366	402059	2459001	505334		2491706	1038266
无锡	3509043	137393	1137173	15494		1880130	338853
徐州	2364698	70205	673729		3926	1225131	391707
常州	1490858	130407	399806	16730		937553	6362
苏州	7796672	82894	3075748	142263		4042484	453283
南通	3638103	374110	1178840	83159		1881451	120543
连云港	695710		368360	96862		210004	20484
淮安	887604		315462	70197		295346	206599
盐城	1119857	117262	206255	34362		646744	115234
扬州	2206188	40883	515001	61864		1466095	122345
镇江	1767534	111800	550581	38575		997893	68685
泰州	1140724	52677	378258	19219		526751	163819
宿迁	557232		152790	3106		336944	64392

3-16 各地区房地产开发企业建造的房屋面积和造价

地　区	房屋施工面　积(平方米)	房屋竣工面　积(平方米)	房屋竣工价　值(万元)	房屋竣工造　价(元/平方米)
总　计	**626207378**	**86416705**	**34070589**	**3943**
南　京	86643873	12454436	6896366	5537
无　锡	60053909	8070588	3509043	4348
徐　州	58313726	7601277	2364698	3111
常　州	33229356	4811966	1490858	3098
苏　州	116155484	15038018	7796672	5185
南　通	57562956	11124141	3638103	3270
连云港	25577832	2278885	695710	3053
淮　安	32919984	3321820	887604	2672
盐　城	32934975	4578643	1119857	2446
扬　州	29088760	5741962	2206188	3842
镇　江	32534436	5745310	1767534	3076
泰　州	25192625	3648901	1140724	3126
宿　迁	35999462	2000758	557232	2785

3-17　各地区按用途分房地产开发企业商品房销售面积

单位：平方米

地　区	商品房销售面积	住　宅	#别墅、高档公寓	办公楼	商业营业用房	其　他
总　计	**135001235**	**120499895**	**6614186**	**2790092**	**8161048**	**3550200**
南　京	12241988	9861126	370011	718481	1322976	339405
无　锡	13906206	12675501	858974	298435	739636	192634
徐　州	12523459	11595677	420947	67825	619908	240049
常　州	8150365	6732329	335036	258565	434777	724694
苏　州	19890421	17859005	2669846	558968	1082669	389779
南　通	17409985	15717846	560945	448803	687046	556290
连云港	5676867	5367156	82223	14685	190701	104325
淮　安	9357450	8294442	198353	118374	786024	158610
盐　城	9134852	8098446	116606	91801	708396	236209
扬　州	7486745	6678699	228273	138026	370984	299036
镇　江	5051320	4641452	447684	29682	341517	38669
泰　州	6942732	6291240	285937	38308	459616	153568
宿　迁	7228845	6686976	39351	8139	416798	116932

3-18 各地区按资质等级分房地产开发企业商品房销售面积

单位：平方米

地区	总计	一级	二级	三级	四级	暂定	其他
总计	**135001235**	**5210110**	**40715097**	**4583450**	**63099**	**68812906**	**15616573**
南京	12241988	1466024	4216215	295660	22578	4773616	1467895
无锡	13906206	237376	5033186	1046329		5261427	2327888
徐州	12523459	72391	3661055	148019	16099	6594512	2031383
常州	8150365	560500	3388454	125070	9113	3695011	372217
苏州	19890421	539087	5394254	807925		11688337	1460818
南通	17409985	1132497	4743159	495437	4337	10346021	688534
连云港	5676867	351791	1678141	394096		2783083	469756
淮安	9357450	47048	3449570	384448		3913206	1563178
盐城	9134852	360132	2044125	254171		5677719	798705
扬州	7486745	78798	1775301	229982		4495031	907633
镇江	5051320	89454	1386124	58668	10397	3301955	204722
泰州	6942732	214104	2309097	166705	575	3311292	940959
宿迁	7228845	60908	1636416	176940		2971696	2382885

3-19　各地区按用途分房地产开发企业商品房期房销售面积

单位：平方米

地　区	商品房期房销售面积	住　宅	#别墅、高档公寓	办公楼	商业营业用房	其　他
总　计	**106743520**	**97564552**	**5136961**	**1743780**	**5086059**	**2349129**
南　京	10132795	7910038	330636	696370	1216763	309624
无　锡	9586184	9189732	515475	101615	242878	51959
徐　州	10656684	9921705	389091	50787	487639	196553
常　州	6736454	5939782	203273	136214	257907	402551
苏　州	15390507	14526150	2122683	221466	449612	193279
南　通	12238065	11184302	521191	245920	382950	424893
连云港	5104279	4872333	50615	12357	137856	81733
淮　安	7833088	7001080	164354	104096	593135	134777
盐　城	6431347	5743436	66741	37000	447894	203017
扬　州	6470734	5948036	152603	123253	230606	168839
镇　江	3892947	3744903	395160	4514	132976	10554
泰　州	5831328	5506570	202358	6654	221917	96187
宿　迁	6439108	6076485	22781	3534	283926	75163

3-20 各地区按用途分房地产开发企业房屋出租面积

单位：平方米

地区	房屋出租面积	住宅	#别墅、高档公寓	办公楼	商业营业用房	其他
总计	**1695570**	**41096**		**187447**	**1353487**	**113540**
南京	153240			1348	151892	
无锡	173408			36387	137021	
徐州	56793				56793	
常州	77742	865		30814	38637	7426
苏州	740803	36797		105751	497080	101175
南通	71472			4200	67272	
连云港						
淮安	3769				3769	
盐城	3563	800			2763	
扬州	163037			6797	152260	3980
镇江	8228	400		2150	4719	959
泰州	180515	2234			178281	
宿迁	63000				63000	

3-21 各地区按用途分房地产开发企业商品房销售额

单位：万元

地 区	商品房销售额	住 宅	#别墅、高档公寓	办公楼	商业营业用房	其 他
总 计	**142098887**	**127097129**	**10829036**	**3375161**	**9723195**	**1903402**
南 京	24040931	19463690	788748	1418203	2694880	464158
无 锡	15963267	14756263	1284920	259245	835497	112262
徐 州	8626277	7884946	432535	75921	568218	97192
常 州	9285785	8296294	542279	204637	522224	262630
苏 州	31116026	28946262	5540033	657441	1228940	283383
南 通	14597695	13308473	749673	374259	713866	201097
连云港	4101317	3873700	73580	9148	170575	47894
淮 安	6033130	5143503	120848	101095	703259	85273
盐 城	5651999	4952381	110633	64394	562494	72730
扬 州	7507705	6778849	261429	166663	417020	145173
镇 江	5026198	4561456	607172	15308	437283	12151
泰 州	5813777	5226693	291121	23336	498856	64892
宿 迁	4334780	3904619	26065	5511	370083	54567

3-22 各地区按资质等级分房地产开发企业商品房销售额

单位：万元

地 区	总 计	一 级	二 级	三 级	四 级	暂 定	其 他
总 计	**142098887**	**5606421**	**40071744**	**4013877**	**35049**	**74990628**	**17381168**
南 京	24040931	2032184	7633394	635726	6205	9754816	3978606
无 锡	15963267	293408	5793543	660916		5924633	3290767
徐 州	8626277	35432	2517818	201420	9325	4515048	1347234
常 州	9285785	727140	3714984	171694	10157	4217973	443837
苏 州	31116026	904270	7415719	1045413		19410865	2339759
南 通	14597695	522239	2709807	423200	2932	10299421	640096
连云港	4101317	436484	1142795	186689		2008142	327207
淮 安	6033130	11979	2210863	183656		2646816	979816
盐 城	5651999	200815	1177263	110392		3576929	586600
扬 州	7507705	95485	1731813	178639		4535110	966658
镇 江	5026198	84372	1333227	51550	6004	3372775	178270
泰 州	5813777	224554	1723537	78575	426	2899862	886823
宿 迁	4334780	38059	966981	86007		1828238	1415495

3-23　各地区房地产开发企业商品房待售情况

单位：平方米

地　区	商品房待售面积	#待售 1-3 年面积	#待售 3 年以上面积
总　计	**50157432**	**21880307**	**9954601**
南　京	3526577	1591609	25980
无　锡	7599853	3582715	1654580
徐　州	1344189	859174	59616
常　州	4129344	1669247	1351155
苏　州	7933265	3061978	2513203
南　通	8119479	2425465	2118813
连云港	1357665	624835	165434
淮　安	2544802	1036247	269182
盐　城	3575282	1617780	141704
扬　州	1956596	1083995	431530
镇　江	2948140	1809573	521132
泰　州	2807577	1426975	460258
宿　迁	2314663	1090714	242014

3-24 各地区按用途分房地产开发企业商品房待售面积

单位：平方米

地区	商品房待售面积	住宅	#别墅、高档公寓	办公楼	商业营业用房	其他
总计	**50157432**	**25076342**	**3100345**	**4303370**	**14685238**	**6092482**
南京	3526577	1970936	173052	322509	558945	674187
无锡	7599853	3425360	698700	850371	2875484	448638
徐州	1344189	905932	84405	135435	220297	82525
常州	4129344	1046022	149044	377383	1417497	1288442
苏州	7933265	3243044	1005637	1425626	2709133	555462
南通	8119479	4490945	148939	519131	1821641	1287762
连云港	1357665	879591	46184	76129	282217	119728
淮安	2544802	1740714	63892	42293	672125	89670
盐城	3575282	2325447	60838	184387	771720	293728
扬州	1956596	732164	141173	110075	692500	421857
镇江	2948140	1701923	239941	150151	797514	298552
泰州	2807577	1591063	203858	83357	790423	342734
宿迁	2314663	1023201	84682	26523	1075742	189197

3-25　各地区房地产开发企业土地开发及其购置情况

地　区	待开发土地面积 (平方米)	本年土地购置面积 (平方米)	本年土地成交价款 (万元)
总　计	**44531476**	**25240774**	**17680702**
南　京	3959460	1963204	2521007
无　锡	4114151	3946054	2233229
徐　州	4134061	3641530	1116019
常　州	2326211	1654247	1479297
苏　州	6794480	3527877	4309822
南　通	5493539	3734867	2755708
连云港	3823166	771404	295811
淮　安	1826083	952880	361957
盐　城	2448460	1164270	492059
扬　州	1667737	1397590	708639
镇　江	4881969	1265706	784442
泰　州	1339716	961969	569315
宿　迁	1722443	259176	53397

3-26 各地区房地产开发企业主营业务收入及其构成

单位：万元

地区	主营业务收入总计	土地转让收入	商品房销售收入
总计	**155657990**	**1904315**	**150028751**
南京	31635440	257290	30416681
无锡	14634934	49492	14313233
徐州	7900748	47017	7683315
常州	7153357	236890	6785095
苏州	37183096	981955	35134700
南通	15342445	118387	15038069
连云港	3786711		3768177
淮安	5606481	48749	5522846
盐城	5453735	28374	5271967
扬州	9528009	2910	9413228
镇江	6582554	131179	5995413
泰州	6062495	115	6018717
宿迁	4787985	1957	4667310

3-26　续表

单位：万元

地区	自持物业收入	#房屋出租收入	其他收入
总　计	**1212739**	**755348**	**2512185**
南　京	523053	188207	438415
无　锡	114061	92456	158148
徐　州	16748	5181	153668
常　州	54263	34578	77110
苏　州	284833	251365	781608
南　通	74100	72505	111889
连云港	7317	2772	11218
淮　安	7195	2567	27692
盐　城	48862	45448	104532
扬　州	29822	15811	82049
镇　江	28136	23500	427826
泰　州	9642	8486	34021
宿　迁	14708	12473	104009

3-27 各地区按登记注册类型分

地区	总计	内资企业					
			国有企业	集体企业	股份合作企业	国有联营企业	集体联营企业
总计	**155657990**	**137638680**	**619769**	**149807**	**4267**		
南京	31635440	28477911	100724				
无锡	14634934	12378445	21474	18259			
徐州	7900748	6892993	60742				
常州	7153357	5454608					
苏州	37183096	32372136	207900	92272	4267		
南通	15342445	12901321	11828				
连云港	3786711	3713159					
淮安	5606481	5147252	31942				
盐城	5453735	5265538					
扬州	9528009	8444063	4388				
镇江	6582554	6100190	143553	1270			
泰州	6062495	5746085	37218				
宿迁	4787985	4744979					

房地产开发企业主营业务收入

单位：万元

国有与集体联营企业	其他联营企业	国有独资公司	其他有限责任公司	股份有限公司	私营独资企业	私营合伙企业	私营有限责任公司
		6116551	**56448636**	**3303405**		**2735**	**69760267**
		1782316	15264647	982965			9859119
		236693	4931450	110968			7055961
		293760	2164658	147696			4218552
		213693	1427449	165849			3646121
		1333011	15601438	425412		2735	14669365
		246175	5567417	151295			6837298
		272469	853011	3923			2529493
		174791	950688	298775			3543393
		329197	1438384	148610			3239040
		123476	3734870	111948			4368039
		518180	1561551	321308			3554291
		140851	1662832	210947			3495786
		451942	1290241	223709			2743809

3-27 续表

地 区	私营股份有限公司	其他内资企业	港、澳、台商投资企业	合资经营企业(港、澳、台资)	合作经营企业(港、澳、台资)	港、澳、台商独资经营企业	港、澳、台商投资股份有限公司
总 计	**1233245**		**12304095**	**3955558**	**395227**	**7811023**	**138783**
南 京	488141		1756632	348224		1408408	
无 锡	3640		1817329	245889	111222	1452175	8043
徐 州	7585		969858	659642		310216	
常 州	1497		1433373	808370		625003	
苏 州	35736		2974525	475238	273618	2092080	130083
南 通	87308		1281244	680473	247	600524	
连云港	54263		16377	2973		13404	
淮 安	147663		451535	184115		267420	
盐 城	110307		180215	102017	10139	67548	510
扬 州	63338		845493	370679		474666	148
镇 江	38		279860	14934		264926	
泰 州	198452		257184	23532		233652	
宿 迁	35277		40471	39471		1000	

单位：万元

其他港、澳、台投资企业	外商投资企业	中外合资经营企业	中外合作经营企业	独资企业	外商投资股份有限公司	其他外商投资企业
3505	**5715215**	**2689977**	**157129**	**2648165**	**69350**	**150594**
	1400897	863806	151533	332960	32	52565
	439160	38211	1307	385977		13665
	37898	36742		1156		
	265377	80151		115909	69317	
3505	1836435	1008939	4289	754145		69062
	1159879	280876		879004		
	57175			57175		
	7694	120		7574		
	7983	7983				
	238454	237307		1147		
	202504	74083		113119	0	15302
	59226	59226				
	2535	2535				

3-28 各地区按登记注册类型分

地区	总计	内资企业	国有企业	集体企业	股份合作企业	国有联营企业	集体联营企业
总计	**552958813**	**498665511**	**3304129**	**1261031**	**8241**		
南京	118942010	105283954	804168				
无锡	53749979	47964220	147940	250865			
徐州	29315061	25646998	147501				
常州	35562672	27618032					
苏州	135663972	125039818	757293	974320	8241		
南通	51564239	46145409	82302				
连云港	12056234	11903439					
淮安	16671165	15933005	403385				
盐城	16685518	16015130					
扬州	20641605	17390101	33859				
镇江	32903521	31115156	525638	35846			
泰州	13201308	12711450	402042				
宿迁	16001530	15898800					

房地产开发企业负债合计

单位：万元

国有与集体联营企业	其他联营企业	国有独资公司	其他有限责任公司	股份有限公司	私营独资企业	私营合伙企业	私营有限责任公司
		53882709	**214940014**	**14064524**		**12493**	**208236753**
		8412012	61673761	3688648			30189065
		3023885	18663854	340200			25426104
		3492481	7993633	1516007			12486092
		1540096	11821412	779615			13452445
		13859058	56445003	2910504		12493	49432053
		2296876	20608099	315327			22406784
		1766570	4580007	151654			5213113
		3421815	4940372	566351			6492623
		2635816	3694935	1072517			8330155
		453722	9255380	134584			7357147
		7884173	7716848	1413487			13529165
		497277	4208727	609887			6627248
		4598929	3337986	565743			7294760

3-28 续表

地 区			港、澳、台商投资企 业				
	私营股份有限公司	其他内资企 业		合资经营企业(港、澳、台资)	合作经营企业(港、澳、台资)	港、澳、台商独资经营企业	港、澳、台商投资股份有限公司
总 计	**2955617**		**37536716**	**15371806**	**1279868**	**20648747**	**199294**
南 京	516300		11362551	5429311		5933240	
无 锡	111373		4308342	798036	832928	2595166	82211
徐 州	11285		2570128	1374109		1196020	
常 州	24464		5598130	3562888	15742	2019500	
苏 州	640854		5766208	1233269	364983	4030365	100590
南 通	436022		2746195	913204	443	1832548	
连云港	192095		152795	62220		90575	
淮 安	108459		728613	399992		328621	
盐 城	281707		674268	314774	829	351784	6881
扬 州	155409		2480932	954792		1516528	9612
镇 江	10000		679191	228634		450557	
泰 州	366269		367576	65664		301912	
宿 迁	101383		101788	34914	64942	1932	

单位：万元

其他港、澳、台投资企业	外商投资企业	中外合资经营企业	中外合作经营企业	独资企业	外商投资股份有限公司	其他外商投资企业
37000	**16756586**	**7525339**	**643068**	**7913812**	**102589**	**571777**
	2295505	**578902**	**314803**	**1058140**	**23645**	**320016**
	1477418	436030	31627	950426		59336
	1097935	823165	273760	1010		
	2346510	1256745		1021940	67825	
37000	4857947	2561985	22879	2097212		175870
	2672635	709080		1963555		
	9547	3288		6260		
	-3881	-3881				
	770572	768520		2052		
	1109174	268282		813218	11119	16555
	122282	122282				
	942	942				

第4篇

服务业企业财务状况篇

4-1　服务业法人单位基本情况

行　　业	单位数 (个)	从业人员 期末人数 (人)
总计	**739773**	**10263663**
交通运输、仓储和邮政业	**59033**	**1084873**
企业	58639	1065572
行政事业及非企业法人	394	19301
信息传输、软件和信息技术服务业	**72789**	**861145**
企业	72220	854663
行政事业及非企业法人	569	6482
房地产业	**45631**	**755279**
企业	45357	751542
行政事业及非企业法人	274	3737
租赁和商务服务业	**188173**	**2174376**
企业	182619	2136618
行政事业及非企业法人	5554	37758
科学研究和技术服务业	**129323**	**1150828**
企业	124484	1082567
行政事业及非企业法人	4839	68261
水利、环境和公共设施管理业	**10915**	**269141**
企业	8224	188155
行政事业及非企业法人	2691	80986
居民服务、修理和其他服务业	**40997**	**318722**
企业	35740	299421
行政事业及非企业法人	5257	19301
教育	**36586**	**1291209**
企业	21220	217426
行政事业及非企业法人	15366	1073783
卫生和社会工作	**29973**	**738231**
企业	7299	157709
行政事业及非企业法人	22674	580522
文化、体育和娱乐业	**44116**	**305597**
企业	37153	252625
行政事业及非企业法人	6963	52972
公共管理、社会保障和社会组织	**82237**	**1314262**
企业		
行政事业及非企业法人	82237	1314262

注：不含金融业、房地产开发经营。

4-2 交通运输、仓储和邮政业企业法人单位主要指标

行业	单位数(个)	资产总计(亿元)	负债合计(亿元)	营业收入(亿元)	从业人员期末人数(人)
总计	**58639**	**19183.7**	**11216.3**	**8224.4**	**1065572**
铁路运输业	**6**	**747.0**	**349.0**	**133.4**	**49650**
道路运输业	**41973**	**11799.2**	**7044.0**	**3258.7**	**636955**
城市公共交通运输	581	4807.0	3123.9	147.0	145191
公路旅客运输	561	332.9	184.9	123.0	53488
道路货物运输	39794	2332.8	1391.8	2612.8	397514
道路运输辅助活动	1037	4326.5	2343.3	375.9	40762
水上运输业	**1912**	**1991.3**	**1161.4**	**782.7**	**96183**
水上旅客运输	44	29.4	15.8	11.3	2499
水上货物运输	1141	479.7	257.9	402.6	48558
水上运输辅助活动	727	1482.3	887.7	368.8	45126
航空运输业	**129**	**500.8**	**207.7**	**138.3**	**16061**
航空客货运输	50	146.0	87.7	104.1	6785
通用航空服务	50	39.0	35.6	1.9	609
航空运输辅助活动	29	315.9	84.5	32.3	8667
管道运输业	**17**	**474.9**	**197.8**	**1932.7**	**7880**
海底管道运输					
陆地管道运输	17	474.9	197.8	1932.7	7880
多式联运和运输代理业	**7101**	**719.7**	**411.9**	**831.1**	**70798**
多式联运	81	15.7	6.2	9.5	1137
运输代理业	7020	704.0	405.8	821.6	69661
装卸搬运和仓储业	**6279**	**2754.2**	**1750.6**	**792.3**	**114518**
装卸搬运	3647	690.9	401.1	187.0	63315
通用仓储	856	452.1	233.0	127.8	19396
低温仓储	119	105.6	51.8	17.1	2671
危险品仓储	108	138.3	57.8	35.3	4280
谷物、棉花等农产品仓储	511	835.4	714.3	260.7	9420
中药材仓储	1				
其他仓储业	1037	532.0	292.5	164.4	15436
邮政业	**1222**	**196.6**	**93.8**	**355.3**	**73527**
邮政基本服务	74	89.3	30.7	152.4	29300
快递服务	1140	106.1	62.2	201.2	43519
其他寄递服务	8	1.2	0.9	1.7	708

注：根据数据保密相关规定，行业单位数量小于3个，未列出数据，导致总计与分项之和不等。

4-3　交通运输、仓储和邮政业企业法人单位分地区主要指标

地　区	单位数 (个)	资产总计 (亿元)	负债合计 (亿元)	营业收入 (亿元)	从业人员 期末人数 (人)
总　计	**58633**	**18436.7**	**10867.3**	**8091.0**	**1015922**
南　京	4845	6752.7	3937.0	1516.8	174413
无　锡	8297	1273.6	783.8	520.1	94452
徐　州	4261	990.9	524.4	2201.1	83443
常　州	3636	1167.5	699.8	266.9	54890
苏　州	14006	3256.2	1889.0	1102.5	206781
南　通	3905	829.4	494.3	458.3	64744
连云港	3072	1189.8	736.0	408.1	51828
淮　安	3719	478.4	216.4	337.6	53926
盐　城	4113	598.1	399.3	404.6	71305
扬　州	2511	322.0	170.4	215.7	48871
镇　江	2153	445.5	284.0	257.4	37656
泰　州	2067	907.6	591.9	271.6	48865
宿　迁	2048	225.1	141.0	130.4	24748

注：不含铁路运输业。

4-4 交通运输、仓储和邮政业企业法人单位分登记注册类型主要指标

登记注册类型	单位数(个)	资产总计(亿元)	负债合计(亿元)	营业收入(亿元)	从业人员期末人数(人)
总计	**58633**	**18436.7**	**10867.3**	**8091.0**	**1015922**
内资企业	**58233**	**17582.6**	**10508.4**	**7840.3**	**987346**
国有企业	320	560.7	400.7	293.9	52917
集体企业	336	61.8	48.9	26.8	12753
股份合作企业	33	1.5	0.8	2.7	1123
联营企业	20	0.6	0.1	0.4	179
有限责任公司	3874	12173.7	7396.6	2037.7	306511
股份有限公司	565	1702.5	828.9	2252.4	53004
私营企业	53011	3079.8	1831.6	3224.4	559910
其他企业	74	2.0	0.8	2.1	949
港、澳、台商投资企业	**235**	**443.0**	**182.6**	**125.8**	**17164**
外商投资企业	**165**	**411.1**	**176.4**	**125.0**	**11412**

注：不含铁路运输业。

4-5 信息传输、软件和信息技术服务业企业法人单位主要指标

行业	单位数(个)	资产总计(亿元)	负债合计(亿元)	营业收入(亿元)	从业人员期末人数(人)
总计	**72220**	**10480.6**	**5471.7**	**5974.2**	**854663**
电信、广播电视和卫星传输服务	**1452**	**3566.3**	**1680.5**	**2158.3**	**137162**
电信	1259	2947.4	1528.6	2035.2	119080
广播电视传输服务	165	617.1	151.7	122.6	17878
卫星传输服务	28	1.7	0.2	0.6	204
互联网和相关服务	**9618**	**1585.2**	**909.5**	**1225.4**	**158417**
互联网接入及相关服务	633	17.5	9.1	29.0	24663
互联网信息服务	6065	656.5	308.8	651.5	95921
互联网平台	524	581.6	550.1	447.4	18100
互联网安全服务	81	4.2	2.1	2.1	690
互联网数据服务	201	242.6	21.3	62.6	8045
其他互联网服务	2114	82.8	18.2	32.9	10998
软件和信息技术服务业	**61150**	**5329.0**	**2881.6**	**2590.5**	**559084**
软件开发	38053	3186.2	1389.3	1828.6	379158
集成电路设计	655	150.8	52.6	103.9	9367
信息系统集成和物联网技术服务	3292	981.9	852.2	209.8	29513
运行维护服务	327	22.8	11.4	22.7	6996
信息处理和存储支持服务	372	51.2	16.8	29.6	14496
信息技术咨询服务	13065	684.8	429.4	232.8	70807
数字内容服务	1537	142.4	78.3	83.5	15305
其他信息技术服务业	3849	109.0	51.6	79.7	33442

4-6　信息传输、软件和信息技术服务业企业法人单位分地区主要指标

地　区	单位数(个)	资产总计(亿元)	负债合计(亿元)	营业收入(亿元)	从业人员期末人数(人)
总　计	**72220**	**10480.6**	**5471.7**	**5974.2**	**854663**
南　京	15815	5717.7	2932.9	2972.5	345163
无　锡	8341	728.3	394.5	432.6	75003
徐　州	4831	211.6	125.2	180.4	34524
常　州	4884	258.7	137.5	211.0	32366
苏　州	19995	2088.0	822.9	845.5	181618
南　通	3518	207.0	119.3	200.8	37063
连云港	1416	87.8	57.3	65.6	9992
淮　安	2858	119.8	62.1	285.6	26432
盐　城	2627	147.8	89.5	126.1	27303
扬　州	2714	161.6	86.0	122.6	29603
镇　江	1889	91.9	59.5	82.9	14283
泰　州	1693	108.4	64.8	81.0	15664
宿　迁	1639	552.0	520.1	367.6	25649

4-7 信息传输、软件和信息技术服务业企业法人单位分登记注册类型主要指标

登记注册类型	单位数(个)	资产总计(亿元)	负债合计(亿元)	营业收入(亿元)	从业人员期末人数(人)
总计	**72220**	**10480.6**	**5471.7**	**5974.2**	**854663**
内资企业	**71488**	**8878.9**	**4734.5**	**5035.5**	**777929**
国有企业	92	203.8	102.3	69.0	7365
集体企业	31	1.1	0.4	0.4	155
股份合作企业	12	0.2	0.2		27
联营企业	5	0.1		0.1	21
有限责任公司	6099	3151.9	1979.2	1947.6	193681
股份有限公司	697	2711.3	938.2	1026.8	88685
私营企业	64414	2808.6	1713.6	1989.2	487295
其他企业	138	1.8	0.5	2.4	700
港、澳、台商投资企业	**288**	**583.7**	**399.8**	**304.7**	**27702**
外商投资企业	**444**	**1017.9**	**337.3**	**634.0**	**49032**

4-8 金融业企业法人单位主要指标

行　　业	单位数(个)	资产总计(亿元)	营业收入(亿元)	从业人员期末人数(人)
总计	**6734**	**223076.2**	**8678.8**	**925247**
货币金融服务	1990	204561.6	4705.1	239180
其中：系统内	608	201206.4	4539.2	225742
资本市场服务	3068	8471.7	453.0	30959
其中：系统内	1111	5122.4	263.1	23226
保险业	1014	7047.4	3225.8	646598
其中：系统内	898	7044.9	3224.2	646076
其他金融业	662	2995.5	294.9	8510
其中：系统内	20	439.4	50.3	1927

4-9 房地产业企业法人单位主要指标

行　　业	单位数(个)	资产总计(亿元)	负债合计(亿元)	营业收入(亿元)	从业人员期末人数(人)
总计	**45357**	**11688.3**	**7851.3**	**1343.8**	**751542**
物业管理	17465	2447.7	1754.9	660.6	547192
房地产中介服务	20219	1152.4	863.0	284.3	144801
房地产租赁经营	6715	6397.3	3986.8	318.5	50339
其他房地产业	958	1690.8	1246.6	80.4	9210

注：不含房地产开发经营。

4-10　房地产业企业法人单位分地区主要指标

地　区	单位数 (个)	资产总计 (亿元)	负债合计 (亿元)	营业收入 (亿元)	从业人员 期末人数 (人)
总　计	**45357**	**11688.3**	**7851.3**	**1343.8**	**751542**
南　京	5407	2876.2	1938.2	272.3	159291
无　锡	5226	1670.7	1100.5	168.6	81703
徐　州	2817	115.9	66.3	55.4	35836
常　州	2514	744.5	501.9	79.7	40145
苏　州	15371	4478.6	2998.8	354.9	222911
南　通	2566	798.5	559.5	127.6	47215
连云港	1145	95.2	29.2	24.1	14808
淮　安	1818	219.2	169.8	43.0	20815
盐　城	2396	203.3	128.0	57.3	30698
扬　州	2018	137.0	88.9	65.6	36933
镇　江	1292	145.3	111.8	32.4	18817
泰　州	1133	163.1	135.0	27.3	22532
宿　迁	1654	40.6	23.3	35.7	19838

注：不含房地产开发经营。

4-11 房地产业企业法人单位分登记注册类型主要指标

登记注册类型	单位数 (个)	资产总计 (亿元)	负债合计 (亿元)	营业收入 (亿元)	从业人员 期末人数 (人)
总计	**45357**	**11688.3**	**7851.3**	**1343.8**	**751542**
内资企业	**44849**	**11032.2**	**7480.9**	**1271.5**	**738744**
国有企业	179	849.4	369.8	9.0	4698
集体企业	469	389.5	286.3	18.7	5525
股份合作企业	84	41.1	28.3	1.6	426
联营企业	19	60.8	63.7	0.9	104
有限责任公司	4136	5578.4	3890.4	369.4	174447
股份有限公司	371	302.6	135.0	26.2	24686
私营企业	39253	3739.5	2685.8	839.6	526607
其他企业	338	70.8	21.7	6.2	2251
港、澳、台商投资企业	**306**	**476.5**	**284.0**	**40.3**	**5835**
外商投资企业	**202**	**179.5**	**86.4**	**32.0**	**6963**

注：不含房地产开发经营。

4-12 租赁和商务服务业企业法人单位主要指标

行业	单位数 (个)	资产总计 (亿元)	负债合计 (亿元)	营业收入 (亿元)	从业人员 期末人数 (人)
总计	**182619**	**110098.4**	**65289.1**	**7837.2**	**2136618**
租赁业	**13892**	**949.5**	**521.2**	**351.0**	**94908**
机械设备经营租赁	13466	919.5	503.5	339.5	91852
文体设备和用品出租	334	28.4	16.9	10.2	2480
日用品出租	92	1.6	0.9	1.3	576
商务服务业	**168727**	**109148.9**	**64767.9**	**7486.2**	**2041710**
组织管理服务	31594	96143.2	56282.9	2564.4	252850
综合管理服务	7067	5164.5	3779.6	522.8	85254
法律服务	3997	70.1	34.7	112.8	36953
咨询与调查	53677	3119.3	1993.8	719.7	282111
广告业	33935	726.2	410.2	769.3	172384
人力资源服务	17123	619.3	334.4	1471.8	906631
安全保护服务	1882	116.5	49.3	128.8	164658
会议、展览及相关服务	3930	942.6	583.8	142.0	27925
其他商务服务业	15522	2247.1	1299.1	1054.4	112944

4-13　租赁和商务服务业企业法人单位分地区主要指标

地　区	单位数(个)	资产总计(亿元)	负债合计(亿元)	营业收入(亿元)	从业人员期末人数(人)
总　计	**182619**	**110098.4**	**65289.1**	**7837.2**	**2136618**
南　京	25466	21955.0	11643.9	1803.2	336649
无　锡	21687	9998.3	5901.7	663.0	239574
徐　州	13125	5452.0	3159.1	550.4	137247
常　州	12828	11572.8	7465.7	604.4	134731
苏　州	48299	25296.7	15340.9	1652.9	634381
南　通	11814	5329.4	3769.2	615.5	154211
连云港	5289	3748.8	2605.6	221.9	59992
淮　安	8875	5692.6	2532.9	369.6	69814
盐　城	9693	5025.3	2865.2	410.9	90032
扬　州	8896	3894.8	2354.4	358.6	103871
镇　江	5451	5191.0	3047.2	236.1	51007
泰　州	6429	5361.8	3639.9	201.1	69225
宿　迁	4767	1580.0	963.5	149.7	55884

4-14 租赁和商务服务业企业法人单位分登记注册类型主要指标

登记注册类型	单位数(个)	资产总计(亿元)	负债合计(亿元)	营业收入(亿元)	从业人员期末人数(人)
总计	**182619**	**110098.4**	**65289.1**	**7837.2**	**2136618**
内资企业	**181590**	**107897.8**	**64331.0**	**7575.7**	**2112314**
国有企业	687	8058.8	4696.7	211.8	45319
集体企业	1712	1739.9	1341.4	74.4	29459
股份合作企业	101	30.4	6.8	4.5	2359
联营企业	54	56.2	24.4	1.9	569
有限责任公司	14707	69593.6	41129.6	2501.4	347437
股份有限公司	1410	3844.1	2345.8	171.8	29504
私营企业	156434	24061.3	14594.8	4480.0	1614215
其他企业	6485	513.4	191.5	129.9	43452
港、澳、台商投资企业	**526**	**1580.2**	**740.7**	**84.4**	**10070**
外商投资企业	**503**	**620.4**	**217.4**	**177.1**	**14234**

4-15 科学研究和技术服务业企业法人单位主要指标

行　业	单位数(个)	资产总计(亿元)	负债合计(亿元)	营业收入(亿元)	从业人员期末人数(人)
总计	**124484**	**14419.2**	**7606.1**	**4747.4**	**1082567**
研究和试验发展	**32199**	**2444.6**	**1252.2**	**947.3**	**225856**
自然科学研究和试验发展	1227	64.3	30.3	42.3	7858
工程和技术研究和试验发展	25510	1689.1	915.7	707.5	170364
农业科学研究和试验发展	1635	204.9	107.2	46.3	12428
医学研究和试验发展	3529	477.4	194.9	147.3	33792
社会人文科学研究	298	9.0	4.1	3.8	1414
专业技术服务业	**56074**	**9565.8**	**5054.0**	**2925.7**	**633297**
气象服务	90	3.0	1.0	1.9	749
地震服务	8	0.1	0.1	0.1	37
海洋服务	39	1.9	0.5	1.0	337
测绘地理信息服务	670	73.2	43.0	29.4	9734
质检技术服务	3934	334.8	129.3	210.4	65112
环境与生态监测检测服务	988	47.0	20.2	32.3	12074
地质勘查	186	50.1	24.6	37.5	9244
工程技术与设计服务	28886	7697.5	4162.4	1937.0	383318
工业与专业设计及其他专业技术服务	21273	1358.1	673.1	676.1	152692
科技推广和应用服务业	**36211**	**2408.7**	**1299.9**	**874.5**	**223414**
技术推广服务	30128	1929.2	1042.8	734.6	187918
知识产权服务	2028	51.1	24.7	42.7	13565
科技中介服务	720	128.9	79.7	16.3	3610
创业空间服务	531	190.5	105.0	15.0	2766
其他科技推广服务业	2804	109.0	47.6	65.8	15555

4-16　科学研究和技术服务业企业法人单位分地区主要指标

地　区	单位数 (个)	资产总计 (亿元)	负债合计 (亿元)	营业收入 (亿元)	从业人员 期末人数 (人)
总　计	**124484**	**14419.2**	**7606.1**	**4747.4**	**1082567**
南　京	21632	4554.2	2336.4	1338.5	232738
无　锡	13243	1769.0	976.9	371.8	83499
徐　州	9149	709.5	365.9	220.3	67953
常　州	10965	1553.9	841.7	568.4	111497
苏　州	29454	2380.0	1347.9	801.4	207804
南　通	8188	403.8	145.1	358.1	89589
连云港	2793	757.0	451.5	156.1	26934
淮　安	4995	148.8	61.2	139.0	37624
盐　城	7345	369.4	194.5	226.0	70652
扬　州	5276	408.8	206.6	187.4	51584
镇　江	5126	946.6	476.7	226.0	47425
泰　州	3964	330.6	145.1	115.6	37554
宿　迁	2354	87.6	56.4	38.9	17714

4-17 科学研究和技术服务业企业法人单位分登记注册类型主要指标

登记注册类型	单位数(个)	资产总计(亿元)	负债合计(亿元)	营业收入(亿元)	从业人员期末人数(人)
总计	**124484**	**14419.2**	**7606.1**	**4747.4**	**1082567**
内资企业	**122985**	**13645.3**	**7313.2**	**4504.6**	**1048350**
国有企业	495	342.3	216.6	76.3	16243
集体企业	336	40.2	27.0	19.9	4710
股份合作企业	46	1.2	0.5	1.1	576
联营企业	36	0.7	0.3	0.7	305
有限责任公司	9138	7247.6	3865.7	1037.7	152841
股份有限公司	1058	573.2	298.4	235.8	31270
私营企业	107813	5340.8	2864.6	2996.0	805457
其他企业	4063	99.4	40.0	137.2	36948
港、澳、台商投资企业	**550**	**332.5**	**103.2**	**72.0**	**9069**
外商投资企业	**949**	**441.5**	**189.7**	**170.8**	**25148**

4-18 水利、环境和公共设施管理业企业法人单位主要指标

行　业	单位数(个)	资产总计(亿元)	负债合计(亿元)	营业收入(亿元)	从业人员期末人数(人)
总计	**8224**	**21276.2**	**13196.0**	**1206.1**	**188155**
水利管理业	**540**	**721.5**	**446.1**	**25.6**	**4892**
防洪除涝设施管理	96	142.8	104.4	2.0	805
水资源管理	121	231.4	141.5	12.2	1094
天然水收集与分配	24	1.4	0.3	1.0	212
水文服务	21	3.9	0.8	1.7	504
其他水利管理业	278	342.0	199.2	8.7	2277
生态保护和环境治理业	**1467**	**531.3**	**287.8**	**96.1**	**17691**
生态保护	139	76.3	44.1	5.7	1940
环境治理业	1328	455.0	243.7	90.5	15751
公共设施管理业	**5719**	**9206.4**	**5848.6**	**539.1**	**159691**
市政设施管理	685	5148.0	3342.9	177.5	14201
环境卫生管理	951	131.8	85.4	51.2	63486
城乡市容管理	87	31.7	25.0	3.5	1314
绿化管理	2732	502.6	385.3	108.1	32247
城市公园管理	125	299.8	129.7	14.4	4329
游览景区管理	1139	3092.4	1880.3	184.3	44114
土地管理业	**498**	**10817.0**	**6613.5**	**545.2**	**5881**
土地整治服务	271	4075.4	2574.3	243.3	2583
土地调查评估服务	36	1.2	0.5	1.9	503
土地登记服务	9	0.2		0.1	42
土地登记代理服务	24	1.6	1.5	0.2	149
其他土地管理服务	158	6738.6	4037.2	299.7	2604

4-19　水利、环境和公共设施管理业企业法人单位分地区主要指标

地　区	单位数 (个)	资产总计 (亿元)	负债合计 (亿元)	营业收入 (亿元)	从业人员 期末人数 (人)
总　计	**8224**	**21276.2**	**13196.0**	**1206.1**	**188155**
南　京	798	3970.6	2478.8	264.8	24290
无　锡	985	4659.9	2910.6	186.1	18754
徐　州	620	1032.8	558.7	68.6	16462
常　州	531	1081.7	703.4	78.9	25154
苏　州	1938	2556.8	1554.6	137.8	42626
南　通	559	663.9	456.0	42.5	11691
连云港	247	1267.5	930.1	96.2	6130
淮　安	397	407.1	210.7	28.3	5446
盐　城	577	578.0	261.0	52.2	9186
扬　州	409	854.6	575.0	34.0	7931
镇　江	327	1592.8	848.2	56.0	5731
泰　州	270	2278.9	1476.3	128.1	4226
宿　迁	566	331.7	232.7	32.5	10528

4-20 水利、环境和公共设施管理业企业法人单位分登记注册类型主要指标

登记注册类型	单位数(个)	资产总计(亿元)	负债合计(亿元)	营业收入(亿元)	从业人员期末人数(人)
总计	**8224**	**21276.2**	**13196.0**	**1206.1**	**188155**
内资企业	**8153**	**21197.0**	**13167.4**	**1191.1**	**185998**
国有企业	174	1910.0	1225.3	79.1	7949
集体企业	96	116.1	92.7	14.8	3741
股份合作企业	1				
联营企业	3	38.7	0.1	0.1	103
有限责任公司	1249	16379.5	10137.1	758.0	64727
股份有限公司	123	272.4	153.8	31.8	5041
私营企业	6040	2470.0	1554.7	297.3	100807
其他企业	467	10.4	3.7	9.8	3628
港、澳、台商投资企业	**48**	**59.7**	**18.1**	**12.5**	**1594**
外商投资企业	**23**	**19.5**	**10.5**	**2.6**	**563**

注：根据数据保密相关规定，行业单位数量小于3个，未列出数据，导致总计与分项之和不等。

4-21 居民服务、修理和其他服务业企业法人单位主要指标

行业	单位数(个)	资产总计(亿元)	负债合计(亿元)	营业收入(亿元)	从业人员期末人数(人)
总计	**35740**	**747.7**	**373.8**	**563.8**	**299421**
居民服务业	**13284**	**247.3**	**122.1**	**170.0**	**92764**
家庭服务	3194	29.7	12.4	31.8	22491
托儿所服务	327	3.9	3.5	1.6	2000
洗染服务	499	9.0	4.4	9.6	5546
理发及美容服务	2276	16.2	9.9	16.9	11367
洗浴和保健养生服务	2429	37.5	18.5	28.3	18016
摄影扩印服务	1096	12.8	5.8	12.7	6484
婚姻服务	1216	9.3	3.8	11.1	5496
殡葬服务	455	71.1	33.7	29.4	4987
其他居民服务业	1792	57.8	30.3	28.7	16377
机动车、电子产品和日用产品修理业	**14514**	**269.6**	**142.0**	**256.5**	**93168**
汽车、摩托车等修理与维护	10879	184.8	100.0	177.3	69906
计算机和办公设备维修	1520	46.6	19.7	29.9	8021
家用电器修理	1687	32.4	19.3	42.5	12145
其他日用产品修理业	428	5.7	3.0	6.8	3096
其他服务业	**7942**	**230.8**	**109.7**	**137.3**	**113489**
清洁服务	5291	70.5	30.2	88.4	94178
宠物服务	272	3.6	1.4	2.4	1631
其他未列明服务业	2379	156.7	78.1	46.6	17680

4-22　居民服务、修理和其他服务业企业法人单位分地区主要指标

地　区	单位数（个）	资产总计（亿元）	负债合计（亿元）	营业收入（亿元）	从业人员期末人数（人）
总　计	**35740**	**747.7**	**373.8**	**563.8**	**299421**
南　京	4766	112.0	74.6	84.3	45659
无　锡	4484	56.5	31.6	45.8	34558
徐　州	2667	43.0	16.3	42.8	21220
常　州	2384	34.5	15.1	36.0	19530
苏　州	8456	218.8	131.2	119.5	77615
南　通	2394	42.0	14.5	51.3	20977
连云港	1270	24.4	6.9	20.7	9785
淮　安	1672	30.9	7.1	35.6	12813
盐　城	2417	71.5	27.7	46.1	19287
扬　州	1694	37.4	13.9	31.0	13838
镇　江	1188	34.6	20.4	19.0	8218
泰　州	1137	27.3	12.1	15.9	8670
宿　迁	1211	14.7	2.3	15.7	7251

4-23 居民服务、修理和其他服务业企业法人单位分登记注册类型主要指标

登记注册类型	单位数(个)	资产总计(亿元)	负债合计(亿元)	营业收入(亿元)	从业人员期末人数(人)
总计	**35740**	**747.7**	**373.8**	**563.8**	**299421**
内资企业	**35621**	**715.2**	**357.2**	**533.9**	**292297**
国有企业	118	30.1	13.2	7.2	1533
集体企业	282	29.1	16.2	15.2	4056
股份合作企业	31	0.3	0.2	0.2	147
联营企业	15	19.7	20.6	1.4	199
有限责任公司	2059	141.2	63.3	65.0	28902
股份有限公司	228	7.6	3.3	4.1	2021
私营企业	32169	472.4	235.1	433.7	252065
其他企业	719	14.9	5.4	7.1	3374
港、澳、台商投资企业	**53**	**13.4**	**6.5**	**10.7**	**2029**
外商投资企业	**66**	**19.1**	**10.1**	**19.1**	**5095**

4-24 教育企业法人单位主要指标

行业	单位数(个)	资产总计(亿元)	负债合计(亿元)	营业收入(亿元)	从业人员期末人数(人)
总计	**21220**	**542.6**	**301.1**	**381.1**	**217426**
学前教育	1970	49.5	18.5	36.8	35921
初等教育	205	25.4	16.5	14.0	8254
中等教育	194	97.3	56.0	30.4	18560
高等教育	17	46.1	39.2	13.3	2976
特殊教育	23	0.1		0.1	110
技能培训、教育辅助及其他教育	18811	324.2	170.9	286.5	151605

4-25　教育企业法人单位分地区主要指标

地　区	单位数 (个)	资产总计 (亿元)	负债合计 (亿元)	营业收入 (亿元)	从业人员 期末人数 (人)
总　计	**21220**	**542.6**	**301.1**	**381.1**	**217426**
南　京	3318	63.5	41.0	57.6	34877
无　锡	2377	27.3	16.4	22.9	19162
徐　州	1752	40.9	20.3	30.7	18873
常　州	1381	26.6	17.8	13.8	10280
苏　州	4189	147.0	109.3	80.2	40389
南　通	1608	31.9	9.0	42.2	17625
连云港	1106	40.8	20.5	18.5	13496
淮　安	1113	47.0	17.5	29.8	15009
盐　城	1000	32.0	11.8	19.1	12007
扬　州	1093	32.1	14.0	24.5	11807
镇　江	645	10.5	5.8	12.2	6005
泰　州	745	19.3	11.8	11.3	6947
宿　迁	893	23.6	5.9	18.3	10949

4-26 教育企业法人单位分登记注册类型主要指标

登记注册类型	单位数(个)	资产总计(亿元)	负债合计(亿元)	营业收入(亿元)	从业人员期末人数(人)
总计	**21220**	**542.6**	**301.1**	**381.1**	**217426**
内资企业	**21158**	**521.1**	**289.9**	**375.4**	**216378**
国有企业	188	22.1	6.9	10.6	6556
集体企业	179	9.0	3.1	4.9	2965
股份合作企业	14	1.0	0.1	0.4	146
联营企业	6	0.1		0.2	81
有限责任公司	1267	62.2	36.0	31.0	14897
股份有限公司	146	9.9	4.8	7.2	3111
私营企业	16783	229.0	118.1	199.7	124742
其他企业	2575	187.7	120.8	121.5	63880
港、澳、台商投资企业	**22**	**3.1**	**1.9**	**0.8**	**228**
外商投资企业	**40**	**18.4**	**9.3**	**5.0**	**820**

4-27 卫生和社会工作企业法人单位主要指标

行　业	单位数(个)	资产总计(亿元)	负债合计(亿元)	营业收入(亿元)	从业人员期末人数(人)
总计	**7299**	**614.2**	**360.1**	**417.9**	**157709**
卫生	**4808**	**494.3**	**298.5**	**390.0**	**137818**
医院	953	387.6	242.2	296.6	94903
基层医疗卫生服务	3477	79.4	43.0	70.8	33829
专业公共卫生服务	152	3.9	1.9	6.0	2001
其他卫生活动	226	23.5	11.4	16.6	7085
社会工作	**2491**	**119.9**	**61.5**	**27.9**	**19891**
提供住宿社会工作	1869	114.7	58.9	24.7	17699
不提供住宿社会工作	622	5.3	2.6	3.1	2192

4-28　卫生和社会工作企业法人单位分地区主要指标

地　区	单位数 (个)	资产总计 (亿元)	负债合计 (亿元)	营业收入 (亿元)	从业人员 期末人数 (人)
总　计	**7299**	**614.2**	**360.1**	**417.9**	**157709**
南　京	1111	96.4	66.3	88.9	27284
无　锡	756	66.5	44.3	27.2	15179
徐　州	566	44.5	21.0	38.7	14565
常　州	400	31.3	25.6	13.4	7757
苏　州	1278	139.4	83.2	99.9	34347
南　通	833	47.1	22.2	35.9	13727
连云港	234	24.0	15.2	14.4	6348
淮　安	394	35.1	15.3	21.6	7907
盐　城	465	36.8	24.4	22.5	9046
扬　州	516	20.2	11.2	11.6	4988
镇　江	211	13.0	7.2	5.8	2787
泰　州	259	10.5	4.1	7.1	3796
宿　迁	276	49.4	19.9	31.0	9978

4-29 卫生和社会工作企业法人单位分登记注册类型主要指标

登记注册类型	单位数 (个)	资产总计 (亿元)	负债合计 (亿元)	营业收入 (亿元)	从业人员 期末人数 (人)
总计	**7299**	**614.2**	**360.1**	**417.9**	**157709**
内资企业	**7273**	**567.8**	**332.6**	**383.9**	**150952**
国有企业	151	27.6	17.7	33.1	9077
集体企业	540	11.2	4.0	5.6	2965
股份合作企业	7	0.7	0.6	0.7	258
联营企业	18	1.0	0.2	0.9	444
有限责任公司	387	137.1	92.6	78.0	26128
股份有限公司	54	11.5	6.6	9.5	3382
私营企业	4190	307.7	169.2	193.1	84783
其他企业	1926	71.1	41.7	63.0	23915
港、澳、台商投资企业	**11**	**12.7**	**7.0**	**14.5**	**2558**
外商投资企业	**15**	**33.7**	**20.4**	**19.4**	**4199**

4-30　文化、体育和娱乐业企业法人单位主要指标

行　业	单位数(个)	资产总计(亿元)	负债合计(亿元)	营业收入(亿元)	从业人员期末人数(人)
总计	**37153**	**3073.6**	**1807.8**	**897.9**	**252625**
新闻和出版业	**254**	**214.6**	**114.4**	**87.5**	**13229**
新闻业	18	1.5	1.1	0.6	180
出版业	236	213.0	113.3	86.9	13049
广播、电视、电影和录音制作业	**3778**	**564.1**	**275.1**	**216.4**	**43509**
广播	98	2.9	1.1	3.7	1732
电视	46	72.0	39.7	13.8	3174
影视节目制作	2567	343.8	156.1	113.4	19632
广播电视集成播控	10	49.4	18.4	7.2	2638
电影和广播电视节目发行	87	15.6	4.1	16.5	969
电影放映	854	78.8	55.4	60.6	14897
录音制作	116	1.6	0.3	1.2	467
文化艺术业	**10215**	**906.1**	**575.6**	**223.9**	**61969**
文艺创作与表演	3227	102.2	55.3	136.0	28039
艺术表演场馆	47	10.5	7.9	3.4	1704
图书馆与档案馆	124	4.8	2.2	2.1	1315
文物及非物质文化遗产保护	89	515.6	335.5	8.4	1216
博物馆	55	45.7	38.0	1.8	525
烈士陵园、纪念馆	6	0.3	0.3	0.1	73
群众文体活动	910	45.1	23.2	11.5	4667
其他文化艺术业	5757	182.0	113.1	60.7	24430
体育	**3213**	**219.2**	**136.8**	**49.7**	**25709**
体育组织	687	40.6	53.1	13.3	3879
体育场地设施管理	196	91.5	33.3	7.3	2740
健身休闲活动	2144	77.3	42.8	27.1	18120
其他体育	186	9.8	7.7	2.1	970
娱乐业	**19693**	**1169.5**	**705.9**	**320.4**	**108209**
室内娱乐活动	8869	88.0	31.8	87.3	39700
游乐园	268	288.3	200.8	33.6	9708
休闲观光活动	2150	436.6	264.8	79.8	21883
彩票活动	10	0.1		0.1	42
文化体育娱乐活动与经纪代理服务	8187	344.9	200.3	117.2	35564
其他娱乐业	209	11.6	8.1	2.5	1312

4-31 文化、体育和娱乐业企业法人单位分地区主要指标

地 区	单位数(个)	资产总计(亿元)	负债合计(亿元)	营业收入(亿元)	从业人员期末人数(人)
总 计	**37153**	**3073.6**	**1807.8**	**897.9**	**252625**
南 京	7194	1098.4	674.4	252.8	55122
无 锡	4095	295.8	195.5	87.3	20859
徐 州	3443	111.9	45.9	131.6	29511
常 州	2338	422.3	229.8	76.5	20710
苏 州	7662	372.7	225.3	61.5	32829
南 通	2194	206.3	144.2	70.7	20988
连云港	1289	45.1	28.3	15.4	7904
淮 安	1291	49.0	26.2	33.2	9450
盐 城	1761	69.8	27.7	37.0	13221
扬 州	1800	60.9	26.9	36.0	14348
镇 江	1894	136.8	80.7	59.1	14287
泰 州	1069	168.4	80.0	23.2	7066
宿 迁	1123	36.2	23.0	13.7	6330

4-32　文化、体育和娱乐业企业法人单位分登记注册类型主要指标

登记注册类型	单位数(个)	资产总计(亿元)	负债合计(亿元)	营业收入(亿元)	从业人员期末人数(人)
总计	**37153**	**3073.6**	**1807.8**	**897.9**	**252625**
内资企业	**36950**	**2917.2**	**1707.2**	**879.0**	**247079**
国有企业	189	156.6	69.0	32.1	9313
集体企业	191	7.0	1.5	2.0	926
股份合作企业	4	0.1			22
联营企业	15	1.1	0.3	0.2	68
有限责任公司	2354	1390.2	922.1	191.7	44152
股份有限公司	263	177.6	77.4	40.7	5124
私营企业	33041	1159.0	623.0	595.2	182382
其他企业	893	25.5	13.8	17.1	5092
港、澳、台商投资企业	**119**	**134.1**	**91.4**	**11.5**	**3360**
外商投资企业	**84**	**22.3**	**9.2**	**7.5**	**2186**

4-33 国有控股企业分行业主要指标

行业	单位数(个)	资产总计(亿元)	负债合计(亿元)	营业收入(亿元)	从业人员期末人数(人)
总计	**6855**	**103651.9**	**59658.5**	**9242.2**	**729577**
交通运输、仓储和邮政业	**933**	**12875.2**	**7689.7**	**3672.8**	**262560**
道路运输业	329	9032.7	5353.7	567.8	148324
水上运输业	96	1364.7	846.7	382.6	36495
航空运输业	21	473.8	189.6	127.9	14997
管道运输业	5	455.7	186.8	1927.6	7561
多式联运和运输代理业	119	181.2	104.3	168.6	6859
装卸搬运和仓储业	318	1259.8	970.9	344.2	18342
邮政业	45	107.4	37.8	154.0	29982
信息传输、软件和信息技术服务业	**393**	**3763.9**	**1753.3**	**2259.5**	**125415**
电信、广播电视和卫星传输服务	120	3102.9	1354.8	1833.3	102266
互联网和相关服务	47	101.0	52.4	262.0	5204
软件和信息技术服务业	226	560.0	346.1	164.2	17945
房地产业	**677**	**4036.0**	**2695.3**	**150.1**	**47278**
物业管理	309	833.3	624.1	64.1	39746
房地产中介服务	58	309.8	285.4	4.8	886
房地产租赁经营	250	2128.8	1219.6	47.4	5703
其他房地产业	60	764.1	566.3	33.9	943
租赁和商务服务业	**2592**	**62115.7**	**35300.4**	**1594.3**	**148915**
租赁业	59	181.7	131.9	24.6	2170
商务服务业	2533	61934.0	35168.5	1569.8	146745
科学研究和技术服务业	**996**	**4705.7**	**2475.1**	**641.7**	**60973**
研究和试验发展	129	296.5	144.7	72.4	8658
专业技术服务业	646	4062.7	2118.4	543.0	48394
科技推广和应用服务业	221	346.5	211.9	26.4	3921
水利、环境和公共设施管理业	**533**	**14886.4**	**9041.2**	**706.7**	**37909**
水利管理业	63	321.3	164.7	11.7	1313
生态保护和环境治理业	47	139.4	80.1	14.1	1656
公共设施管理业	343	4528.3	2832.8	221.1	31934
土地管理业	80	9897.4	5963.7	459.9	3006
居民服务、修理和其他服务业	**153**	**89.7**	**38.9**	**16.0**	**6039**
居民服务业	76	28.6	13.9	8.6	3027
机动车、电子产品和日用产品修理业	43	24.0	9.9	5.0	810
其他服务业	34	37.0	15.1	2.4	2202
教育	**104**	**38.8**	**22.5**	**10.8**	**4541**
学前教育	3	0.1		0.1	25
初等教育	3	0.1		0.1	62
中等教育	3	6.8	4.0	0.1	27
高等教育					
特殊教育					
技能培训、教育辅助及其他教育	95	31.8	18.5	10.6	4427
卫生和社会工作	**38**	**38.3**	**16.7**	**25.4**	**5940**
卫生	30	28.9	12.5	24.7	5507
社会工作	8	9.5	4.2	0.7	433
文化、体育和娱乐业	**436**	**1101.9**	**625.2**	**164.9**	**30007**
新闻和出版业	80	145.1	68.3	65.4	7428
广播、电视、电影和录音制作业	117	131.1	62.4	44.2	7530
文化艺术业	127	425.9	267.7	17.9	6292
体育	39	114.6	34.8	6.4	2209
娱乐业	73	285.3	192.1	31.0	6548

注：不含铁路运输业、金融业、房地产开发经营。

4-34　非公有控股企业分行业主要指标

行　业	单位数(个)	资产总计(亿元)	负债合计(亿元)	营业收入(亿元)	从业人员期末人数(人)
总计	**558598**	**77325.2**	**46440.8**	**20688.6**	**5803721**
交通运输、仓储和邮政业	**57100**	**5338.1**	**3035.3**	**4322.3**	**722286**
道路运输业	41354	2699.9	1645.0	2656.9	471345
水上运输业	1721	591.4	303.1	371.1	53970
航空运输业	106	26.6	18.1	10.2	1043
管道运输业	12	19.2	11.0	5.1	319
多式联运和运输代理业	6967	499.3	276.2	652.4	62837
装卸搬运和仓储业	5771	1412.7	726.1	425.6	89353
邮政业	1169	89.0	55.8	201.1	43419
信息传输、软件和信息技术服务业	**71529**	**6433.2**	**3521.5**	**3427.6**	**710918**
电信、广播电视和卫星传输服务	1290	404.0	311.0	314.6	31313
互联网和相关服务	9554	1476.4	853.9	955.0	149449
软件和信息技术服务业	60685	4552.8	2356.6	2158.0	530156
房地产业	**43495**	**6551.5**	**4464.8**	**1135.8**	**672613**
物业管理	16750	1379.8	983.3	566.5	483012
房地产中介服务	20099	809.9	548.4	277.3	142821
房地产租赁经营	5789	3467.9	2280.1	248.5	39178
其他房地产业	857	893.9	653.0	43.6	7602
租赁和商务服务业	**169684**	**41962.3**	**25775.6**	**5856.3**	**1879060**
租赁业	13338	741.7	379.0	312.8	89645
商务服务业	156346	41220.6	25396.7	5543.5	1789415
科学研究和技术服务业	**118586**	**9040.8**	**4764.5**	**3843.5**	**967183**
研究和试验发展	31863	2000.4	1038.5	862.9	214540
专业技术服务业	54795	5249.3	2785.4	2279.5	572570
科技推广和应用服务业	31928	1791.1	940.6	701.2	180073
水利、环境和公共设施管理业	**6904**	**4921.4**	**3095.4**	**414.6**	**132891**
水利管理业	319	374.0	262.9	12.2	2679
生态保护和环境治理业	1331	313.2	164.1	77.4	14581
公共设施管理业	5045	3794.0	2398.9	270.0	113841
土地管理业	209	440.2	269.5	55.0	1790
居民服务、修理和其他服务业	**34430**	**570.3**	**287.5**	**518.4**	**281513**
居民服务业	12455	171.4	82.2	141.4	82937
机动车、电子产品和日用产品修理业	14380	243.2	130.7	248.7	91333
其他服务业	7595	155.8	74.6	128.3	107243
教育	**17240**	**259.2**	**133.9**	**212.1**	**121967**
学前教育	622	10.1	5.5	6.8	5871
初等教育	95	1.7	1.1	1.0	574
中等教育	26	18.4	9.5	3.2	599
高等教育					
特殊教育	10				35
技能培训、教育辅助及其他教育	16487	229.0	117.8	201.2	114888
卫生和社会工作	**4254**	**443.6**	**268.7**	**270.7**	**107734**
卫生	3310	356.3	222.7	255.8	96362
社会工作	944	87.2	46.0	14.9	11372
文化、体育和娱乐业	**35376**	**1804.9**	**1093.5**	**687.2**	**207556**
新闻和出版业	133	14.1	11.1	9.5	2161
广播、电视、电影和录音制作业	3565	392.7	195.6	162.3	32152
文化艺术业	9661	457.9	295.5	202.1	53226
体育	2953	100.5	100.9	41.6	22450
娱乐业	19064	839.7	490.4	271.7	97567

注：不含铁路运输业、金融业、房地产开发经营。

4-35 规模以上交通运输、仓储和

行　业	固定资产原价(万元)	累计折旧(万元)	资产总计(万元)	负债合计(万元)	所有者权益合计(万元)	营业收入(万元)
总计	**57131325**	**16145547**	**129601274**	**74979542**	**54621732**	**61519503**
道路运输业	**28267747**	**6441219**	**79541888**	**46627136**	**32914751**	**19134668**
城市公共交通运输	17985673	2155357	31957444	20427318	11530127	971030
公路旅客运输	1671390	973387	2676549	1524108	1152441	1080099
道路货物运输	3591288	1433198	11100128	6516758	4583369	13877660
道路运输辅助活动	5019396	1879276	33807767	18158953	15648814	3205879
水上运输业	**11664513**	**3422765**	**17913266**	**10440841**	**7472425**	**7057352**
水上旅客运输	134603	52191	255388	136262	119125	104751
水上货物运输	4244180	1574700	4040962	2135424	1905539	3503501
水上运输辅助活动	7285731	1795874	13616916	8169155	5447761	3449101
航空运输业	**3145671**	**827642**	**4294829**	**1631997**	**2662832**	**1357283**
航空客货运输	1438726	434381	1375435	840054	535381	1027318
通用航空服务	26892	5876	30390	24159	6231	9201
航空运输辅助活动	1680054	387384	2889003	767784	2121219	320764
管道运输业	**4688472**	**2394721**	**4662712**	**1906274**	**2756438**	**19323102**
海底管道运输						
陆地管道运输	4688472	2394721	4662712	1906274	2756438	19323102
多式联运和运输代理业	**797259**	**317665**	**4359642**	**2548688**	**1810955**	**5821187**
多式联运	95305	33276	124063	39403	84659	81617
运输代理业	701954	284389	4235580	2509284	1726295	5739570
装卸搬运和仓储业	**7633229**	**2301327**	**17205184**	**11046270**	**6158914**	**5717652**
装卸搬运	2815034	956228	3757228	1964749	1792478	1088673
通用仓储	1375133	301786	2486689	1182040	1304649	818699
低温仓储	400156	70087	966173	488496	477677	112238
危险品仓储	1125661	428461	1194368	507492	686876	320080
谷物、棉花等农产品仓储	647199	176379	6140410	5335399	805011	2033707
中药材仓储						
其他仓储业	1270047	368387	2660317	1568094	1092223	1344255
邮政业	**934433**	**440209**	**1623755**	**778338**	**845417**	**3108259**
邮政基本服务	675201	357676	839619	304344	535275	1512654
快递服务	254117	81830	776350	466707	309642	1581212
其他寄递服务	5115	703	7787	7287	500	14393

注：不含铁路运输业。

邮政业企业法人单位主要指标

营业成本(万元)	税金及附加(万元)	销售费用、管理费用、财务费用合计(万元)	投资收益(万元)	营业利润(万元)	利润总额(万元)	应付职工薪酬(万元)	应交增值税(万元)	从业人员平均人数(人)
55112617	**303845**	**5020999**	**605671**	**3756850**	**4323447**	**5740526**	**938513**	**585035**
16839147	**153657**	**2389020**	**430398**	**1855916**	**2301728**	**2780177**	**577648**	**326097**
2078598	10084	451004	32653	-63697	-20123	1069257	5907	113128
886295	10319	209587	25976	88119	119882	358028	33989	46229
12288400	108393	978229	31432	607044	631024	971017	443835	136985
1585854	24861	750201	340338	1224450	1570945	381875	93917	29755
5868290	**55285**	**771488**	**89301**	**489099**	**554262**	**821956**	**145570**	**84284**
77195	243	17396	4419	10384	18709	18629	1759	1992
3011574	28829	232825	6669	263811	280202	385130	98673	44279
2779522	26214	521267	78213	214903	255351	418198	45137	38013
1242809	**5403**	**139887**	**2065**	**112763**	**108047**	**302844**	**23312**	**14339**
956293	3812	84843	113	52452	58527	175531	16499	6160
7637	2	4805		-2635	-2513	2668	16	97
278879	1589	50239	1952	62947	52033	124645	6798	8082
18642668	**14578**	**267452**	**7759**	**436725**	**456286**	**168107**	**62062**	**7797**
18642668	14578	267452	7759	436725	456286	168107	62062	7797
5268131	**12358**	**383203**	**57388**	**231932**	**247511**	**333458**	**41064**	**32867**
67568	287	8145		5122	5133	8150	1058	753
5200563	12071	375058	57388	226809	242378	325309	40006	32114
4666810	**50703**	**723885**	**18754**	**461238**	**490640**	**515896**	**72840**	**55393**
812939	16535	162213	9909	113434	115706	249820	22726	28352
469229	18216	250486	7046	90411	97437	86002	17144	8870
78409	1572	28520	66	5577	6098	14960	2747	1841
217950	3002	51284	792	50968	53692	44622	9492	3563
1993065	2525	118920	521	63621	77017	41979	6270	4507
1095218	8854	112463	421	137227	140690	78513	14462	8260
2584762	**11861**	**346064**	**5**	**169177**	**164972**	**818087**	**16016**	**64258**
1223460	7667	181091		99952	96806	557433	5549	31234
1351408	4160	160622	5	69071	68007	256303	10195	32447
9895	34	4352		155	159	4351	272	577

4-36 规模以上信息传输、软件和

行业	固定资产原价(万元)	累计折旧(万元)	资产总计(万元)	负债合计(万元)	所有者权益合计(万元)	营业收入(万元)
总计	**51315491**	**29931269**	**62744836**	**31879550**	**30865286**	**44166418**
电信、广播电视和卫星传输服务	**48350068**	**28733042**	**34931238**	**16548402**	**18382836**	**21106364**
电信	46177488	27972027	28857785	15054284	13803502	19903799
广播电视传输服务	2172580	761016	6073452	1494118	4579334	1202565
卫星传输服务						
互联网和相关服务	**703148**	**290294**	**7126742**	**3855505**	**3271237**	**6949686**
互联网接入及相关服务	2560	2088	68184	46929	21255	189549
互联网信息服务	621005	262110	4838332	2373060	2465271	5105507
互联网平台	48214	15223	1811041	1266413	544628	1455294
互联网安全服务	6413	3472	14768	6027	8741	8421
互联网数据服务	23101	6499	340178	135836	204343	158311
其他互联网服务	1854	902	54239	27241	26998	32605
软件和信息技术服务业	**2262275**	**907932**	**20686856**	**11475643**	**9211214**	**16110368**
软件开发	1719404	669998	14257021	7394725	6862295	12209397
集成电路设计	88362	43019	986207	322455	663752	815298
信息系统集成和物联网技术服务	123549	36711	3004541	2248412	756129	1487759
运行维护服务	13746	4495	142267	69738	72528	148782
信息处理和存储支持服务	74943	44345	310526	94750	215776	222400
信息技术咨询服务	42792	15567	793493	624615	168878	422248
数字内容服务	177698	84338	908327	601962	306365	579450
其他信息技术服务业	21782	9460	284475	118986	165490	225036

信息技术服务业企业法人单位主要指标

营业成本(万元)	税金及附加(万元)	销售费用、管理费用、财务费用合计(万元)	投资收益(万元)	营业利润(万元)	利润总额(万元)	应付职工薪酬(万元)	应交增值税(万元)	从业人员平均人数(人)
29252306	**198937**	**9132458**	**428831**	**6328244**	**6450087**	**7038989**	**1148488**	**430585**
13155000	**80831**	**3933709**	**151915**	**4097214**	**4100742**	**2421747**	**387600**	**125754**
12185558	75714	3721222	48653	3970866	3952235	2088373	378955	108720
969442	5118	212487	103262	126348	148507	333374	8646	17034
5308952	**34173**	**1264300**	**57479**	**429326**	**449137**	**1133027**	**224284**	**84526**
164619	982	24944		-133	712	119968	7986	17205
3650991	21227	1098453	54944	427524	443763	925260	108705	60380
1343184	11212	96983	2483	-2228	-301	59649	105081	5036
1858	200	4966	19	1669	1827	2881	405	223
127304	270	31988	33	-1525	-1279	20602	1324	1205
20997	282	6966		4018	4415	4667	783	477
10788354	**83933**	**3934449**	**219438**	**1801705**	**1900208**	**3484215**	**536605**	**220305**
8085515	67119	3074224	158921	1354446	1433916	2770176	432249	163234
577021	2456	148197	6217	137747	140922	81125	25257	4243
1016968	6840	364682	36009	142929	146441	213439	34621	12726
108656	567	27194	488	12818	13250	39968	4736	4603
155101	1360	37389	1554	32603	39026	109425	11256	11572
332889	2273	65102	3473	28950	29411	71437	10648	6620
326839	1578	187873	12202	83215	86117	123430	8218	6769
185366	1741	29789	575	8998	11126	75215	9619	10538

4-37 规模以上物业管理、房地产中介服务、房地产

行业	固定资产原价(万元)	累计折旧(万元)	资产总计(万元)	负债合计(万元)	所有者权益合计(万元)	营业收入(万元)
总计	**3957108**	**1281214**	**22343133**	**15441305**	**6901828**	**4741917**
物业管理	1164171	393221	6328783	4270640	2058143	3294338
房地产中介服务	58984	23302	2494273	2350297	143976	529934
房地产租赁经营	2728672	862366	13251017	8623503	4627515	851973
其他房地产业	5280	2325	269060	196866	72195	65672

4-38 规模以上租赁和商务

行业	固定资产原价(万元)	累计折旧(万元)	资产总计(万元)	负债合计(万元)	所有者权益合计(万元)	营业收入(万元)
总计	**18643165**	**4116964**	**228906964**	**133485800**	**95421164**	**32012121**
租赁业	**1261856**	**450530**	**3801825**	**2466981**	**1334844**	**946769**
机械设备经营租赁	1253651	448602	3601180	2343088	1258093	886148
文体设备和用品出租	7572	1862	199496	123245	76252	57445
日用品出租	633	66	1148	648	500	3175
商务服务业	**17381309**	**3666434**	**225105139**	**131018819**	**94086320**	**31065352**
组织管理服务	8913553	1669239	175773424	96453964	79319460	7761891
综合管理服务	5803102	1282516	29875401	22312452	7562949	3590183
法律服务	47943	29174	137303	74979	62324	297114
咨询与调查	206748	72508	2668721	1819211	849510	1164946
广告业	440541	147773	2694880	1690026	1004854	3139205
人力资源服务	136030	52623	1196440	774278	422161	5677750
安全保护服务	161518	89354	649711	262597	387113	800337
会议、展览及相关服务	1442845	217319	7660082	4702483	2957600	871546
其他商务服务业	229030	105929	4449177	2928828	1520349	7762379

租赁经营和其他房地产业企业法人单位主要指标

营业成本(万元)	税金及附加(万元)	销售费用、管理费用、财务费用合计(万元)	投资收益(万元)	营业利润(万元)	利润总额(万元)	应付职工薪酬(万元)	应交增值税(万元)	从业人员平均人数(人)
3294071	**105848**	**1175372**	**65000**	**295586**	**341182**	**1720952**	**188086**	**315409**
2507869	48063	629424	14505	144154	169774	1412301	121461	285603
307483	3749	169749	-9585	40510	40362	233894	25387	22408
427962	52676	368284	58842	85655	107461	73073	37746	7255
50757	1361	7915	1238	25268	23586	1684	3492	143

服务业企业法人单位主要指标

营业成本(万元)	税金及附加(万元)	销售费用、管理费用、财务费用合计(万元)	投资收益(万元)	营业利润(万元)	利润总额(万元)	应付职工薪酬(万元)	应交增值税(万元)	从业人员平均人数(人)
24898283	**324181**	**4771120**	**1068087**	**3344072**	**3364412**	**4487746**	**598320**	**607706**
703979	**9666**	**127567**	**8525**	**111142**	**115890**	**104569**	**26250**	**13241**
664720	9211	113252	5167	101148	105592	96533	23343	12398
38138	331	13497	3358	8881	9185	7716	2870	775
1121	124	818		1113	1113	319	37	68
24194305	**314515**	**4643554**	**1059562**	**3232930**	**3248523**	**4383178**	**572070**	**594465**
5391583	129542	1697077	863705	1673931	1729234	593754	152182	51235
2171979	83716	977267	139478	587924	520645	305993	103715	35219
109530	2270	132011	11	53541	53782	62975	13485	5213
680811	9202	252351	12448	240344	243178	248210	42396	24025
2307674	23781	476230	10639	239559	246251	199110	57669	20658
5174325	34826	340782	1929	136609	145008	2122128	133127	314865
511386	3502	229146	594	58961	58172	523563	15658	108771
536086	17930	210236	557	111283	121348	80892	17884	8676
7310931	9746	328454	30200	130778	130904	246553	35954	25803

4-39 规模以上科学研究和技术

行业	固定资产原价(万元)	累计折旧(万元)	资产总计(万元)	负债合计(万元)	所有者权益合计(万元)	营业收入(万元)
总计	**8245247**	**2858274**	**45351428**	**24368970**	**20982459**	**21144484**
研究和试验发展	**1232165**	**441450**	**5141290**	**2639186**	**2502103**	**2387205**
自然科学研究和试验发展	10531	6172	57263	11028	46235	51222
工程和技术研究和试验发展	887395	335811	3536190	1998895	1537295	1582416
农业科学研究和试验发展	23027	7480	49355	19579	29775	49001
医学研究和试验发展	311212	91987	1498482	609684	888798	704565
社会人文科学研究						
专业技术服务业	**5744802**	**2040084**	**35581965**	**19052425**	**16529540**	**16421468**
气象服务	1802	1600	4558	2634	1924	2758
地震服务						
海洋服务	1461	124	3978	1875	2103	2195
测绘地理信息服务	73520	32941	186224	53275	132948	127826
质检技术服务	1224101	475949	2035151	759912	1275239	1149364
环境与生态监测检测服务	51338	18814	124369	64640	59728	123324
地质勘查	268580	138076	321407	151788	169619	312253
工程技术与设计服务	3183461	1134838	26990431	15223506	11766924	11960061
工业与专业设计及其他专业技术服务	940539	237743	5915848	2794793	3121055	2743688
科技推广和应用服务业	**1268281**	**376740**	**4628174**	**2677359**	**1950815**	**2335810**
技术推广服务	632902	215240	3041447	1948114	1093332	1867049
知识产权服务	67765	20080	236246	103784	132461	191225
科技中介服务	127934	20704	356801	94719	262081	44352
创业空间服务	161156	23187	618155	381224	236931	30962
其他科技推广服务业	278524	97530	375526	149517	226009	202223

服务业企业法人单位主要指标

营业成本(万元)	税金及附加(万元)	销售费用、管理费用、财务费用合计(万元)	投资收益(万元)	营业利润(万元)	利润总额(万元)	应付职工薪酬(万元)	应交增值税(万元)	从业人员平均人数(人)
15576790	**178639**	**3551497**	**160750**	**2097276**	**2180906**	**3764387**	**609033**	**288391**
1662071	**15806**	**545364**	**26119**	**234696**	**252937**	**471707**	**58734**	**30293**
27264	184	15793	23	8249	9016	7831	1146	461
1178763	9978	311263	19318	139764	149988	331983	42025	19891
33669	246	8606		6485	6988	4541	1367	814
422375	5399	209702	6778	80199	86945	127352	14196	9127
12267894	**136930**	**2502020**	**144588**	**1681640**	**1732763**	**3015767**	**501490**	**234038**
1119	16	1475		148	168	1244	163	167
1876	8	101		211	211	207	9	54
69566	1370	41162	87	15951	16692	36993	4793	2963
636258	8699	305530	9235	212711	218398	320443	46964	25058
73854	587	37358	206	12451	15077	33018	4347	3292
258469	4658	45809	874	-14843	-12756	107825	13246	7124
9145415	104633	1610141	58467	1197681	1210954	2085373	354315	165367
2081336	16958	460444	75720	257331	284019	430665	77654	30013
1646825	**25904**	**504112**	**-9957**	**180940**	**195206**	**276913**	**48810**	**24060**
1365446	16440	361407	-10336	123488	122691	180556	36077	19707
100297	1358	66594	268	22370	23121	50940	5882	2475
29370	2319	13809	-87	1555	12496	4229	2138	386
19970	3238	21845	104	5132	7939	4751	1328	525
131742	2550	40459	94	28396	28960	36436	3385	967

4-40 规模以上水利、环境和公共设施

行 业	固定资产原价(万元)	累计折旧(万元)	资产总计(万元)	负债合计(万元)	所有者权益合计(万元)	营业收入(万元)
总计	**7795528**	**1658908**	**85691917**	**54003569**	**31688348**	**6038655**
水利管理业	**177163**	**72013**	**460377**	**333361**	**127016**	**83091**
防洪除涝设施管理	10111	3896	10211	7130	3081	4066
水资源管理	131048	58523	372479	294726	77753	45556
天然水收集与分配	248	59	9941	2167	7774	4856
水文服务	15121	517	22253	3596	18657	9734
其他水利管理业	20634	9018	45494	25742	19751	18880
生态保护和环境治理业	**730729**	**176965**	**1553636**	**726918**	**826718**	**486002**
生态保护	77086	12070	102078	46444	55635	15800
环境治理业	653643	164895	1451558	680475	771083	470202
公共设施管理业	**5253909**	**1204138**	**38926216**	**25011113**	**13915103**	**3717779**
市政设施管理	918925	206367	19240506	13071081	6169425	1263743
环境卫生管理	188520	77329	404332	241271	163062	288870
城乡市容管理	3358	1460	56869	39252	17617	16811
绿化管理	70225	33853	1371158	1057755	313404	523787
城市公园管理	201375	54063	1499027	516519	982508	113087
游览景区管理	3871507	831067	16354324	10085236	6269088	1511481
土地管理业	**1633727**	**205792**	**44751688**	**27932177**	**16819512**	**1751783**
土地整治服务	768290	101505	29538550	18741940	10796610	1228938
土地调查评估服务						
土地登记服务						
土地登记代理服务						
其他土地管理服务	865437	104286	15213139	9190237	6022902	522845

管理业企业法人单位主要指标

营业成本(万元)	税金及附加(万元)	销售费用、管理费用、财务费用合计(万元)	投资收益(万元)	营业利润(万元)	利润总额(万元)	应付职工薪酬(万元)	应交增值税(万元)	从业人员平均人数(人)
4619247	**74359**	**834178**	**50812**	**966100**	**991837**	**617409**	**177172**	**97151**
51927	**859**	**17622**		**13795**	**13908**	**15603**	**3174**	**1203**
2245	36	368		1416	1428	1066	184	144
29746	596	9731		5261	5358	6001	1865	251
1884	15	586		2372	2372	453	59	75
6018	60	3042		614	614	3774	349	298.0
12034	152	3895		4133	4136	4309	717	435
294727	**11441**	**69973**	**486**	**116087**	**126302**	**44083**	**34885**	**4575**
8587	167	9572	6	-3691	-4775	4039	558	411
286140	11275	60400	481	119778	131077	40044	34327	4164
2835065	**45135**	**647437**	**16446**	**277826**	**319947**	**530621**	**96838**	**89228**
1083784	13217	104101	12033	123289	133598	59407	32552	5810
214061	1816	71411	-652	3156	12591	154839	6634	36532
11433	1523	2732		1123	1139	2042	452	326
459402	3396	41441	460	16648	18069	49519	16850	8062
75807	1267	41043	42	-4079	-3942	33189	1848	3292
990578	23916	386708	4562	137690	158493	231627	38503	35206
1437528	**16924**	**99147**	**33880**	**558392**	**531682**	**27101**	**42274**	**2145**
988986	10334	43819	28215	237108	215607	15023	32441	1428
448542	6590	55327	5665	321284	316075	12078	9833	717

4-41 规模以上居民服务、修理和

行业	固定资产原价(万元)	累计折旧(万元)	资产总计(万元)	负债合计(万元)	所有者权益合计(万元)	营业收入(万元)
总计	**402400**	**163628**	**1585038**	**898736**	**686302**	**1491596**
居民服务业	**161856**	**67327**	**534070**	**309932**	**224139**	**425233**
家庭服务	2747	1091	9168	3983	5185	29883
托儿所服务	2857	1378	4866	2142	2723	3057
洗染服务	7695	3167	10741	8779	1961	18986
理发及美容服务	7065	3618	17982	15523	2458	15441
洗浴和保健养生服务	22554	8554	43173	18736	24437	57126
摄影扩印服务	16217	7492	28357	19322	9036	33032
婚姻服务	5483	1522	9618	4394	5224	6788
殡葬服务	70573	28121	287310	145349	141961	174907
其他居民服务业	26664	12383	122857	91704	31153	86013
机动车、电子产品和日用产品修理业	**176457**	**66683**	**848500**	**466552**	**381947**	**741604**
汽车、摩托车等修理与维护	119603	48706	423932	260402	163530	428840
计算机和办公设备维修	48332	13465	291207	109684	181524	110562
家用电器修理	8023	4089	127197	92217	34981	196020
其他日用产品修理业	500	423	6164	4250	1913	6182
其他服务业	**64087**	**29618**	**202468**	**122252**	**80216**	**324759**
清洁服务	54646	24706	112337	50511	61826	225308
宠物服务						
其他未列明服务业	9441	4911	90131	71741	18390	99450

其他服务业企业法人单位主要指标

营业成本(万元)	税金及附加(万元)	销售费用、管理费用、财务费用合计(万元)	投资收益(万元)	营业利润(万元)	利润总额(万元)	应付职工薪酬(万元)	应交增值税(万元)	从业人员平均人数(人)
1005398	**13789**	**355357**	**9354**	**142913**	**144067**	**363620**	**38886**	**58231**
265665	**3073**	**103423**	**6**	**53415**	**56561**	**100930**	**8126**	**15160**
22395	255	5416	4	1825	1979	7369	706	1565
2676	46	324		58	57	1402	32	146
13066	87	5575		258	364	6676	470	966
6667	23	8036		715	630	5237	204	913
32603	775	18236		5604	5787	14969	1780	3013
20870	209	10672	2	1264	1096	6401	418	1056
4708	46	1560		474	488	1907	102	255
91502	618	39818		43156	43585	18331	597	2168
71178	1014	13785		62	2574	38637	3817	5078
489970	**7788**	**187421**	**9280**	**66215**	**67307**	**128053**	**19645**	**15210**
309784	4513	80828	59	34213	34517	61772	13376	9817
84224	761	27019	9100	7685	8181	14126	3056	1443
90829	2497	78496	121	24364	24662	51612	3069	3861
5133	17	1078		-47	-54	543	145	89
249763	**2928**	**64514**	**69**	**23283**	**20199**	**134638**	**11115**	**27861**
166649	2385	58018	69	13883	13744	102275	6819	25455
83114	543	6496		9399	6455	32363	4295	2406

4-42 规模以上教育企业法人

行业	固定资产原价(万元)	累计折旧(万元)	资产总计(万元)	负债合计(万元)	所有者权益合计(万元)	营业收入(万元)
总计	**879165**	**395978**	**1785918**	**1096289**	**689630**	**1292604**
学前教育	37637	10098	42870	24669	18200	20692
初等教育	52077	10576	89097	75626	13470	54821
中等教育	308806	83120	498728	295434	203294	186143
高等教育	63219	22729	86203	51659	34544	24587
特殊教育						
技能培训、教育辅助及其他教育	417427	269456	1069021	648901	420121	1006361

4-43 规模以上卫生和社会工作

行业	固定资产原价(万元)	累计折旧(万元)	资产总计(万元)	负债合计(万元)	所有者权益合计(万元)	营业收入(万元)
总计	**2117718**	**781227**	**3242023**	**2054493**	**1187530**	**2830245**
卫生	**1989691**	**765952**	**3052309**	**1953200**	**1099109**	**2782955**
医院	1894333	727238	2747568	1761007	986561	2471263
基层医疗卫生服务	54435	22858	169448	114378	55070	173084
专业公共卫生服务	12893	5906	20244	12425	7820	39903
其他卫生活动	28030	9950	115049	65390	49658	98705
社会工作	**128027**	**15275**	**189714**	**101292**	**88421**	**47290**
提供住宿社会工作	125623	14668	184124	97731	86392	44552
不提供住宿社会工作	2405	607	5590	3561	2029	2739

单位分行业主要指标

营业成本（万元）	税金及附加（万元）	销售费用、管理费用、财务费用合计（万元）	投资收益（万元）	营业利润（万元）	利润总额（万元）	应付职工薪酬（万元）	应交增值税（万元）	从业人员平均人数（人）
841847	**9829**	**377587**	**8812**	**77635**	**82833**	**510793**	**29696**	**53144**
12366	616	6843	-1	879	984	9991	163	1956
48583	135	10562	12	-4168	-3302	31824	182	3536
139331	210	44702	63	4312	6264	119673	782	11382
23145	27	3536	5	-1639	391	9044	143	730
618422	8841	311945	8732	78251	78496	340261	28426	35540

企业法人单位分行业主要指标

营业成本（万元）	税金及附加（万元）	销售费用、管理费用、财务费用合计（万元）	投资收益（万元）	营业利润（万元）	利润总额（万元）	应付职工薪酬（万元）	应交增值税（万元）	从业人员平均人数（人）
2029349	**6452**	**730700**	**2339**	**76351**	**78325**	**784191**	**3931**	**81241**
1992501	**5749**	**718539**	**2249**	**77646**	**79221**	**767601**	**3673**	**78452**
1795843	5296	609973	1964	67706	68903	685047	2190	69694
115648	308	54389	286	5147	5408	48094	112	4878
25019	35	13168		1627	1610	8722	1066	1048
55991	110	41008		3166	3300	25739	305	2832
36847	**703**	**12161**	**89**	**-1295**	**-897**	**16589**	**258**	**2789**
36072	681	10770	89	-1844	-1587	15302	256	2521
775	23	1391		549	691	1287	2	268

4-44 规模以上文化、体育和

行　业	固定资产原　价(万元)	累计折旧(万元)	资产总计(万元)	负债合计(万元)	所有者权益合计(万元)	营业收入(万元)
总计	**3688504**	**1177328**	**11843513**	**7362386**	**4481127**	**3877068**
新闻和出版业	**496316**	**199399**	**2048006**	**1090858**	**957148**	**822154**
新闻业	7788	4978	9676	8568	1108	473
出版业	488528	194421	2038329	1082290	956039	821681
广播、电视、电影和录音制作业	**665100**	**272718**	**2571900**	**1275926**	**1295974**	**1095700**
广播	12534	1083	15565	7512	8053	3817
电视	161514	48405	708859	389932	318927	130757
影视节目制作	48849	16683	767599	340988	426612	305275
广播电视集成播控	133581	58216	432324	125881	306444	56626
电影和广播电视节目发行	5921	3571	120405	30364	90042	155914
电影放映	302702	144759	527147	381251	145897	443312
录音制作						
文化艺术业	**400644**	**80426**	**1611755**	**1047500**	**564255**	**572863**
文艺创作与表演	74007	44714	204559	65455	139104	372492
艺术表演场馆	24542	14879	90338	68174	22164	25615
图书馆与档案馆	10232	1810	9157	3403	5754	2400
文物及非物质文化遗产保护	53335	10235	561900	323853	238047	25344
博物馆	189256	741	427033	368594	58440	13889
烈士陵园、纪念馆						
群众文体活动	27330	3824	234737	161803	72934	33748
其他文化艺术业	21943	4223	84031	56219	27813	99375
体育	**446517**	**142501**	**1241424**	**871943**	**369482**	**203015**
体育组织	126289	26622	259684	443423	-183740	65177
体育场地设施管理	148052	35241	736738	239874	496865	44661
健身休闲活动	171871	80479	244195	188296	55899	87922
其他体育	305	158	808	351	457	5255
娱乐业	**1679927**	**482284**	**4370428**	**3076159**	**1294269**	**1183337**
室内娱乐活动	60680	24700	125840	69981	55859	230250
游乐园	1130001	337387	2439375	1705726	733650	298132
休闲观光活动	414061	102114	1526726	1132237	394489	364805
彩票活动						
文化体育娱乐活动与经纪代理服务	58126	15532	264335	157609	106726	286685
其他娱乐业	17059	2551	14151	10605	3546	3466

娱乐业法人单位主要指标

营业成本(万元)	税金及附加(万元)	销售费用、管理费用、财务费用合计(万元)	投资收益(万元)	营业利润(万元)	利润总额(万元)	应付职工薪酬(万元)	应交增值税(万元)	从业人员平均人数(人)
2664614	**54515**	**1027305**	**37388**	**258049**	**314242**	**780138**	**102335**	**71229**
564980	**6123**	**247723**	**14661**	**25928**	**53285**	**171617**	**15677**	**11663**
154	3	2284	44	-1450	-264	343	30	45
564826	6120	245439	14616	27379	53549	171274	15646	11618
730905	**17878**	**279763**	**11047**	**25831**	**59072**	**180160**	**33925**	**19343**
2654	7	1099	6	63	125	1910	60	158
76427	2053	46733	6886	16232	17586	32456	5932	3006
200873	1809	46847	2752	-10818	14646	43931	12219	3626
52000	821	19787	821	-7165	-7194	32040	648	2288
128579	532	8619	-692	17868	17365	8082	2113	594
270373	12655	156679	1274	9651	16546	61742	12953	9671
413840	**5958**	**125285**	**2219**	**85109**	**82000**	**96221**	**21572**	**9957**
259610	2158	58445	-109	74106	70492	58478	14974	5568
34894	43	13580		-43	-57	10513	2875	940
1097	87	590		626	707	667	113	60
15467	697	6318	2806	6804	6950	2853	580	422
6704	445	9864	-539	-1241	-1183	3818	67	426
25402	1382	17359		-3623	-3451	7027	416	752
70666	1147	19130	61	8481	8541	12866	2548	1789
218327	**6533**	**106423**	**2125**	**-103316**	**-98283**	**173099**	**5605**	**6631**
125384	807	52504	222	-99763	-98049	124011	742	733
29972	1894	22387	1937	1335	3901	15501	1214	1587
59903	3820	30443	-34	-5972	-5220	32838	3604	4212
3068	13	1089		1085	1085	749	45	99
736562	**18023**	**268110**	**7336**	**224497**	**218168**	**159042**	**25556**	**23635**
147257	3180	50167	12	30142	29474	26166	4379	4788
163634	5451	97090	-148	86853	79382	64049	4756	8284
210993	6251	72525	2514	77906	78219	45274	8889	7332
212071	3083	47147	4959	29977	31452	22212	7482	2983
2607	58	1181		-381	-358	1340	50	248

第5篇

服务业行政事业及非企业法人单位篇

5-1　行政事业及非企业法人单位分行业主要指标

行　业	单位数(个)	资产总计(亿元)	非企业单位支出(费用)(亿元)	从业人员期末人数(人)
总计	**146818**	**36537.1**	**14994.9**	**3257365**
交通运输、仓储和邮政业	**394**	**471.8**	**153.4**	**19301**
道路运输业	276	385.5	119.0	14690
水上运输业	79	85.1	33.6	4333
航空运输业	3			11
管道运输业				
多式联运和运输代理业	5		0.1	125
装卸搬运和仓储业	19	1.1	0.6	94
邮政业	12	0.1	0.1	48
信息传输、软件和信息技术服务业	**569**	**94.7**	**24.3**	**6482**
电信、广播电视和卫星传输服务	337	80.2	15.6	4644
互联网和相关服务	70	3.3	2.1	410
软件和信息技术服务业	162	11.2	6.6	1428
房地产业	**274**	**430.9**	**22.2**	**3737**
物业管理	133	7.3	6.1	1557
房地产中介服务	28	14.9	2.1	589
房地产租赁经营	56	202.1	6.8	601
其他房地产业	57	206.6	7.2	990
租赁和商务服务业	**5554**	**865.2**	**114.7**	**37758**
租赁业	27	2.4	0.5	203
机械设备经营租赁	13	1.5	0.2	85
文体设备和用品出租	13	0.5	0.3	93
日用品出租	1			
商务服务业	5527	862.9	114.2	37555
组织管理服务	1179	649.1	43.6	12018
综合管理服务	186	70.3	9.1	1629
法律服务	2040	9.8	7.9	5360
咨询与调查	961	62.6	18.0	5294
广告业	22	10.9	1.4	741
人力资源服务	628	39.0	20.1	5751
安全保护服务	167	2.4	3.7	3979
会议、展览及相关服务	128	7.0	4.2	729
其他商务服务业	216	11.8	6.1	2054
科学研究和技术服务业	**4839**	**1569.3**	**620.1**	**68261**
研究和试验发展	475	197.9	75.2	12178
专业技术服务业	2566	1248.6	495.7	40561
科技推广和应用服务业	1798	122.8	49.1	15522
水利、环境和公共设施管理业	**2691**	**1217.4**	**248.1**	**80986**
水利管理业	1497	535.0	76.7	19789

注：根据数据保密相关规定，行业单位数量小于3个，未列出数据，导致总计与分项之和不等。不含铁路运输业、金融业、房地产开发经营。

5-1 续表 1

行　业	单位数(个)	资产总计(亿元)	非企业单位支出(费用)(亿元)	从业人员期末人数(人)
防洪除涝设施管理	394	208.1	21.1	5549
水资源管理	461	101.5	18.5	4886
天然水收集与分配	85	19.2	2.0	906
水文服务	12	4.7	1.6	423
其他水利管理业	545	201.4	33.5	8025
生态保护和环境治理业	83	26.1	5.8	2029
生态保护	47	14.1	2.6	1245
环境治理业	36	12.0	3.2	784
公共设施管理业	1009	471.4	161.3	58145
市政设施管理	202	136.9	45.2	4421
环境卫生管理	358	61.1	66.0	38650
城乡市容管理	124	6.8	7.8	4190
绿化管理	111	34.1	15.6	2048
城市公园管理	89	28.9	14.2	5145
游览景区管理	125	203.6	12.5	3691
土地管理业	102	184.9	4.3	1023
土地整治服务	15	2.3	0.2	120
土地调查评估服务	12	0.3	0.1	40
土地登记服务	12	4.4	2.0	445
土地登记代理服务	8	51.1	0.5	130
其他土地管理服务	55	126.8	1.4	288
居民服务、修理和其他服务业	**5257**	**126.8**	**37.0**	**19301**
居民服务业	4791	103.6	31.3	16690
机动车、电子产品和日用产品修理业	40	1.5	0.3	231
其他服务业	426	21.7	5.3	2380
教育	**15366**	**6530.4**	**2765.4**	**1073783**
学前教育	4411	267.3	192.0	164403
初等教育	3087	919.4	638.0	313540
中等教育	2848	1958.8	920.7	381454
高等教育	234	2907.3	863.4	160921
特殊教育	156	21.0	12.7	4795
技能培训、教育辅助及其他教育	4630	456.7	138.7	48670
卫生和社会工作	**22674**	**3390.0**	**2594.0**	**580522**
卫生	5244	3209.2	2505.8	514816
医院	891	2345.4	1811.9	320823
基层医疗卫生服务	2979	522.6	447.3	141736
专业公共卫生服务	1268	288.8	199.1	43425
其他卫生活动	106	52.3	47.5	8832
社会工作	17430	180.8	88.2	65706
提供住宿社会工作	8603	152.0	72.0	43058
不提供住宿社会工作	8827	28.9	16.2	22648

5-1　续表 2

行　业	单位数(个)	资产总计(亿元)	非企业单位支出(费用)(亿元)	从业人员期末人数(人)
文化、体育和娱乐业	**6963**	**434.4**	**133.3**	**52972**
新闻和出版业	149	28.9	11.5	3265
新闻业	67	8.1	3.6	1510
出版业	82	20.9	8.0	1755
广播、电视、电影和录音制作业	160	64.6	14.8	6760
广播	47	20.6	5.4	1812
电视	40	34.1	7.5	4058
影视节目制作	9	0.6	0.5	164
广播电视集成播控	15	2.7	1.1	452
电影和广播电视节目发行	5	6.0		12
电影放映	34	0.6	0.3	182
录音制作	10			80
文化艺术业	5067	250.0	82.4	34788
文艺创作与表演	782	13.5	8.9	7285
艺术表演场馆	26	1.9	0.7	265
图书馆与档案馆	346	63.1	24.5	5777
文物及非物质文化遗产保护	125	17.5	4.7	1245
博物馆	232	65.2	14.4	4169
烈士陵园、纪念馆	97	22.9	4.5	1264
群众文体活动	3055	48.9	19.0	12258
其他文化艺术业	404	17.1	5.7	2525
体育	976	55.8	11.2	5069
体育组织	492	31.7	6.7	2702
体育场地设施管理	65	17.4	2.3	629
健身休闲活动	385	6.3	1.9	1539
其他体育	34	0.4	0.4	199
娱乐业	611	35.0	13.3	3090
室内娱乐活动	118	0.3	0.2	366
游乐园	1			
休闲观光活动	19		0.1	50
彩票活动	81	27.6	10.3	1155
文化体育娱乐活动与经纪代理服务	375	6.8	2.7	1463
其他娱乐业	17	0.2		53
公共管理、社会保障和社会组织	**82237**	**21406.2**	**8282.4**	**1314262**
中国共产党机关	1567	477.9	279.4	38263
国家机构	20631	17033.1	7360.6	907619
人民政协、民主党派	271	7.1	18.6	4466
社会保障	463	20.0	78.1	7361
群众团体、社会团体和其他成员组织	36805	659.1	173.8	149780
基层群众自治组织	22500	3209.0	372.0	206773

5-2 交通运输、仓储和邮政业行政事业及非企业法人单位分地区主要指标

地 区	单位数(个)	资产总计(亿元)	非企业单位支出(费用)(亿元)	从业人员期末人数(人)
总 计	**394**	**471.8**	**153.4**	**19301**
南 京	32	246.2	83.5	7217
无 锡	29	35.5	7.7	883
徐 州	45	31.0	12.0	2007
常 州	14	11.8	5.1	438
苏 州	41	28.9	14.1	1169
南 通	35	9.0	1.7	770
连云港	19	5.1	3.1	711
淮 安	37	39.1	7.0	2584
盐 城	42	30.7	4.5	1039
扬 州	42	14.3	5.2	1011
镇 江	17	8.8	1.3	449
泰 州	22	5.2	7.4	595
宿 迁	19	6.4	0.7	428

注：不含铁路运输业。

5-3　信息传输、软件和信息技术服务业行政事业及非企业法人单位分地区主要指标

地　区	单位数 (个)	资产总计 (亿元)	非企业单位 支出(费用) (亿元)	从业人员 期末人数 (人)
总　计	**569**	**94.7**	**24.3**	**6482**
南　京	40	7.0	4.8	837
无　锡	34	24.8	5.7	593
徐　州	75	13.8	3.6	1795
常　州	15	0.4	0.2	48
苏　州	45	4.5	3.2	449
南　通	50	26.2	2.8	816
连云港	38	1.3	0.3	132
淮　安	75	1.8	0.9	522
盐　城	52	3.6	1.4	604
扬　州	43	5.3	0.5	165
镇　江	17	3.4	0.7	308
泰　州	69	2.5	0.2	168
宿　迁	16		0.1	45

5-4 租赁和商务服务业行政事业及非企业法人单位分地区主要指标

地 区	单位数(个)	资产总计(亿元)	非企业单位支出(费用)(亿元)	从业人员期末人数(人)
总 计	**5554**	**865.2**	**114.7**	**37758**
南 京	654	62.1	19.7	4395
无 锡	414	307.6	18.8	4945
徐 州	448	12.6	7.8	2768
常 州	190	48.7	4.0	1253
苏 州	481	44.1	15.9	4324
南 通	392	15.4	5.2	4492
连云港	191	6.0	2.6	1515
淮 安	503	43.6	6.9	2794
盐 城	1017	41.6	11.0	3494
扬 州	561	166.0	12.5	2700
镇 江	222	24.4	4.0	2601
泰 州	286	90.4	4.4	1724
宿 迁	195	2.7	2.0	753

5-5　科学研究和技术服务业行政事业及非企业法人单位分地区主要指标

地　区	单位数 (个)	资产总计 (亿元)	非企业单位 支出(费用) (亿元)	从业人员 期末人数 (人)
总　计	**4839**	**1569.3**	**620.1**	**68261**
南　京	455	419.6	397.0	20303
无　锡	275	430.5	46.5	4301
徐　州	557	44.3	15.0	5363
常　州	253	46.9	14.1	2856
苏　州	449	284.9	52.5	7321
南　通	394	28.5	13.6	4686
连云港	270	131.3	23.3	2324
淮　安	406	14.0	8.2	3157
盐　城	502	29.0	12.4	5056
扬　州	364	78.0	14.2	4635
镇　江	257	26.1	8.7	3462
泰　州	365	27.6	9.9	3161
宿　迁	292	8.7	4.7	1636

5-6 水利、环境和公共设施管理业行政事业及非企业法人单位分地区主要指标

地 区	单位数 (个)	资产总计 (亿元)	非企业单位 支出(费用) (亿元)	从业人员 期末人数 (人)
总 计	**2691**	**1217.4**	**248.1**	**80986**
南 京	233	189.5	35.7	6996
无 锡	136	76.2	21.1	6053
徐 州	286	115.1	20.2	6204
常 州	103	50.5	20.8	4189
苏 州	279	84.5	53.3	13813
南 通	163	22.7	12.4	6216
连云港	175	115.1	10.4	9623
淮 安	226	154.2	10.3	6576
盐 城	294	110.3	13.3	5684
扬 州	208	57.9	20.5	4235
镇 江	155	135.6	12.9	3878
泰 州	197	75.7	11.0	4397
宿 迁	236	30.1	6.2	3122

5-7　居民服务、修理和其他服务业行政事业及非企业法人单位分地区主要指标

地　区	单位数(个)	资产总计(亿元)	非企业单位支出(费用)(亿元)	从业人员期末人数(人)
总　计	**5257**	**126.8**	**37.0**	**19301**
南　京	1297	23.7	6.3	3313
无　锡	651	26.8	7.5	3672
徐　州	338	12.2	3.0	1084
常　州	175	3.6	0.8	423
苏　州	846	18.4	5.7	3150
南　通	640	9.3	3.2	2071
连云港	61	1.7	1.0	454
淮　安	212	4.9	1.9	1013
盐　城	198	9.0	1.4	898
扬　州	279	5.9	1.5	928
镇　江	164	4.2	2.0	950
泰　州	97	4.9	1.4	471
宿　迁	299	2.3	1.2	874

5-8 教育行政事业及非企业法人单位分地区主要指标

地 区	单位数 (个)	资产总计 (亿元)	非企业单位 支出(费用) (亿元)	从业人员 期末人数 (人)
总 计	**15366**	**6530.4**	**2765.4**	**1073783**
南 京	1926	1907.6	732.3	175917
无 锡	1267	488.9	247.7	92860
徐 州	1601	516.7	240.5	123011
常 州	918	438.3	164.1	63122
苏 州	1972	696.4	395.8	146648
南 通	1458	454.2	176.7	77286
连云港	736	207.1	99.1	54731
淮 安	896	272.8	108.9	59010
盐 城	1336	286.1	163.7	79532
扬 州	862	421.5	142.1	54376
镇 江	684	422.7	115.0	41327
泰 州	929	238.9	101.4	51563
宿 迁	781	179.2	78.2	54400

5-9　卫生和社会工作行政事业及非企业法人单位分地区主要指标

地　区	单位数(个)	资产总计(亿元)	非企业单位支出(费用)(亿元)	从业人员期末人数(人)
总　计	**22674**	**3390.0**	**2594.0**	**580522**
南　京	4108	514.6	534.2	83140
无　锡	1568	302.3	265.0	52928
徐　州	1543	394.6	253.4	65996
常　州	576	229.0	166.6	36710
苏　州	2280	378.6	417.1	82237
南　通	3028	306.2	203.8	50181
连云港	1050	136.1	82.8	25641
淮　安	1207	204.1	102.2	31394
盐　城	2425	248.5	164.6	40467
扬　州	1593	191.2	118.1	27946
镇　江	750	144.4	92.8	23876
泰　州	1067	217.4	134.2	34890
宿　迁	1479	122.9	59.1	25116

5-10 文化、体育和娱乐业行政事业及非企业法人单位分地区主要指标

地 区	单位数(个)	资产总计(亿元)	非企业单位支出(费用)(亿元)	从业人员期末人数(人)
总 计	**6963**	**434.4**	**133.3**	**52972**
南 京	1499	128.0	39.4	12050
无 锡	555	38.7	7.7	3986
徐 州	567	25.1	5.3	3213
常 州	263	23.0	5.9	2691
苏 州	944	86.7	26.3	6840
南 通	536	25.3	8.7	4372
连云港	204	6.7	3.0	1215
淮 安	323	24.7	5.1	3392
盐 城	516	19.3	9.0	4082
扬 州	442	13.0	6.3	2770
镇 江	391	22.3	6.9	2970
泰 州	393	16.4	7.1	3109
宿 迁	330	5.3	2.7	2282

5-11　公共管理、社会保障和社会组织行政事业及非企业法人单位分地区主要指标

地　区	单位数(个)	资产总计(亿元)	非企业单位支出(费用)(亿元)	从业人员期末人数(人)
总　计	**82237**	**21406.2**	**8282.4**	**1314262**
南　京	6209	4990.4	1954.2	186422
无　锡	5053	2327.7	789.0	110514
徐　州	8483	1759.8	861.4	137827
常　州	5735	935.9	492.2	75149
苏　州	7779	2507.5	1668.1	159030
南　通	6241	932.8	462.5	98866
连云港	4691	478.2	318.4	70395
淮　安	7368	806.0	239.3	87770
盐　城	9583	1338.2	411.7	108242
扬　州	5947	2358.4	291.7	72511
镇　江	3901	981.9	283.5	65728
泰　州	6120	1540.1	284.2	70476
宿　迁	5127	449.5	226.2	71332

第6篇

企业信息化和电子商务交易情况篇

6-1 分行业企业使用计算机情况

行业	企业数（个）	使用计算机的企业		期末在用计算机数（台）	每百人拥有计算机数（台）
		数量（个）	比重（%）		
总计	**103460**	**103067**	**99.6**	**4990547**	**24**
采矿业	**43**	**43**	**100.0**	**20063**	**31**
煤炭开采和洗选业	6	6	100.0	13229	28
石油和天然气开采业	2	2	100.0	4949	61
黑色金属矿采选业	6	6	100.0	305	11
有色金属矿采选业	3	3	100.0	222	25
非金属矿采选业	26	26	100.0	1358	25
开采专业及辅助性活动					
其他采矿业					
制造业	**45022**	**44945**	**99.8**	**2549612**	**28**
农副食品加工业	1305	1296	99.3	21992	16
食品制造业	420	419	99.8	17296	22
酒、饮料和精制茶制造业	151	150	99.3	16282	24
烟草制品业	6	6	100.0	1938	33
纺织业	4253	4243	99.8	81007	13
纺织服装、服饰业	1920	1918	99.9	77657	15
皮革、毛皮、羽毛及其制品和制鞋业	455	453	99.6	7708	9
木材加工和木、竹、藤、棕、草制品业	950	947	99.7	9595	11
家具制造业	316	316	100.0	11044	18
造纸和纸制品业	540	540	100.0	23360	27
印刷和记录媒介复制业	629	628	99.8	22871	24
文教、工美、体育和娱乐用品制造业	1218	1216	99.8	33686	16
石油、煤炭及其他燃料加工业	133	133	100.0	10696	38
化学原料和化学制品制造业	2868	2864	99.9	143336	33
医药制造业	635	635	100.0	80757	41
化学纤维制造业	693	691	99.7	23040	16
橡胶和塑料制品业	2358	2354	99.8	83165	23
非金属矿物制品业	2607	2599	99.7	59448	20
黑色金属冶炼和压延加工业	823	821	99.8	52880	23
有色金属冶炼和压延加工业	1008	1008	100.0	27164	22
金属制品业	3478	3474	99.9	106239	21
通用设备制造业	4422	4418	99.9	244784	33
专用设备制造业	3272	3269	99.9	189648	35

6-1　续表 1

行　业	企业数(个)	使用计算机的企业		期末在用计算机数(台)	每百人拥有计算机数(台)
		数量(个)	比重(%)		
汽车制造业	2044	2040	99.8	172330	34
铁路、船舶、航空航天和其他运输设备制造业	801	799	99.8	67635	28
电气机械和器材制造业	4056	4049	99.8	298969	32
计算机、通信和其他电子设备制造业	2546	2545	100.0	571677	36
仪器仪表制造业	839	838	99.9	86699	51
其他制造业	132	132	100.0	3114	14
废弃资源综合利用业	130	130	100.0	2502	25
金属制品、机械和设备修理业	14	14	100.0	1093	62
电力、热力、燃气及水生产和供应业	**679**	**676**	**99.6**	**108873**	**75**
电力、热力生产和供应业	404	401	99.3	83202	87
燃气生产和供应业	117	117	100.0	9560	57
水的生产和供应业	158	158	100.0	16111	49
建筑业	**10095**	**10045**	**99.5**	**457595**	**6**
房屋建筑业	4242	4219	99.5	239674	4
土木工程建筑业	2387	2377	99.6	106148	13
建筑安装业	1561	1558	99.8	63130	16
建筑装饰、装修和其他建筑业	1905	1891	99.3	48643	13
批发和零售业	**21823**	**21728**	**99.6**	**488136**	**51**
批发业	13515	13444	99.5	254684	56
零售业	8308	8284	99.7	233452	46
交通运输、仓储和邮政业	**4514**	**4493**	**99.5**	**171820**	**30**
铁路运输业	5	5	100.0	252	74
道路运输业	2753	2743	99.6	74971	23
水上运输业	474	473	99.8	18840	23
航空运输业	17	16	94.1	8199	56
管道运输业	11	11	100.0	3673	46
多式联运和运输代理业	563	561	99.6	21382	66
装卸搬运和仓储业	544	537	98.7	16545	30
邮政业	147	147	100.0	27958	47
住宿和餐饮业	**2861**	**2857**	**99.9**	**59316**	**20**
住宿业	1063	1063	100.0	30572	30
餐饮业	1798	1794	99.8	28744	15

6-1 续表 2

行业	企业数(个)	使用计算机的企业		期末在用计算机数(台)	每百人拥有计算机数(台)
		数量(个)	比重(%)		
信息传输、软件和信息技术服务业	**1728**	**1721**	**99.6**	**497379**	**116**
电信、广播电视和卫星传输服务	131	131	100.0	183873	147
互联网和相关服务	303	302	99.7	78196	93
软件和信息技术服务业	1294	1288	99.5	235310	108
房地产业	**7915**	**7809**	**98.7**	**171520**	**35**
房地产业	7915	7809	98.7	171520	35
租赁和商务服务业	**3194**	**3183**	**99.7**	**113324**	**20**
租赁业	163	162	99.4	4922	32
商务服务业	3031	3021	99.7	108402	20
科学研究和技术服务业	**2585**	**2574**	**99.6**	**182022**	**65**
研究和试验发展	347	344	99.1	26103	86
专业技术服务业	1875	1867	99.6	142311	63
科技推广和应用服务业	363	363	100.0	13608	58
水利、环境和公共设施管理业	**645**	**640**	**99.2**	**21496**	**23**
水利管理业	14	14	100.0	626	53
生态保护和环境治理业	79	79	100.0	1857	40
公共设施管理业	515	512	99.4	17379	20
土地管理业	37	35	94.6	1634	91
居民服务、修理和其他服务业	**501**	**501**	**100.0**	**12011**	**21**
居民服务业	167	167	100.0	3352	23
机动车、电子产品和日用产品修理业	226	226	100.0	7203	51
其他服务业	108	108	100.0	1456	5
教育	**413**	**412**	**99.8**	**50641**	**96**
教育	413	412	99.8	50641	96
卫生和社会工作	**437**	**436**	**99.8**	**47730**	**59**
卫生	412	411	99.8	46938	60
社会工作	25	25	100.0	792	29
文化、体育和娱乐业	**1005**	**1004**	**99.9**	**39009**	**56**
新闻和出版业	84	84	100.0	10690	93
广播、电视、电影和录音制作业	352	352	100.0	13460	70
文化艺术业	179	179	100.0	4262	44
体育	70	70	100.0	2236	34
娱乐业	320	319	99.7	8361	36

6-2　分地区企业使用计算机情况

地　区	企业数(个)	使用计算机的企业		期末在用计算机数(台)	每百人拥有计算机数(台)
		数量(个)	比重(%)		
总　计	**103460**	**103067**	**99.6**	**4990547**	**24**
南　京	11727	11681	99.6	1079465	42
无　锡	11219	11188	99.7	579501	34
徐　州	6647	6607	99.4	164434	15
常　州	9754	9714	99.6	373100	24
苏　州	19542	19484	99.7	1462182	37
南　通	10929	10887	99.6	350527	13
连云港	2538	2523	99.4	114855	20
淮　安	5025	4996	99.4	115494	13
盐　城	7112	7073	99.5	151837	14
扬　州	5949	5939	99.8	205050	13
镇　江	3997	3977	99.5	150943	25
泰　州	5863	5853	99.8	154018	10
宿　迁	3158	3145	99.6	89141	14

6-3 分行业企业

行业	企业数(个)	使用信息化管理的企业		财务管理		购销存管理	
		数量(个)	比重(%)	数量(个)	占使用信息化管理企业比重(%)	数量(个)	占使用信息化管理企业比重(%)
总计	**103460**	**100359**	**97.0**	**90180**	**89.9**	**50861**	**50.7**
采矿业	**43**	**43**	**100.0**	**40**	**93.0**	**23**	**53.5**
煤炭开采和洗选业	6	6	100.0	5	83.3	2	33.3
石油和天然气开采业	2	2	100.0	2	100.0	2	100.0
黑色金属矿采选业	6	6	100.0	6	100.0	4	66.7
有色金属矿采选业	3	3	100.0	3	100.0	3	100.0
非金属矿采选业	26	26	100.0	24	92.3	12	46.2
开采专业及辅助性活动							
其他采矿业							
制造业	**45022**	**44088**	**97.9**	**40363**	**91.6**	**27327**	**62.0**
农副食品加工业	1305	1276	97.8	1129	88.5	754	59.1
食品制造业	420	409	97.4	381	93.2	293	71.6
酒、饮料和精制茶制造业	151	149	98.7	140	94.0	107	71.8
烟草制品业	6	6	100.0	6	100.0	6	100.0
纺织业	4253	4129	97.1	3723	90.2	2017	48.8
纺织服装、服饰业	1920	1880	97.9	1691	89.9	877	46.6
皮革、毛皮、羽毛及其制品和制鞋业	455	444	97.6	390	87.8	201	45.3
木材加工和木、竹、藤、棕、草制品业	950	929	97.8	794	85.5	416	44.8
家具制造业	316	308	97.5	274	89.0	190	61.7
造纸和纸制品业	540	529	98.0	484	91.5	353	66.7
印刷和记录媒介复制业	629	613	97.5	566	92.3	401	65.4
文教、工美、体育和娱乐用品制造业	1218	1198	98.4	1066	89.0	606	50.6
石油、煤炭及其他燃料加工业	133	130	97.7	121	93.1	80	61.5
化学原料和化学制品制造业	2868	2839	99.0	2665	93.9	1848	65.1
医药制造业	635	627	98.7	604	96.3	484	77.2
化学纤维制造业	693	671	96.8	620	92.4	350	52.2
橡胶和塑料制品业	2358	2309	97.9	2115	91.6	1441	62.4
非金属矿物制品业	2607	2543	97.5	2309	90.8	1389	54.6
黑色金属冶炼和压延加工业	823	806	97.9	740	91.8	471	58.4
有色金属冶炼和压延加工业	1008	981	97.3	898	91.5	567	57.8
金属制品业	3478	3394	97.6	3077	90.7	1963	57.8
通用设备制造业	4422	4338	98.1	3966	91.4	2911	67.1
专用设备制造业	3272	3214	98.2	2973	92.5	2152	67.0

信息化管理情况

生产制造管理		物流配送管理		客户关系管理		人力资源管理		其他	
数量（个）	占使用信息化管理企业比重（%）	数量（个）	占使用信息化管理企业比重（%）	数量（个）	占使用信息化管理企业比重（%）	数量（个）	占使用信息化管理企业比重（%）	数量（个）	占使用信息化管理企业比重（%）
24753	**24.7**	**12279**	**12.2**	**36509**	**36.4**	**34433**	**34.3**	**18257**	**18.2**
21	**48.8**	**7**	**16.3**	**11**	**25.6**	**23**	**53.5**	**10**	**23.3**
2	33.3	2	33.3	1	16.7	4	66.7	1	16.7
2	100.0					2	100.0	1	50.0
2	33.3	2	33.3	2	33.3	3	50.0	3	50.0
3	100.0	1	33.3			2	66.7		
12	46.2	2	7.7	8	30.8	12	46.2	5	19.2
19646	**44.6**	**6875**	**15.6**	**16631**	**37.7**	**15693**	**35.6**	**5964**	**13.5**
474	37.1	195	15.3	494	38.7	385	30.2	189	14.8
215	52.6	112	27.4	163	39.9	168	41.1	49	12.0
74	49.7	48	32.2	74	49.7	76	51.0	30	20.1
6	100.0	4	66.7	4	66.7	6	100.0	1	16.7
1336	32.4	303	7.3	1330	32.2	1004	24.3	527	12.8
708	37.7	184	9.8	655	34.8	662	35.2	244	13.0
116	26.1	35	7.9	174	39.2	125	28.2	61	13.7
227	24.4	81	8.7	294	31.6	203	21.9	149	16.0
105	34.1	38	12.3	112	36.4	94	30.5	36	11.7
267	50.5	125	23.6	200	37.8	177	33.5	69	13.0
317	51.7	116	18.9	227	37.0	218	35.6	86	14.0
380	31.7	132	11.0	470	39.2	349	29.1	161	13.4
46	35.4	26	20.0	45	34.6	44	33.8	12	9.2
1320	46.5	581	20.5	1112	39.2	1104	38.9	425	15.0
338	53.9	159	25.4	248	39.6	277	44.2	93	14.8
202	30.1	65	9.7	200	29.8	160	23.8	90	13.4
1022	44.3	384	16.6	924	40.0	799	34.6	324	14.0
1138	44.8	367	14.4	869	34.2	816	32.1	353	13.9
278	34.5	96	11.9	264	32.8	217	26.9	86	10.7
323	32.9	99	10.1	328	33.4	272	27.7	122	12.4
1389	40.9	439	12.9	1289	38.0	1102	32.5	489	14.4
2102	48.5	668	15.4	1667	38.4	1592	36.7	596	13.7
1474	45.9	470	14.6	1266	39.4	1245	38.7	402	12.5

6-3 续表 1

行 业	企业数(个)	使用信息化管理的企业		财务管理		购销存管理	
		数量(个)	比重(%)	数量(个)	占使用信息化管理企业比重(%)	数量(个)	占使用信息化管理企业比重(%)
汽车制造业	2044	2001	97.9	1857	92.8	1479	73.9
铁路、船舶、航空航天和其他运输设备制造业	801	781	97.5	714	91.4	483	61.8
电气机械和器材制造业	4056	3973	98.0	3667	92.3	2762	69.5
计算机、通信和其他电子设备制造业	2546	2513	98.7	2367	94.2	1957	77.9
仪器仪表制造业	839	826	98.5	768	93.0	622	75.3
其他制造业	132	130	98.5	122	93.8	65	50.0
废弃资源综合利用业	130	129	99.2	123	95.3	73	56.6
金属制品、机械和设备修理业	14	13	92.9	13	100.0	9	69.2
电力、热力、燃气及水生产和供应业	**679**	**671**	**98.8**	**636**	**94.8**	**400**	**59.6**
电力、热力生产和供应业	404	400	99.0	375	93.8	239	59.8
燃气生产和供应业	117	115	98.3	111	96.5	78	67.8
水的生产和供应业	158	156	98.7	150	96.2	83	53.2
建筑业	**10095**	**9781**	**96.9**	**8745**	**89.4**	**2818**	**28.8**
房屋建筑业	4242	4116	97.0	3674	89.3	1088	26.4
土木工程建筑业	2387	2324	97.4	2125	91.4	632	27.2
建筑安装业	1561	1518	97.2	1368	90.1	557	36.7
建筑装饰、装修和其他建筑业	1905	1823	95.7	1578	86.6	541	29.7
批发和零售业	**21823**	**20725**	**95.0**	**17913**	**86.4**	**12093**	**58.3**
批发业	13515	12716	94.1	11215	88.2	6828	53.7
零售业	8308	8009	96.4	6698	83.6	5265	65.7
交通运输、仓储和邮政业	**4514**	**4380**	**97.0**	**3837**	**87.6**	**1065**	**24.3**
铁路运输业	5	5	100.0	5	100.0		
道路运输业	2753	2666	96.8	2287	85.8	541	20.3
水上运输业	474	468	98.7	411	87.8	120	25.6
航空运输业	17	16	94.1	16	100.0	9	56.3
管道运输业	11	11	100.0	11	100.0	4	36.4
多式联运和运输代理业	563	547	97.2	508	92.9	123	22.5
装卸搬运和仓储业	544	522	96.0	476	91.2	218	41.8
邮政业	147	145	98.6	123	84.8	50	34.5
住宿和餐饮业	**2861**	**2764**	**96.6**	**2374**	**85.9**	**1385**	**50.1**
住宿业	1063	1045	98.3	936	89.6	544	52.1
餐饮业	1798	1719	95.6	1438	83.7	841	48.9

生产制造管理		物流配送管理		客户关系管理		人力资源管理		其他	
数量（个）	占使用信息化管理企业比重（%）	数量（个）	占使用信息化管理企业比重（%）	数量（个）	占使用信息化管理企业比重（%）	数量（个）	占使用信息化管理企业比重（%）	数量（个）	占使用信息化管理企业比重（%）
1179	58.9	568	28.4	802	40.1	886	44.3	276	13.8
348	44.6	117	15.0	283	36.2	313	40.1	92	11.8
1995	50.2	702	17.7	1612	40.6	1577	39.7	547	13.8
1692	67.3	560	22.3	1081	43.0	1345	53.5	325	12.9
482	58.4	178	21.5	361	43.7	398	48.2	97	11.7
44	33.8	14	10.8	45	34.6	36	27.7	14	10.8
44	34.1	8	6.2	36	27.9	40	31.0	16	12.4
5	38.5	1	7.7	2	15.4	3	23.1	3	23.1
344	**51.3**	**46**	**6.9**	**188**	**28.0**	**392**	**58.4**	**124**	**18.5**
229	57.3	34	8.5	97	24.3	238	59.5	68	17.0
31	27.0	10	8.7	49	42.6	77	67.0	26	22.6
84	53.8	2	1.3	42	26.9	77	49.4	30	19.2
1326	**13.6**	**396**	**4.0**	**3285**	**33.6**	**4169**	**42.6**	**3186**	**32.6**
576	14.0	153	3.7	1386	33.7	1734	42.1	1422	34.5
317	13.6	90	3.9	711	30.6	1063	45.7	755	32.5
205	13.5	75	4.9	557	36.7	667	43.9	438	28.9
228	12.5	78	4.3	631	34.6	705	38.7	571	31.3
1279	**6.2**	**2655**	**12.8**	**7314**	**35.3**	**4302**	**20.8**	**3247**	**15.7**
685	5.4	1390	10.9	4015	31.6	2143	16.9	1875	14.7
594	7.4	1265	15.8	3299	41.2	2159	27.0	1372	17.1
320	**7.3**	**1472**	**33.6**	**1465**	**33.4**	**1279**	**29.2**	**869**	**19.8**
1	20.0					3	60.0		
159	6.0	993	37.2	840	31.5	683	25.6	495	18.6
57	12.2	79	16.9	159	34.0	147	31.4	98	20.9
4	25.0	2	12.5	3	18.8	10	62.5	2	12.5
1	9.1			1	9.1	4	36.4	3	27.3
19	3.5	167	30.5	221	40.4	157	28.7	130	23.8
61	11.7	137	26.2	170	32.6	202	38.7	117	22.4
18	12.4	94	64.8	71	49.0	73	50.3	24	16.6
185	**6.7**	**166**	**6.0**	**1042**	**37.7**	**940**	**34.0**	**607**	**22.0**
68	6.5	40	3.8	517	49.5	465	44.5	253	24.2
117	6.8	126	7.3	525	30.5	475	27.6	354	20.6

6-3 续表 2

行业	企业数(个)	使用信息化管理的企业		财务管理		购销存管理	
		数量(个)	比重(%)	数量(个)	占使用信息化管理企业比重(%)	数量(个)	占使用信息化管理企业比重(%)
信息传输、软件和信息技术服务业	**1728**	**1697**	**98.2**	**1578**	**93.0**	**793**	**46.7**
电信、广播电视和卫星传输服务	131	131	100.0	126	96.2	86	65.6
互联网和相关服务	303	300	99.0	272	90.7	119	39.7
软件和信息技术服务业	1294	1266	97.8	1180	93.2	588	46.4
房地产业	**7915**	**7683**	**97.1**	**7145**	**93.0**	**2315**	**30.1**
房地产业	7915	7683	97.1	7145	93.0	2315	30.1
租赁和商务服务业	**3194**	**3068**	**96.1**	**2720**	**88.7**	**628**	**20.5**
租赁业	163	158	96.9	145	91.8	52	32.9
商务服务业	3031	2910	96.0	2575	88.5	576	19.8
科学研究和技术服务业	**2585**	**2521**	**97.5**	**2290**	**90.8**	**820**	**32.5**
研究和试验发展	347	341	98.3	321	94.1	199	58.4
专业技术服务业	1875	1827	97.4	1646	90.1	470	25.7
科技推广和应用服务业	363	353	97.2	323	91.5	151	42.8
水利、环境和公共设施管理业	**645**	**623**	**96.6**	**564**	**90.5**	**216**	**34.7**
水利管理业	14	14	100.0	13	92.9	2	14.3
生态保护和环境治理业	79	78	98.7	73	93.6	38	48.7
公共设施管理业	515	497	96.5	446	89.7	166	33.4
土地管理业	37	34	91.9	32	94.1	10	29.4
居民服务、修理和其他服务业	**501**	**490**	**97.8**	**419**	**85.5**	**189**	**38.6**
居民服务业	167	164	98.2	134	81.7	57	34.8
机动车、电子产品和日用产品修理业	226	220	97.3	187	85.0	112	50.9
其他服务业	108	106	98.1	98	92.5	20	18.9
教育	**413**	**407**	**98.5**	**333**	**81.8**	**57**	**14.0**
教育	413	407	98.5	333	81.8	57	14.0
卫生和社会工作	**437**	**433**	**99.1**	**398**	**91.9**	**282**	**65.1**
卫生	412	408	99.0	375	91.9	272	66.7
社会工作	25	25	100.0	23	92.0	10	40.0
文化、体育和娱乐业	**1005**	**985**	**98.0**	**825**	**83.8**	**450**	**45.7**
新闻和出版业	84	84	100.0	82	97.6	41	48.8
广播、电视、电影和录音制作业	352	345	98.0	295	85.5	182	52.8
文化艺术业	179	176	98.3	115	65.3	83	47.2
体育	70	70	100.0	66	94.3	28	40.0
娱乐业	320	310	96.9	267	86.1	116	37.4

生产制造管理		物流配送管理		客户关系管理		人力资源管理		其他	
数量（个）	占使用信息化管理企业比重（%）	数量（个）	占使用信息化管理企业比重（%）	数量（个）	占使用信息化管理企业比重（%）	数量（个）	占使用信息化管理企业比重（%）	数量（个）	占使用信息化管理企业比重（%）
278	**16.4**	**179**	**10.5**	**801**	**47.2**	**914**	**53.9**	**349**	**20.6**
25	19.1	30	22.9	71	54.2	88	67.2	30	22.9
43	14.3	31	10.3	141	47.0	160	53.3	78	26.0
210	16.6	118	9.3	589	46.5	666	52.6	241	19.0
476	**6.2**	**113**	**1.5**	**2701**	**35.2**	**3057**	**39.8**	**1704**	**22.2**
476	6.2	113	1.5	2701	35.2	3057	39.8	1704	22.2
145	**4.7**	**102**	**3.3**	**1173**	**38.2**	**1360**	**44.3**	**721**	**23.5**
11	7.0	15	9.5	62	39.2	50	31.6	34	21.5
134	4.6	87	3.0	1111	38.2	1310	45.0	687	23.6
434	**17.2**	**143**	**5.7**	**871**	**34.5**	**1057**	**41.9**	**717**	**28.4**
87	25.5	36	10.6	140	41.1	127	37.2	60	17.6
293	16.0	75	4.1	613	33.6	832	45.5	591	32.3
54	15.3	32	9.1	118	33.4	98	27.8	66	18.7
70	**11.2**	**29**	**4.7**	**188**	**30.2**	**262**	**42.1**	**158**	**25.4**
2	14.3			2	14.3	7	50.0	1	7.1
32	41.0	6	7.7	27	34.6	36	46.2	12	15.4
33	6.6	19	3.8	152	30.6	206	41.4	139	28.0
3	8.8	4	11.8	7	20.6	13	38.2	6	17.6
53	**10.8**	**37**	**7.6**	**201**	**41.0**	**168**	**34.3**	**96**	**19.6**
16	9.8	11	6.7	66	40.2	59	36.0	39	23.8
35	15.9	20	9.1	98	44.5	64	29.1	39	17.7
2	1.9	6	5.7	37	34.9	45	42.5	18	17.0
11	**2.7**	**5**	**1.2**	**149**	**36.6**	**174**	**42.8**	**133**	**32.7**
11	2.7	5	1.2	149	36.6	174	42.8	133	32.7
22	**5.1**	**14**	**3.2**	**152**	**35.1**	**210**	**48.5**	**143**	**33.0**
22	5.4	14	3.4	145	35.5	199	48.8	134	32.8
				7	28.0	11	44.0	9	36.0
143	**14.5**	**40**	**4.1**	**337**	**34.2**	**433**	**44.0**	**229**	**23.2**
23	27.4	6	7.1	25	29.8	38	45.2	28	33.3
42	12.2	14	4.1	104	30.1	170	49.3	88	25.5
58	33.0	4	2.3	49	27.8	85	48.3	28	15.9
5	7.1	3	4.3	33	47.1	27	38.6	16	22.9
15	4.8	13	4.2	126	40.6	113	36.5	69	22.3

6-4 分地区企业

地区	企业数(个)	使用信息化管理的企业		财务管理		购销存管理		生产制造管理	
		数量(个)	比重(%)	数量(个)	占使用信息化管理企业比重(%)	数量(个)	占使用信息化管理企业比重(%)	数量(个)	占使用信息化管理企业比重(%)
总计	**103460**	**100359**	**97.0**	**90180**	**89.9**	**50861**	**50.7**	**24753**	**24.7**
南京	11727	11401	97.2	10258	90.0	5742	50.4	2283	20.0
无锡	11219	10754	95.9	9804	91.2	5851	54.4	3014	28.0
徐州	6647	6452	97.1	5612	87.0	2961	45.9	1020	15.8
常州	9754	9435	96.7	8597	91.1	5041	53.4	2443	25.9
苏州	19542	19048	97.5	17571	92.2	11232	59.0	6617	34.7
南通	10929	10634	97.3	9577	90.1	4828	45.4	2176	20.5
连云港	2538	2492	98.2	2262	90.8	1121	45.0	523	21.0
淮安	5025	4881	97.1	4252	87.1	2091	42.8	880	18.0
盐城	7112	6928	97.4	6174	89.1	3158	45.6	1538	22.2
扬州	5949	5766	96.9	5079	88.1	2708	47.0	1325	23.0
镇江	3997	3895	97.4	3503	89.9	2007	51.5	1018	26.1
泰州	5863	5633	96.1	4859	86.3	2693	47.8	1186	21.1
宿迁	3158	3040	96.3	2632	86.6	1428	47.0	730	24.0

信息化管理情况

物流配送管理		客户关系管理		人力资源管理		其他	
数量（个）	占使用信息化管理企业比重（%）	数量（个）	占使用信息化管理企业比重（%）	数量（个）	占使用信息化管理企业比重（%）	数量（个）	占使用信息化管理企业比重（%）
12279	**12.2**	**36509**	**36.4**	**34433**	**34.3**	**18257**	**18.2**
1490	13.1	4091	35.9	4672	41.0	2435	21.4
1346	12.5	3712	34.5	3754	34.9	1864	17.3
763	11.8	2231	34.6	1726	26.8	1041	16.1
1083	11.5	3388	35.9	2943	31.2	1679	17.8
2953	15.5	7186	37.7	7904	41.5	3153	16.6
980	9.2	3791	35.6	3200	30.1	1875	17.6
289	11.6	859	34.5	906	36.4	498	20.0
512	10.5	1860	38.1	1462	30.0	889	18.2
801	11.6	2515	36.3	2018	29.1	1195	17.2
597	10.4	2289	39.7	1847	32.0	1145	19.9
462	11.9	1433	36.8	1384	35.5	708	18.2
626	11.1	2105	37.4	1612	28.6	1135	20.1
377	12.4	1049	34.5	1005	33.1	640	21.1

6-5 分行业企业

行业	企业数(个)	使用局域网的企业	
		数量(个)	比重(%)
总计	**103460**	**78617**	**76.0**
采矿业	**43**	**38**	**88.4**
煤炭开采和洗选业	6	6	100.0
石油和天然气开采业	2	2	100.0
黑色金属矿采选业	6	4	66.7
有色金属矿采选业	3	3	100.0
非金属矿采选业	26	23	88.5
开采专业及辅助性活动			
其他采矿业			
制造业	**45022**	**37448**	**83.2**
农副食品加工业	1305	1005	77.0
食品制造业	420	368	87.6
酒、饮料和精制茶制造业	151	137	90.7
烟草制品业	6	6	100.0
纺织业	4253	3082	72.5
纺织服装、服饰业	1920	1540	80.2
皮革、毛皮、羽毛及其制品和制鞋业	455	345	75.8
木材加工和木、竹、藤、棕、草制品业	950	693	72.9
家具制造业	316	245	77.5
造纸和纸制品业	540	444	82.2
印刷和记录媒介复制业	629	525	83.5
文教、工美、体育和娱乐用品制造业	1218	961	78.9
石油、煤炭及其他燃料加工业	133	105	78.9
化学原料和化学制品制造业	2868	2496	87.0
医药制造业	635	586	92.3
化学纤维制造业	693	514	74.2
橡胶和塑料制品业	2358	1926	81.7
非金属矿物制品业	2607	2052	78.7
黑色金属冶炼和压延加工业	823	619	75.2
有色金属冶炼和压延加工业	1008	779	77.3
金属制品业	3478	2847	81.9
通用设备制造业	4422	3840	86.8
专用设备制造业	3272	2858	87.3

使用网络情况

使用互联网的企业		窄带接入		宽带接入	
数量(个)	比重(%)	数量(个)	占接入互联网企业比重(%)	数量(个)	占接入互联网企业比重(%)
102949	**99.5**	**4384**	**4.3**	**102410**	**99.5**
43	**100.0**			**43**	**100.0**
6	100.0			6	100.0
2	100.0			2	100.0
6	100.0			6	100.0
3	100.0			3	100.0
26	100.0			26	100.0
44876	**99.7**	**1891**	**4.2**	**44704**	**99.6**
1294	99.2	47	3.6	1292	99.8
419	99.8	22	5.3	419	100.0
150	99.3	12	8.0	149	99.3
6	100.0			6	100.0
4231	99.5	134	3.2	4219	99.7
1911	99.5	71	3.7	1902	99.5
452	99.3	16	3.5	451	99.8
943	99.3	35	3.7	937	99.4
316	100.0	31	9.8	302	95.6
540	100.0	17	3.1	539	99.8
628	99.8	36	5.7	626	99.7
1213	99.6	42	3.5	1208	99.6
132	99.2	3	2.3	131	99.2
2861	99.8	121	4.2	2859	99.9
634	99.8	31	4.9	632	99.7
690	99.6	26	3.8	688	99.7
2351	99.7	94	4.0	2343	99.7
2594	99.5	120	4.6	2579	99.4
822	99.9	26	3.2	818	99.5
1004	99.6	34	3.4	997	99.3
3467	99.7	129	3.7	3447	99.4
4418	99.9	218	4.9	4403	99.7
3266	99.8	161	4.9	3259	99.8

6-5 续表 1

行　业	企业数(个)	使用局域网的企业	
		数量(个)	比重(%)
汽车制造业	2044	1854	90.7
铁路、船舶、航空航天和其他运输设备制造业	801	692	86.4
电气机械和器材制造业	4056	3566	87.9
计算机、通信和其他电子设备制造业	2546	2378	93.4
仪器仪表制造业	839	768	91.5
其他制造业	132	106	80.3
废弃资源综合利用业	130	99	76.2
金属制品、机械和设备修理业	14	12	85.7
电力、热力、燃气及水生产和供应业	**679**	**599**	**88.2**
电力、热力生产和供应业	404	358	88.6
燃气生产和供应业	117	107	91.5
水的生产和供应业	158	134	84.8
建筑业	**10095**	**7127**	**70.6**
房屋建筑业	4242	2804	66.1
土木工程建筑业	2387	1714	71.8
建筑安装业	1561	1215	77.8
建筑装饰、装修和其他建筑业	1905	1394	73.2
批发和零售业	**21823**	**14193**	**65.0**
批发业	13515	8466	62.6
零售业	8308	5727	68.9
交通运输、仓储和邮政业	**4514**	**3204**	**71.0**
铁路运输业	5	5	100.0
道路运输业	2753	1859	67.5
水上运输业	474	338	71.3
航空运输业	17	15	88.2
管道运输业	11	9	81.8
多式联运和运输代理业	563	456	81.0
装卸搬运和仓储业	544	396	72.8
邮政业	147	126	85.7
住宿和餐饮业	**2861**	**2154**	**75.3**
住宿业	1063	898	84.5
餐饮业	1798	1256	69.9

使用互联网的企业		窄带接入		宽带接入	
数量（个）	比重（%）	数量（个）	占接入互联网企业比重（%）	数量（个）	占接入互联网企业比重（%）
2040	99.8	105	5.1	2034	99.7
798	99.6	31	3.9	794	99.5
4043	99.7	169	4.2	4029	99.7
2541	99.8	119	4.7	2532	99.6
837	99.8	32	3.8	834	99.6
131	99.2	4	3.1	131	100.0
130	100.0	5	3.8	130	100.0
14	100.0			14	100.0
678	**99.9**	**29**	**4.3**	**675**	**99.6**
403	99.8	16	4.0	402	99.8
117	100.0	6	5.1	116	99.1
158	100.0	7	4.4	157	99.4
10027	**99.3**	**434**	**4.3**	**10002**	**99.8**
4215	99.4	179	4.2	4206	99.8
2372	99.4	104	4.4	2366	99.7
1553	99.5	68	4.4	1551	99.9
1887	99.1	83	4.4	1879	99.6
21693	**99.4**	**835**	**3.8**	**21496**	**99.1**
13433	99.4	478	3.6	13301	99.0
8260	99.4	357	4.3	8195	99.2
4494	**99.6**	**192**	**4.3**	**4465**	**99.4**
5	100.0			5	100.0
2741	99.6	126	4.6	2721	99.3
473	99.8	16	3.4	470	99.4
16	94.1	1	6.3	16	100.0
11	100.0			11	100.0
562	99.8	21	3.7	559	99.5
539	99.1	16	3.0	537	99.6
147	100.0	12	8.2	146	99.3
2854	**99.8**	**129**	**4.5**	**2841**	**99.5**
1063	100.0	48	4.5	1060	99.7
1791	99.6	81	4.5	1781	99.4

6-5 续表 2

行　业	企业数 (个)	使用局域网的企业	
		数量 (个)	比重 (%)
信息传输、软件和信息技术服务业	**1728**	**1482**	**85.8**
电信、广播电视和卫星传输服务	131	117	89.3
互联网和相关服务	303	262	86.5
软件和信息技术服务业	1294	1103	85.2
房地产业	**7915**	**5672**	**71.7**
房地产业	7915	5672	71.7
租赁和商务服务业	**3194**	**2279**	**71.4**
租赁业	163	114	69.9
商务服务业	3031	2165	71.4
科学研究和技术服务业	**2585**	**2109**	**81.6**
研究和试验发展	347	283	81.6
专业技术服务业	1875	1563	83.4
科技推广和应用服务业	363	263	72.5
水利、环境和公共设施管理业	**645**	**465**	**72.1**
水利管理业	14	13	92.9
生态保护和环境治理业	79	60	75.9
公共设施管理业	515	365	70.9
土地管理业	37	27	73.0
居民服务、修理和其他服务业	**501**	**341**	**68.1**
居民服务业	167	120	71.9
机动车、电子产品和日用产品修理业	226	158	69.9
其他服务业	108	63	58.3
教育	**413**	**317**	**76.8**
教育	413	317	76.8
卫生和社会工作	**437**	**390**	**89.2**
卫生	412	369	89.6
社会工作	25	21	84.0
文化、体育和娱乐业	**1005**	**799**	**79.5**
新闻和出版业	84	77	91.7
广播、电视、电影和录音制作业	352	289	82.1
文化艺术业	179	143	79.9
体育	70	60	85.7
娱乐业	320	230	71.9

使用互联网的企业		窄带接入		宽带接入	
数量（个）	比重（%）	数量（个）	占接入互联网企业比重（%）	数量（个）	占接入互联网企业比重（%）
1724	**99.8**	**89**	**5.2**	**1712**	**99.3**
131	100.0	11	8.4	131	100.0
303	100.0	14	4.6	302	99.7
1290	99.7	64	5.0	1279	99.1
7817	**98.8**	**395**	**5.1**	**7785**	**99.6**
7817	98.8	395	5.1	7785	99.6
3183	**99.7**	**142**	**4.5**	**3160**	**99.3**
163	100.0	7	4.3	161	98.8
3020	99.6	135	4.5	2999	99.3
2573	**99.5**	**102**	**4.0**	**2553**	**99.2**
346	99.7	14	4.0	343	99.1
1865	99.5	66	3.5	1855	99.5
362	99.7	22	6.1	355	98.1
640	**99.2**	**36**	**5.6**	**635**	**99.2**
14	100.0	1	7.1	13	92.9
79	100.0	4	5.1	79	100.0
512	99.4	29	5.7	508	99.2
35	94.6	2	5.7	35	100.0
498	**99.4**	**23**	**4.6**	**495**	**99.4**
166	99.4	8	4.8	165	99.4
224	99.1	12	5.4	222	99.1
108	100.0	3	2.8	108	100.0
412	**99.8**	**13**	**3.2**	**410**	**99.5**
412	99.8	13	3.2	410	99.5
435	**99.5**	**30**	**6.9**	**434**	**99.8**
410	99.5	27	6.6	409	99.8
25	100.0	3	12.0	25	100.0
1002	**99.7**	**44**	**4.4**	**1000**	**99.8**
84	100.0	4	4.8	84	100.0
352	100.0	18	5.1	351	99.7
179	100.0	8	4.5	179	100.0
70	100.0	2	2.9	70	100.0
317	99.1	12	3.8	316	99.7

6-6 分地区企业使用网络情况

地区	企业数(个)	使用局域网的企业		使用互联网的企业					
						窄带接入		宽带接入	
		数量(个)	比重(%)	数量(个)	比重(%)	数量(个)	占接入互联网企业比重(%)	数量(个)	占接入互联网企业比重(%)
总计	**103460**	**78617**	**76.0**	**102949**	**99.5**	**4384**	**4.3**	**102410**	**99.5**
南京	11727	9437	80.5	11689	99.7	530	4.5	11632	99.5
无锡	11219	8161	72.7	11173	99.6	411	3.7	11112	99.5
徐州	6647	4589	69.0	6585	99.1	281	4.3	6521	99.0
常州	9754	7434	76.2	9703	99.5	359	3.7	9661	99.6
苏州	19542	16243	83.1	19469	99.6	737	3.8	19400	99.6
南通	10929	8059	73.7	10870	99.5	425	3.9	10803	99.4
连云港	2538	1961	77.3	2522	99.4	112	4.4	2507	99.4
淮安	5025	3612	71.9	4991	99.3	216	4.3	4969	99.6
盐城	7112	5040	70.9	7063	99.3	348	4.9	7020	99.4
扬州	5949	4656	78.3	5929	99.7	294	5.0	5901	99.5
镇江	3997	3136	78.5	3974	99.4	220	5.5	3952	99.4
泰州	5863	3966	67.6	5848	99.7	263	4.5	5829	99.7
宿迁	3158	2323	73.6	3133	99.2	188	6.0	3103	99.0

6-7　分行业企业建网站情况

行　业	企业数(个)	建立网站的企业		网站数量(个)	每百家拥有网站数(个)
		数量(个)	比重(%)		
总计	**103460**	**57018**	**55.1**	**62794**	**61**
采矿业	**43**	**21**	**48.8**	**31**	**72**
煤炭开采和洗选业	6	4	66.7	12	200
石油和天然气开采业	2				
黑色金属矿采选业	6	1	16.7	1	17
有色金属矿采选业	3	3	100.0	4	133
非金属矿采选业	26	13	50.0	14	54
开采专业及辅助性活动					
其他采矿业					
制造业	**45022**	**31336**	**69.6**	**34533**	**77**
农副食品加工业	1305	770	59.0	826	63
食品制造业	420	311	74.0	356	85
酒、饮料和精制茶制造业	151	109	72.2	115	76
烟草制品业	6	2	33.3	2	33
纺织业	4253	2192	51.5	2343	55
纺织服装、服饰业	1920	1053	54.8	1118	58
皮革、毛皮、羽毛及其制品和制鞋业	455	283	62.2	304	67
木材加工和木、竹、藤、棕、草制品业	950	511	53.8	546	58
家具制造业	316	193	61.1	216	68
造纸和纸制品业	540	349	64.6	385	71
印刷和记录媒介复制业	629	427	67.9	467	74
文教、工美、体育和娱乐用品制造业	1218	797	65.4	873	72
石油、煤炭及其他燃料加工业	133	82	61.7	88	66
化学原料和化学制品制造业	2868	2248	78.4	2506	87
医药制造业	635	537	84.6	633	100
化学纤维制造业	693	366	52.8	392	57
橡胶和塑料制品业	2358	1653	70.1	1818	77
非金属矿物制品业	2607	1564	60.0	1698	65
黑色金属冶炼和压延加工业	823	540	65.6	586	71
有色金属冶炼和压延加工业	1008	696	69.0	742	74
金属制品业	3478	2497	71.8	2748	79
通用设备制造业	4422	3469	78.4	3840	87
专用设备制造业	3272	2659	81.3	3003	92
汽车制造业	2044	1474	72.1	1619	79
铁路、船舶、航空航天和其他运输设备制造业	801	592	73.9	655	82
电气机械和器材制造业	4056	3159	77.9	3564	88
计算机、通信和其他电子设备制造业	2546	1938	76.1	2110	83
仪器仪表制造业	839	691	82.4	792	94
其他制造业	132	87	65.9	98	74
废弃资源综合利用业	130	77	59.2	80	62
金属制品、机械和设备修理业	14	10	71.4	10	71
电力、热力、燃气及水生产和供应业	**679**	**417**	**61.4**	**463**	**68**
电力、热力生产和供应业	404	231	57.2	258	64
燃气生产和供应业	117	81	69.2	90	77
水的生产和供应业	158	105	66.5	115	73
建筑业	**10095**	**4403**	**43.6**	**4659**	**46**
房屋建筑业	4242	1622	38.2	1725	41
土木工程建筑业	2387	1027	43.0	1093	46
建筑安装业	1561	820	52.5	848	54
建筑装饰、装修和其他建筑业	1905	934	49.0	993	52

6-7 续表

行业	企业数(个)	建立网站的企业		网站数量(个)	每百家拥有网站数(个)
		数量(个)	比重(%)		
批发和零售业	**21823**	**7951**	**36.4**	**8727.0**	**40**
批发业	13515	4511	33.4	4855	36
零售业	8308	3440	41.4	3872	47
交通运输、仓储和邮政业	**4514**	**2000**	**44.3**	**2171**	**48**
铁路运输业	5	3	60.0	3	60
道路运输业	2753	1122	40.8	1219	44
水上运输业	474	221	46.6	245	52
航空运输业	17	14	82.4	15	88
管道运输业	11	6	54.5	7	64
多式联运和运输代理业	563	305	54.2	327	58
装卸搬运和仓储业	544	253	46.5	271	50
邮政业	147	76	51.7	84	57
住宿和餐饮业	**2861**	**1373**	**48.0**	**1508**	**53**
住宿业	1063	618	58.1	684	64
餐饮业	1798	755	42.0	824	46
信息传输、软件和信息技术服务业	**1728**	**1318**	**76.3**	**1612**	**93**
电信、广播电视和卫星传输服务	131	89	67.9	109	83
互联网和相关服务	303	250	82.5	324	107
软件和信息技术服务业	1294	979	75.7	1179	91
房地产业	**7915**	**3261**	**41.2**	**3565**	**45**
房地产业	7915	3261	41.2	3565	45
租赁和商务服务业	**3194**	**1605**	**50.3**	**1780**	**56**
租赁业	163	78	47.9	83	51
商务服务业	3031	1527	50.4	1697	56
科学研究和技术服务业	**2585**	**1682**	**65.1**	**1861**	**72**
研究和试验发展	347	243	70.0	285	82
专业技术服务业	1875	1250	66.7	1370	73
科技推广和应用服务业	363	189	52.1	206	57
水利、环境和公共设施管理业	**645**	**328**	**50.9**	**353**	**55**
水利管理业	14	9	64.3	9	64
生态保护和环境治理业	79	37	46.8	37	47
公共设施管理业	515	269	52.2	294	57
土地管理业	37	13	35.1	13	35
居民服务、修理和其他服务业	**501**	**204**	**40.7**	**220**	**44**
居民服务业	167	69	41.3	77	46
机动车、电子产品和日用产品修理业	226	104	46.0	111	49
其他服务业	108	31	28.7	32	30
教育	**413**	**268**	**64.9**	**295**	**71**
教育	413	268	64.9	295	71
卫生和社会工作	**437**	**314**	**71.9**	**374**	**86**
卫生	412	298	72.3	354	86
社会工作	25	16	64.0	20	80
文化、体育和娱乐业	**1005**	**537**	**53.4**	**642**	**64**
新闻和出版业	84	70	83.3	110	131
广播、电视、电影和录音制作业	352	177	50.3	199	57
文化艺术业	179	84	46.9	101	56
体育	70	50	71.4	51	73
娱乐业	320	156	48.8	181	57

6-8　分地区企业建网站情况

地　区	企业数(个)	建立网站的企业		网站数量(个)	每百家拥有网站数(个)
		数量(个)	比重(%)		
总　计	**103460**	**57018**	**55.1**	**62794**	**61**
南　京	11727	6789	57.9	7808	67
无　锡	11219	6511	58.0	7107	63
徐　州	6647	3129	47.1	3418	51
常　州	9754	5742	58.9	6290	65
苏　州	19542	11604	59.4	12738	65
南　通	10929	5586	51.1	5908	54
连云港	2538	1318	51.9	1446	57
淮　安	5025	2064	41.1	2238	45
盐　城	7112	3552	49.9	3892	55
扬　州	5949	3758	63.2	4117	69
镇　江	3997	2380	59.5	2655	66
泰　州	5863	3063	52.2	3470	59
宿　迁	3158	1522	48.2	1707	54

6-9 分行业企业通过

行业	企业数(个)	使用互联网开展活动的企业		收发电子邮件	
		数量(个)	比重(%)	数量(个)	占使用互联网企业的比重(%)
总计	**103460**	**102949**	**99.5**	**94653**	**91.9**
采矿业	**43**	**43**	**100.0**	**39**	**90.7**
煤炭开采和洗选业	6	6	100.0	5	83.3
石油和天然气开采业	2	2	100.0	2	100.0
黑色金属矿采选业	6	6	100.0	6	100.0
有色金属矿采选业	3	3	100.0	3	100.0
非金属矿采选业	26	26	100.0	23	88.5
开采专业及辅助性活动					
其他采矿业					
制造业	**45022**	**44876**	**99.7**	**42639**	**95.0**
农副食品加工业	1305	1294	99.2	1175	90.8
食品制造业	420	419	99.8	399	95.2
酒、饮料和精制茶制造业	151	150	99.3	147	98.0
烟草制品业	6	6	100.0	5	83.3
纺织业	4253	4231	99.5	3884	91.8
纺织服装、服饰业	1920	1911	99.5	1798	94.1
皮革、毛皮、羽毛及其制品和制鞋业	455	452	99.3	434	96.0
木材加工和木、竹、藤、棕、草制品业	950	943	99.3	794	84.2
家具制造业	316	316	100.0	296	93.7
造纸和纸制品业	540	540	100.0	506	93.7
印刷和记录媒介复制业	629	628	99.8	596	94.9
文教、工美、体育和娱乐用品制造业	1218	1213	99.6	1151	94.9
石油、煤炭及其他燃料加工业	133	132	99.2	118	89.4
化学原料和化学制品制造业	2868	2861	99.8	2746	96.0
医药制造业	635	634	99.8	613	96.7
化学纤维制造业	693	690	99.6	598	86.7
橡胶和塑料制品业	2358	2351	99.7	2256	96.0
非金属矿物制品业	2607	2594	99.5	2408	92.8
黑色金属冶炼和压延加工业	823	822	99.9	765	93.1
有色金属冶炼和压延加工业	1008	1004	99.6	929	92.5
金属制品业	3478	3467	99.7	3315	95.6
通用设备制造业	4422	4418	99.9	4283	96.9
专用设备制造业	3272	3266	99.8	3174	97.2

互联网开展活动情况

了解商品和服务的信息		从政府机构获取信息		与政府机构互动		使用网上银行	
数量（个）	占使用互联网企业的比重（%）	数量（个）	占使用互联网企业的比重（%）	数量（个）	占使用互联网企业的比重（%）	数量（个）	占使用互联网企业的比重（%）
56270	**54.7**	**54402**	**52.8**	**28843**	**28.0**	**85059**	**82.6**
18	**41.9**	**29**	**67.4**	**18**	**41.9**	**33**	**76.7**
3	50.0	3	50.0	3	50.0	6	100.0
2	100.0	2	100.0	1	50.0	1	50.0
3	50.0	6	100.0	5	83.3	6	100.0
2	66.7	3	100.0	1	33.3	3	100.0
8	30.8	15	57.7	8	30.8	17	65.4
27455	**61.2**	**25840**	**57.6**	**15152**	**33.8**	**39246**	**87.5**
762	58.9	695	53.7	360	27.8	1024	79.1
287	68.5	264	63.0	168	40.1	379	90.5
89	59.3	99	66.0	58	38.7	130	86.7
5	83.3	5	83.3	2	33.3	5	83.3
2135	50.5	2127	50.3	1049	24.8	3578	84.6
1006	52.6	975	51.0	482	25.2	1595	83.5
240	53.1	174	38.5	93	20.6	361	79.9
469	49.7	346	36.7	150	15.9	716	75.9
177	56.0	163	51.6	94	29.7	276	87.3
298	55.2	312	57.8	162	30.0	459	85.0
380	60.5	371	59.1	213	33.9	561	89.3
701	57.8	634	52.3	315	26.0	1015	83.7
84	63.6	67	50.8	46	34.8	113	85.6
1892	66.1	1818	63.5	1168	40.8	2526	88.3
458	72.2	433	68.3	283	44.6	574	90.5
368	53.3	333	48.3	181	26.2	612	88.7
1459	62.1	1346	57.3	831	35.3	2105	89.5
1469	56.6	1435	55.3	814	31.4	2196	84.7
479	58.3	393	47.8	205	24.9	730	88.8
596	59.4	538	53.6	290	28.9	893	88.9
2119	61.1	1956	56.4	1123	32.4	3084	89.0
2922	66.1	2614	59.2	1545	35.0	3903	88.3
2171	66.5	2021	61.9	1238	37.9	2940	90.0

6-9 续表 1

行业	企业数(个)	使用互联网开展活动的企业		收发电子邮件	
		数量(个)	比重(%)	数量(个)	占使用互联网企业的比重(%)
汽车制造业	2044	2040	99.8	1988	97.5
铁路、船舶、航空航天和其他运输设备制造业	801	798	99.6	767	96.1
电气机械和器材制造业	4056	4043	99.7	3907	96.6
计算机、通信和其他电子设备制造业	2546	2541	99.8	2503	98.5
仪器仪表制造业	839	837	99.8	822	98.2
其他制造业	132	131	99.2	122	93.1
废弃资源综合利用业	130	130	100.0	126	96.9
金属制品、机械和设备修理业	14	14	100.0	14	100.0
电力、热力、燃气及水生产和供应业	**679**	**678**	**99.9**	**647**	**95.4**
电力、热力生产和供应业	404	403	99.8	388	96.3
燃气生产和供应业	117	117	100.0	112	95.7
水的生产和供应业	158	158	100.0	147	93.0
建筑业	**10095**	**10027**	**99.3**	**9383**	**93.6**
房屋建筑业	4242	4215	99.4	3952	93.8
土木工程建筑业	2387	2372	99.4	2219	93.5
建筑安装业	1561	1553	99.5	1474	94.9
建筑装饰、装修和其他建筑业	1905	1887	99.1	1738	92.1
批发和零售业	**21823**	**21693**	**99.4**	**18896**	**87.1**
批发业	13515	13433	99.4	11852	88.2
零售业	8308	8260	99.4	7044	85.3
交通运输、仓储和邮政业	**4514**	**4494**	**99.6**	**4012**	**89.3**
铁路运输业	5	5	100.0	4	80.0
道路运输业	2753	2741	99.6	2410	87.9
水上运输业	474	473	99.8	421	89.0
航空运输业	17	16	94.1	16	100.0
管道运输业	11	11	100.0	11	100.0
多式联运和运输代理业	563	562	99.8	533	94.8
装卸搬运和仓储业	544	539	99.1	495	91.8
邮政业	147	147	100.0	122	83.0
住宿和餐饮业	**2861**	**2854**	**99.8**	**2301**	**80.6**
住宿业	1063	1063	100.0	934	87.9
餐饮业	1798	1791	99.6	1367	76.3

了解商品和服务的信息		从政府机构获取信息		与政府机构互动		使用网上银行	
数量(个)	占使用互联网企业的比重(%)	数量(个)	占使用互联网企业的比重(%)	数量(个)	占使用互联网企业的比重(%)	数量(个)	占使用互联网企业的比重(%)
1317	64.6	1301	63.8	820	40.2	1874	91.9
491	61.5	472	59.1	280	35.1	704	88.2
2655	65.7	2487	61.5	1536	38.0	3627	89.7
1678	66.0	1724	67.8	1160	45.7	2275	89.5
601	71.8	583	69.7	392	46.8	756	90.3
70	53.4	58	44.3	40	30.5	106	80.9
70	53.8	86	66.2	48	36.9	115	88.5
7	50.0	10	71.4	6	42.9	14	100.0
343	**50.6**	**433**	**63.9**	**275**	**40.6**	**544**	**80.2**
205	50.9	256	63.5	167	41.4	316	78.4
70	59.8	67	57.3	44	37.6	99	84.6
68	43.0	110	69.6	64	40.5	129	81.6
4811	**48.0**	**6625**	**66.1**	**2828**	**28.2**	**8398**	**83.8**
1892	44.9	2839	67.4	1204	28.6	3541	84.0
1122	47.3	1639	69.1	698	29.4	2003	84.4
842	54.2	964	62.1	402	25.9	1289	83.0
955	50.6	1183	62.7	524	27.8	1565	82.9
11817	**54.5**	**8101**	**37.3**	**3645**	**16.8**	**16617**	**76.6**
7184	53.5	5047	37.6	2310	17.2	10490	78.1
4633	56.1	3054	37.0	1335	16.2	6127	74.2
1947	**43.3**	**1990**	**44.3**	**916**	**20.4**	**3412**	**75.9**
3	60.0	4	80.0	3	60.0	4	80.0
1095	39.9	1115	40.7	464	16.9	1994	72.7
202	42.7	225	47.6	86	18.2	359	75.9
10	62.5	11	68.8	5	31.3	14	87.5
5	45.5	8	72.7	4	36.4	10	90.9
290	51.6	268	47.7	151	26.9	489	87.0
262	48.6	295	54.7	167	31.0	438	81.3
80	54.4	64	43.5	36	24.5	104	70.7
1294	**45.3**	**988**	**34.6**	**457**	**16.0**	**2060**	**72.2**
546	51.4	424	39.9	209	19.7	846	79.6
748	41.8	564	31.5	248	13.8	1214	67.8

6-9 续表 2

行业	企业数(个)	使用互联网开展活动的企业		收发电子邮件	
		数量(个)	比重(%)	数量(个)	占使用互联网企业的比重(%)
信息传输、软件和信息技术服务业	**1728**	**1724**	**99.8**	**1668**	**96.8**
电信、广播电视和卫星传输服务	131	131	100.0	124	94.7
互联网和相关服务	303	303	100.0	294	97.0
软件和信息技术服务业	1294	1290	99.7	1250	96.9
房地产业	**7915**	**7817**	**98.8**	**7168**	**91.7**
房地产业	7915	7817	98.8	7168	91.7
租赁和商务服务业	**3194**	**3183**	**99.7**	**2867**	**90.1**
租赁业	163	163	100.0	149	91.4
商务服务业	3031	3020	99.6	2718	90.0
科学研究和技术服务业	**2585**	**2573**	**99.5**	**2436**	**94.7**
研究和试验发展	347	346	99.7	336	97.1
专业技术服务业	1875	1865	99.5	1764	94.6
科技推广和应用服务业	363	362	99.7	336	92.8
水利、环境和公共设施管理业	**645**	**640**	**99.2**	**580**	**90.6**
水利管理业	14	14	100.0	13	92.9
生态保护和环境治理业	79	79	100.0	75	94.9
公共设施管理业	515	512	99.4	460	89.8
土地管理业	37	35	94.6	32	91.4
居民服务、修理和其他服务业	**501**	**498**	**99.4**	**417**	**83.7**
居民服务业	167	166	99.4	135	81.3
机动车、电子产品和日用产品修理业	226	224	99.1	191	85.3
其他服务业	108	108	100.0	91	84.3
教育	**413**	**412**	**99.8**	**359**	**87.1**
教育	413	412	99.8	359	87.1
卫生和社会工作	**437**	**435**	**99.5**	**390**	**89.7**
卫生	412	410	99.5	371	90.5
社会工作	25	25	100.0	19	76.0
文化、体育和娱乐业	**1005**	**1002**	**99.7**	**851**	**84.9**
新闻和出版业	84	84	100.0	84	100.0
广播、电视、电影和录音制作业	352	352	100.0	311	88.4
文化艺术业	179	179	100.0	124	69.3
体育	70	70	100.0	60	85.7
娱乐业	320	317	99.1	272	85.8

了解商品和服务的信息		从政府机构获取信息		与政府机构互动		使用网上银行	
数量（个）	占使用互联网企业的比重（%）	数量（个）	占使用互联网企业的比重（%）	数量（个）	占使用互联网企业的比重（%）	数量（个）	占使用互联网企业的比重（%）
1227	**71.2**	**1153**	**66.9**	**789**	**45.8**	**1520**	**88.2**
93	71.0	91	69.5	62	47.3	108	82.4
215	71.0	189	62.4	150	49.5	272	89.8
919	71.2	873	67.7	577	44.7	1140	88.4
3177	**40.6**	**4498**	**57.5**	**2333**	**29.8**	**6347**	**81.2**
3177	40.6	4498	57.5	2333	29.8	6347	81.2
1401	**44.0**	**1642**	**51.6**	**796**	**25.0**	**2478**	**77.9**
79	48.5	74	45.4	27	16.6	115	70.6
1322	43.8	1568	51.9	769	25.5	2363	78.2
1388	**53.9**	**1566**	**60.9**	**836**	**32.5**	**2140**	**83.2**
231	66.8	224	64.7	141	40.8	301	87.0
941	50.5	1167	62.6	602	32.3	1563	83.8
216	59.7	175	48.3	93	25.7	276	76.2
306	**47.8**	**387**	**60.5**	**211**	**33.0**	**491**	**76.7**
4	28.6	11	78.6	5	35.7	10	71.4
38	48.1	50	63.3	30	38.0	69	87.3
251	49.0	301	58.8	162	31.6	390	76.2
13	37.1	25	71.4	14	40.0	22	62.9
202	**40.6**	**214**	**43.0**	**89**	**17.9**	**356**	**71.5**
60	36.1	65	39.2	26	15.7	112	67.5
105	46.9	98	43.8	40	17.9	162	72.3
37	34.3	51	47.2	23	21.3	82	75.9
134	**32.5**	**197**	**47.8**	**92**	**22.3**	**294**	**71.4**
134	32.5	197	47.8	92	22.3	294	71.4
200	**46.0**	**255**	**58.6**	**159**	**36.6**	**349**	**80.2**
192	46.8	243	59.3	152	37.1	333	81.2
8	32.0	12	48.0	7	28.0	16	64.0
550	**54.9**	**484**	**48.3**	**247**	**24.7**	**774**	**77.2**
56	66.7	56	66.7	30	35.7	72	85.7
207	58.8	192	54.5	96	27.3	287	81.5
111	62.0	87	48.6	45	25.1	132	73.7
29	41.4	33	47.1	19	27.1	58	82.9
147	46.4	116	36.6	57	18.0	225	71.0

6-9 续表 3

行业	使用其他金融服务		提供客户服务		拨打互联网电话或召开视频会议	
	数量(个)	占使用互联网企业的比重(%)	数量(个)	占使用互联网企业的比重(%)	数量(个)	占使用互联网企业的比重(%)
总计	**12493**	**12.1**	**42418**	**41.2**	**19444**	**18.9**
采矿业	**8**	**18.6**	**14**	**32.6**	**14**	**32.6**
煤炭开采和洗选业	3	50.0	3	50.0	2	33.3
石油和天然气开采业					2	100.0
黑色金属矿采选业	3	50.0	3	50.0	3	50.0
有色金属矿采选业			1	33.3		
非金属矿采选业	2	7.7	7	26.9	7	26.9
开采专业及辅助性活动						
其他采矿业						
制造业	**6365**	**14.2**	**20777**	**46.3**	**10136**	**22.6**
农副食品加工业	163	12.6	502	38.8	221	17.1
食品制造业	74	17.7	213	50.8	123	29.4
酒、饮料和精制茶制造业	27	18.0	70	46.7	52	34.7
烟草制品业			2	33.3	4	66.7
纺织业	457	10.8	1573	37.2	344	8.1
纺织服装、服饰业	186	9.7	716	37.5	273	14.3
皮革、毛皮、羽毛及其制品和制鞋业	43	9.5	167	36.9	66	14.6
木材加工和木、竹、藤、棕、草制品业	77	8.2	274	29.1	68	7.2
家具制造业	44	13.9	153	48.4	69	21.8
造纸和纸制品业	59	10.9	263	48.7	95	17.6
印刷和记录媒介复制业	83	13.2	334	53.2	97	15.4
文教、工美、体育和娱乐用品制造业	149	12.3	532	43.9	162	13.4
石油、煤炭及其他燃料加工业	20	15.2	57	43.2	34	25.8
化学原料和化学制品制造业	496	17.3	1373	48.0	821	28.7
医药制造业	139	21.9	320	50.5	244	38.5
化学纤维制造业	85	12.3	237	34.3	66	9.6
橡胶和塑料制品业	344	14.6	1165	49.6	569	24.2
非金属矿物制品业	336	13.0	1013	39.1	376	14.5
黑色金属冶炼和压延加工业	112	13.6	368	44.8	111	13.5
有色金属冶炼和压延加工业	155	15.4	461	45.9	161	16.0
金属制品业	475	13.7	1666	48.1	621	17.9
通用设备制造业	618	14.0	2216	50.2	1093	24.7
专用设备制造业	517	15.8	1679	51.4	861	26.4

在线提供产品		发布消息或即时消息		员工培训		对外或对内招聘	
数量(个)	占使用互联网企业的比重(%)	数量(个)	占使用互联网企业的比重(%)	数量(个)	占使用互联网企业的比重(%)	数量(个)	占使用互联网企业的比重(%)
15953	**15.5**	**33143**	**32.2**	**28662**	**27.8**	**39520**	**38.4**
6	**14.0**	**19**	**44.2**	**17**	**39.5**	**14**	**32.6**
1	16.7	4	66.7	3	50.0	3	50.0
		2	100.0	2	100.0	1	50.0
2	33.3	3	50.0	5	83.3	3	50.0
		1	33.3	1	33.3	1	33.3
3	11.5	9	34.6	6	23.1	6	23.1
8885	**19.8**	**15443**	**34.4**	**12317**	**27.4**	**19542**	**43.5**
262	20.2	348	26.9	336	26.0	387	29.9
132	31.5	194	46.3	166	39.6	229	54.7
32	21.3	63	42.0	61	40.7	76	50.7
1	16.7	4	66.7	6	100.0	3	50.0
622	14.7	865	20.4	575	13.6	1101	26.0
255	13.3	442	23.1	352	18.4	614	32.1
63	13.9	90	19.9	73	16.2	114	25.2
116	12.3	205	21.7	136	14.4	204	21.6
79	25.0	117	37.0	84	26.6	144	45.6
92	17.0	165	30.6	142	26.3	229	42.4
121	19.3	234	37.3	181	28.8	280	44.6
279	23.0	314	25.9	239	19.7	370	30.5
25	18.9	56	42.4	44	33.3	61	46.2
630	22.0	1128	39.4	1008	35.2	1340	46.8
170	26.8	312	49.2	294	46.4	387	61.0
88	12.8	156	22.6	123	17.8	186	27.0
493	21.0	824	35.0	594	25.3	1098	46.7
402	15.5	728	28.1	596	23.0	912	35.2
141	17.2	240	29.2	150	18.2	282	34.3
191	19.0	300	29.9	227	22.6	390	38.8
663	19.1	1118	32.2	872	25.2	1404	40.5
951	21.5	1644	37.2	1286	29.1	2125	48.1
798	24.4	1399	42.8	1014	31.0	1752	53.6

6-9 续表 4

行业	使用其他金融服务		提供客户服务		拨打互联网电话或召开视频会议	
	数量(个)	占使用互联网企业的比重(%)	数量(个)	占使用互联网企业的比重(%)	数量(个)	占使用互联网企业的比重(%)
汽车制造业	282	13.8	1067	52.3	833	40.8
铁路、船舶、航空航天和其他运输设备制造业	116	14.5	368	46.1	183	22.9
电气机械和器材制造业	662	16.4	2117	52.4	1067	26.4
计算机、通信和其他电子设备制造业	452	17.8	1299	51.1	1160	45.7
仪器仪表制造业	165	19.7	454	54.2	306	36.6
其他制造业	14	10.7	59	45.0	26	19.8
废弃资源综合利用业	14	10.8	51	39.2	25	19.2
金属制品、机械和设备修理业	1	7.1	8	57.1	5	35.7
电力、热力、燃气及水生产和供应业	**82**	**12.1**	**236**	**34.8**	**252**	**37.2**
电力、热力生产和供应业	47	11.7	114	28.3	166	41.2
燃气生产和供应业	15	12.8	65	55.6	54	46.2
水的生产和供应业	20	12.7	57	36.1	32	20.3
建筑业	**1135**	**11.3**	**2751**	**27.4**	**1000**	**10.0**
房屋建筑业	470	11.2	1078	25.6	383	9.1
土木工程建筑业	278	11.7	600	25.3	231	9.7
建筑安装业	184	11.8	494	31.8	186	12.0
建筑装饰、装修和其他建筑业	203	10.8	579	30.7	200	10.6
批发和零售业	**2042**	**9.4**	**7999**	**36.9**	**2741**	**12.6**
批发业	1289	9.6	4602	34.3	1508	11.2
零售业	753	9.1	3397	41.1	1233	14.9
交通运输、仓储和邮政业	**405**	**9.0**	**1779**	**39.6**	**616**	**13.7**
铁路运输业			2	40.0		
道路运输业	225	8.2	968	35.3	262	9.6
水上运输业	45	9.5	174	36.8	56	11.8
航空运输业	2	12.5	9	56.3	5	31.3
管道运输业	2	18.2	4	36.4	6	54.5
多式联运和运输代理业	57	10.1	320	56.9	124	22.1
装卸搬运和仓储业	51	9.5	212	39.3	118	21.9
邮政业	23	15.6	90	61.2	45	30.6
住宿和餐饮业	**176**	**6.2**	**1198**	**42.0**	**355**	**12.4**
住宿业	83	7.8	582	54.8	203	19.1
餐饮业	93	5.2	616	34.4	152	8.5

在线提供产品		发布消息或即时消息		员工培训		对外或对内招聘	
数量（个）	占使用互联网企业的比重（%）	数量（个）	占使用互联网企业的比重（%）	数量（个）	占使用互联网企业的比重（%）	数量（个）	占使用互联网企业的比重（%）
360	17.6	875	42.9	789	38.7	1208	59.2
148	18.5	291	36.5	224	28.1	374	46.9
971	24.0	1672	41.4	1343	33.2	2062	51.0
515	20.3	1160	45.7	998	39.3	1586	62.4
231	27.6	417	49.8	317	37.9	509	60.8
35	26.7	38	29.0	36	27.5	47	35.9
16	12.3	36	27.7	45	34.6	57	43.8
3	21.4	8	57.1	6	42.9	11	78.6
59	**8.7**	**306**	**45.1**	**314**	**46.3**	**286**	**42.2**
28	6.9	167	41.4	197	48.9	172	42.7
16	13.7	61	52.1	61	52.1	51	43.6
15	9.5	78	49.4	56	35.4	63	39.9
619	**6.2**	**2826**	**28.2**	**3494**	**34.8**	**3717**	**37.1**
219	5.2	1063	25.2	1492	35.4	1384	32.8
148	6.2	719	30.3	888	37.4	942	39.7
117	7.5	464	29.9	524	33.7	642	41.3
135	7.2	580	30.7	590	31.3	749	39.7
2696	**12.4**	**5280**	**24.3**	**4423**	**20.4**	**5899**	**27.2**
1420	10.6	3008	22.4	2060	15.3	3328	24.8
1276	15.4	2272	27.5	2363	28.6	2571	31.1
368	**8.2**	**1263**	**28.1**	**1020**	**22.7**	**1273**	**28.3**
		2	40.0	2	40.0	3	60.0
195	7.1	688	25.1	524	19.1	645	23.5
33	7.0	130	27.5	100	21.1	109	23.0
1	6.3	9	56.3	8	50.0	8	50.0
2	18.2	6	54.5	6	54.5	7	63.6
65	11.6	189	33.6	154	27.4	254	45.2
38	7.1	173	32.1	157	29.1	184	34.1
34	23.1	66	44.9	69	46.9	63	42.9
574	**20.1**	**812**	**28.5**	**807**	**28.3**	**1069**	**37.5**
331	31.1	413	38.9	408	38.4	503	47.3
243	13.6	399	22.3	399	22.3	566	31.6

6-9 续表 5

行业	使用其他金融服务		提供客户服务		拨打互联网电话或召开视频会议	
	数量(个)	占使用互联网企业的比重(%)	数量(个)	占使用互联网企业的比重(%)	数量(个)	占使用互联网企业的比重(%)
信息传输、软件和信息技术服务业	**349**	**20.2**	**1170**	**67.9**	**882**	**51.2**
电信、广播电视和卫星传输服务	21	16.0	96	73.3	74	56.5
互联网和相关服务	68	22.4	216	71.3	159	52.5
软件和信息技术服务业	260	20.2	858	66.5	649	50.3
房地产业	**981**	**12.5**	**2599**	**33.2**	**1808**	**23.1**
房地产业	981	12.5	2599	33.2	1808	23.1
租赁和商务服务业	**353**	**11.1**	**1425**	**44.8**	**568**	**17.8**
租赁业	13	8.0	54	33.1	25	15.3
商务服务业	340	11.3	1371	45.4	543	18.0
科学研究和技术服务业	**338**	**13.1**	**1124**	**43.7**	**556**	**21.6**
研究和试验发展	52	15.0	172	49.7	132	38.2
专业技术服务业	246	13.2	823	44.1	360	19.3
科技推广和应用服务业	40	11.0	129	35.6	64	17.7
水利、环境和公共设施管理业	**63**	**9.8**	**230**	**35.9**	**78**	**12.2**
水利管理业	1	7.1	3	21.4	2	14.3
生态保护和环境治理业	8	10.1	34	43.0	18	22.8
公共设施管理业	47	9.2	186	36.3	53	10.4
土地管理业	7	20.0	7	20.0	5	14.3
居民服务、修理和其他服务业	**34**	**6.8**	**202**	**40.6**	**56**	**11.2**
居民服务业	8	4.8	74	44.6	17	10.2
机动车、电子产品和日用产品修理业	19	8.5	100	44.6	33	14.7
其他服务业	7	6.5	28	25.9	6	5.6
教育	**29**	**7.0**	**168**	**40.8**	**68**	**16.5**
教育	29	7.0	168	40.8	68	16.5
卫生和社会工作	**41**	**9.4**	**210**	**48.3**	**117**	**26.9**
卫生	38	9.3	200	48.8	110	26.8
社会工作	3	12.0	10	40.0	7	28.0
文化、体育和娱乐业	**92**	**9.2**	**536**	**53.5**	**197**	**19.7**
新闻和出版业	14	16.7	51	60.7	13	15.5
广播、电视、电影和录音制作业	39	11.1	220	62.5	125	35.5
文化艺术业	13	7.3	99	55.3	17	9.5
体育	5	7.1	39	55.7	9	12.9
娱乐业	21	6.6	127	40.1	33	10.4

在线提供产品		发布消息或即时消息		员工培训		对外或对内招聘	
数量（个）	占使用互联网企业的比重（%）	数量（个）	占使用互联网企业的比重（%）	数量（个）	占使用互联网企业的比重（%）	数量（个）	占使用互联网企业的比重（%）
636	**36.9**	**1084**	**62.9**	**927**	**53.8**	**1174**	**68.1**
59	45.0	76	58.0	84	64.1	83	63.4
135	44.6	202	66.7	171	56.4	197	65.0
442	34.3	806	62.5	672	52.1	894	69.3
741	**9.5**	**2645**	**33.8**	**2475**	**31.7**	**2897**	**37.1**
741	9.5	2645	33.8	2475	31.7	2897	37.1
465	**14.6**	**1194**	**37.5**	**954**	**30.0**	**1215**	**38.2**
20	12.3	51	31.3	38	23.3	54	33.1
445	14.7	1143	37.8	916	30.3	1161	38.4
361	**14.0**	**1116**	**43.4**	**955**	**37.1**	**1241**	**48.2**
79	22.8	172	49.7	143	41.3	216	62.4
225	12.1	825	44.2	715	38.3	908	48.7
57	15.7	119	32.9	97	26.8	117	32.3
88	**13.8**	**231**	**36.1**	**184**	**28.8**	**213**	**33.3**
1	7.1	6	42.9	4	28.6	4	28.6
4	5.1	26	32.9	27	34.2	28	35.4
80	15.6	186	36.3	140	27.3	172	33.6
3	8.6	13	37.1	13	37.1	9	25.7
46	**9.2**	**128**	**25.7**	**126**	**25.3**	**161**	**32.3**
15	9.0	44	26.5	38	22.9	53	31.9
29	12.9	64	28.6	68	30.4	78	34.8
2	1.9	20	18.5	20	18.5	30	27.8
49	**11.9**	**160**	**38.8**	**171**	**41.5**	**150**	**36.4**
49	11.9	160	38.8	171	41.5	150	36.4
55	**12.6**	**202**	**46.4**	**173**	**39.8**	**252**	**57.9**
53	12.9	194	47.3	163	39.8	238	58.0
2	8.0	8	32.0	10	40.0	14	56.0
305	**30.4**	**434**	**43.3**	**305**	**30.4**	**417**	**41.6**
34	40.5	56	66.7	29	34.5	45	53.6
146	41.5	182	51.7	147	41.8	180	51.1
52	29.1	55	30.7	41	22.9	49	27.4
13	18.6	38	54.3	19	27.1	32	45.7
60	18.9	103	32.5	69	21.8	111	35.0

6-10 分地区企业通过

地 区	企业数(个)	使用互联网开展活动的企业		收发电子邮件		了解商品和服务的信息	
		数量(个)	比重(%)	数量(个)	占使用互联网企业的比重(%)	数量(个)	占使用互联网企业的比重(%)
总 计	**103460**	**102949**	**99.5**	**94653**	**91.9**	**56270**	**54.7**
南 京	11727	11689	99.7	10772	92.2	6988	59.8
无 锡	11219	11173	99.6	10409	93.2	6503	58.2
徐 州	6647	6585	99.1	5768	87.6	3177	48.2
常 州	9754	9703	99.5	8919	91.9	5513	56.8
苏 州	19542	19469	99.6	18520	95.1	11258	57.8
南 通	10929	10870	99.5	9990	91.9	5629	51.8
连云港	2538	2522	99.4	2335	92.6	1324	52.5
淮 安	5025	4991	99.3	4390	88.0	2283	45.7
盐 城	7112	7063	99.3	6424	91.0	3594	50.9
扬 州	5949	5929	99.7	5454	92.0	3035	51.2
镇 江	3997	3974	99.4	3638	91.5	2188	55.1
泰 州	5863	5848	99.7	5279	90.3	3127	53.5
宿 迁	3158	3133	99.2	2755	87.9	1651	52.7

互联网开展活动情况

从政府机构获取信息		与政府机构互动		使用网上银行	
数量(个)	占使用互联网企业的比重(%)	数量(个)	占使用互联网企业的比重(%)	数量(个)	占使用互联网企业的比重(%)
54402	**52.8**	**28843**	**28.0**	**85059**	**82.6**
6756	57.8	3903	33.4	9931	85.0
6144	55.0	3504	31.4	9887	88.5
2663	40.4	1077	16.4	4672	70.9
4903	50.5	2631	27.1	8203	84.5
11527	59.2	6794	34.9	17385	89.3
5542	51.0	2668	24.5	8561	78.8
1353	53.6	711	28.2	2042	81.0
2213	44.3	934	18.7	3438	68.9
3594	50.9	1668	23.6	5349	75.7
3116	52.6	1500	25.3	4847	81.8
2025	51.0	1108	27.9	3264	82.1
2923	50.0	1451	24.8	4954	84.7
1643	52.4	894	28.5	2526	80.6

6-10 续表

地区	使用其他金融服务		提供客户服务		拨打互联网电话或召开视频会议	
	数量(个)	占使用互联网企业的比重(%)	数量(个)	占使用互联网企业的比重(%)	数量(个)	占使用互联网企业的比重(%)
总计	**12493**	**12.1**	**42418**	**41.2**	**19444**	**18.9**
南京	1647	14.1	5311	45.4	3088	26.4
无锡	1487	13.3	5032	45.0	2301	20.6
徐州	549	8.3	2118	32.2	679	10.3
常州	1276	13.2	4256	43.9	1678	17.3
苏州	2608	13.4	8780	45.1	5686	29.2
南通	1219	11.2	4045	37.2	1453	13.4
连云港	327	13.0	907	36.0	510	20.2
淮安	378	7.6	1651	33.1	484	9.7
盐城	765	10.8	2613	37.0	814	11.5
扬州	609	10.3	2448	41.3	821	13.8
镇江	541	13.6	1736	43.7	664	16.7
泰州	709	12.1	2342	40.0	767	13.1
宿迁	378	12.1	1179	37.6	499	15.9

在线提供产品		发布消息或即时消息		员工培训		对外或对内招聘	
数量（个）	占使用互联网企业的比重（%）	数量（个）	占使用互联网企业的比重（%）	数量（个）	占使用互联网企业的比重（%）	数量（个）	占使用互联网企业的比重（%）
15953	**15.5**	**33143**	**32.2**	**28662**	**27.8**	**39520**	**38.4**
2109	18.0	5133	43.9	4320	37.0	6091	52.1
1914	17.1	3885	34.8	2947	26.4	4718	42.2
758	11.5	1394	21.2	1390	21.1	1461	22.2
1667	17.2	3230	33.3	2564	26.4	3723	38.4
3044	15.6	7505	38.5	6249	32.1	9932	51.0
1470	13.5	2777	25.5	2434	22.4	3169	29.2
340	13.5	895	35.5	768	30.5	928	36.8
594	11.9	1090	21.8	1219	24.4	1301	26.1
953	13.5	1592	22.5	1505	21.3	1707	24.2
988	16.7	1648	27.8	1583	26.7	1916	32.3
692	17.4	1329	33.4	1195	30.1	1536	38.7
990	16.9	1679	28.7	1582	27.1	1860	31.8
434	13.9	986	31.5	906	28.9	1178	37.6

6-11 分行业企业互联网

行业	企业数(个)	使用互联网的企业		通过互联网进行宣传推广的企业		自有网站	
		数量(个)	比重(%)	数量(个)	占使用互联网企业的比重(%)	数量(个)	占使用互联网企业的比重(%)
总计	**103460**	**102949**	**99.5**	**86650**	**84.2**	**33950**	**33.0**
采矿业	**43**	**43**	**100.0**	**34**	**79.1**	**14**	**32.6**
煤炭开采和洗选业	6	6	100.0	5	83.3	4	66.7
石油和天然气开采业	2	2	100.0	1	50.0		
黑色金属矿采选业	6	6	100.0	6	100.0	1	16.7
有色金属矿采选业	3	3	100.0	3	100.0	2	66.7
非金属矿采选业	26	26	100.0	19	73.1	7	26.9
开采专业及辅助性活动							
其他采矿业							
制造业	**45022**	**44876**	**99.7**	**40075**	**89.3**	**20402**	**45.5**
农副食品加工业	1305	1294	99.2	1158	89.5	414	32.0
食品制造业	420	419	99.8	381	90.9	208	49.6
酒、饮料和精制茶制造业	151	150	99.3	136	90.7	59	39.3
烟草制品业	6	6	100.0	5	83.3	2	33.3
纺织业	4253	4231	99.5	3511	83.0	1125	26.6
纺织服装、服饰业	1920	1911	99.5	1615	84.5	494	25.9
皮革、毛皮、羽毛及其制品和制鞋业	455	452	99.3	400	88.5	130	28.8
木材加工和木、竹、藤、棕、草制品业	950	943	99.3	822	87.2	230	24.4
家具制造业	316	316	100.0	283	89.6	115	36.4
造纸和纸制品业	540	540	100.0	465	86.1	196	36.3
印刷和记录媒介复制业	629	628	99.8	566	90.1	265	42.2
文教、工美、体育和娱乐用品制造业	1218	1213	99.6	1085	89.4	441	36.4
石油、煤炭及其他燃料加工业	133	132	99.2	113	85.6	57	43.2
化学原料和化学制品制造业	2868	2861	99.8	2647	92.5	1533	53.6
医药制造业	635	634	99.8	606	95.6	425	67.0
化学纤维制造业	693	690	99.6	535	77.5	209	30.3
橡胶和塑料制品业	2358	2351	99.7	2096	89.2	1119	47.6
非金属矿物制品业	2607	2594	99.5	2228	85.9	925	35.7
黑色金属冶炼和压延加工业	823	822	99.9	710	86.4	353	42.9
有色金属冶炼和压延加工业	1008	1004	99.6	881	87.7	442	44.0
金属制品业	3478	3467	99.7	3110	89.7	1661	47.9
通用设备制造业	4422	4418	99.9	4048	91.6	2485	56.2
专用设备制造业	3272	3266	99.8	3051	93.4	1901	58.2

宣传和推广情况

互联网广告		搜索引擎		电子商务平台		电子邮件		社交网站或即时通讯社交工具	
数量（个）	占使用互联网企业的比重（%）	数量（个）	占使用互联网企业的比重（%）	数量（个）	占使用互联网企业的比重（%）	数量（个）	占使用互联网企业的比重（%）	数量（个）	占使用互联网企业的比重（%）
32160	**31.2**	**18308**	**17.8**	**9220**	**9.0**	**36902**	**35.8**	**17807**	**17.3**
10	**23.3**	**7**	**16.3**	**3**	**7.0**	**11**	**25.6**	**11**	**25.6**
1	16.7			1	16.7	3	50.0	2	33.3
								1	50.0
1	16.7					3	50.0	3	50.0
1	33.3	1	33.3						
7	26.9	6	23.1	2	7.7	5	19.2	5	19.2
13424	**29.9**	**9203**	**20.5**	**4735**	**10.6**	**19934**	**44.4**	**6923**	**15.4**
486	37.6	260	20.1	155	12.0	448	34.6	235	18.2
170	40.6	90	21.5	95	22.7	170	40.6	100	23.9
56	37.3	24	16.0	20	13.3	56	37.3	25	16.7
		1	16.7	1	16.7	3	50.0	2	33.3
1082	25.6	587	13.9	347	8.2	1721	40.7	519	12.3
509	26.6	246	12.9	146	7.6	842	44.1	251	13.1
141	31.2	55	12.2	44	9.7	194	42.9	55	12.2
350	37.1	181	19.2	69	7.3	289	30.6	134	14.2
103	32.6	65	20.6	59	18.7	125	39.6	66	20.9
139	25.7	77	14.3	55	10.2	242	44.8	80	14.8
174	27.7	120	19.1	61	9.7	300	47.8	107	17.0
350	28.9	242	20.0	170	14.0	568	46.8	189	15.6
38	28.8	23	17.4	11	8.3	45	34.1	24	18.2
899	31.4	666	23.3	324	11.3	1274	44.5	448	15.7
223	35.2	168	26.5	92	14.5	265	41.8	133	21.0
155	22.5	103	14.9	52	7.5	261	37.8	91	13.2
639	27.2	464	19.7	253	10.8	1098	46.7	350	14.9
826	31.8	511	19.7	224	8.6	965	37.2	377	14.5
204	24.8	157	19.1	73	8.9	342	41.6	95	11.6
274	27.3	194	19.3	89	8.9	446	44.4	134	13.3
941	27.1	716	20.7	366	10.6	1598	46.1	461	13.3
1458	33.0	1086	24.6	528	12.0	2024	45.8	663	15.0
1131	34.6	834	25.5	405	12.4	1579	48.3	571	17.5

6-11 续表 1

行业	企业数(个)	使用互联网的企业					
		数量(个)	比重(%)	通过互联网进行宣传推广的企业		自有网站	
				数量(个)	占使用互联网企业的比重(%)	数量(个)	占使用互联网企业的比重(%)
汽车制造业	2044	2040	99.8	1819	89.2	991	48.6
铁路、船舶、航空航天和其他运输设备制造业	801	798	99.6	737	92.4	397	49.7
电气机械和器材制造业	4056	4043	99.7	3744	92.6	2220	54.9
计算机、通信和其他电子设备制造业	2546	2541	99.8	2296	90.4	1369	53.9
仪器仪表制造业	839	837	99.8	786	93.9	537	64.2
其他制造业	132	131	99.2	117	89.3	49	37.4
废弃资源综合利用业	130	130	100.0	111	85.4	42	32.3
金属制品、机械和设备修理业	14	14	100.0	13	92.9	8	57.1
电力、热力、燃气及水生产和供应业	**679**	**678**	**99.9**	**544**	**80.2**	**274**	**40.4**
电力、热力生产和供应业	404	403	99.8	311	77.2	146	36.2
燃气生产和供应业	117	117	100.0	104	88.9	55	47.0
水的生产和供应业	158	158	100.0	129	81.6	73	46.2
建筑业	**10095**	**10027**	**99.3**	**8046**	**80.2**	**2516**	**25.1**
房屋建筑业	4242	4215	99.4	3358	79.7	881	20.9
土木工程建筑业	2387	2372	99.4	1868	78.8	589	24.8
建筑安装业	1561	1553	99.5	1293	83.3	513	33.0
建筑装饰、装修和其他建筑业	1905	1887	99.1	1527	80.9	533	28.2
批发和零售业	**21823**	**21693**	**99.4**	**16129**	**74.4**	**3537**	**16.3**
批发业	13515	13433	99.4	9447	70.3	2208	16.4
零售业	8308	8260	99.4	6682	80.9	1329	16.1
交通运输、仓储和邮政业	**4514**	**4494**	**99.6**	**3630**	**80.8**	**981**	**21.8**
铁路运输业	5	5	100.0	4	80.0	3	60.0
道路运输业	2753	2741	99.6	2173	79.3	493	18.0
水上运输业	474	473	99.8	392	82.9	97	20.5
航空运输业	17	16	94.1	14	87.5	11	68.8
管道运输业	11	11	100.0	9	81.8	6	54.5
多式联运和运输代理业	563	562	99.8	480	85.4	192	34.2
装卸搬运和仓储业	544	539	99.1	434	80.5	146	27.1
邮政业	147	147	100.0	124	84.4	33	22.4
住宿和餐饮业	**2861**	**2854**	**99.8**	**2483**	**87.0**	**669**	**23.4**
住宿业	1063	1063	100.0	974	91.6	331	31.1
餐饮业	1798	1791	99.6	1509	84.3	338	18.9

互联网广告		搜索引擎		电子商务平台		电子邮件		社交网站或即时通讯社交工具	
数量（个）	占使用互联网企业的比重（%）	数量（个）	占使用互联网企业的比重（%）	数量（个）	占使用互联网企业的比重（%）	数量（个）	占使用互联网企业的比重（%）	数量（个）	占使用互联网企业的比重（%）
491	24.1	364	17.8	164	8.0	1030	50.5	333	16.3
225	28.2	148	18.5	72	9.0	365	45.7	115	14.4
1302	32.2	1026	25.4	513	12.7	1906	47.1	688	17.0
679	26.7	491	19.3	193	7.6	1258	49.5	464	18.3
293	35.0	269	32.1	119	14.2	399	47.7	173	20.7
48	36.6	20	15.3	24	18.3	60	45.8	20	15.3
35	26.9	12	9.2	11	8.5	54	41.5	18	13.8
3	21.4	3	21.4			7	50.0	2	14.3
111	**16.4**	**89**	**13.1**	**31**	**4.6**	**178**	**26.3**	**115**	**17.0**
61	15.1	50	12.4	10	2.5	116	28.8	59	14.6
26	22.2	15	12.8	10	8.5	29	24.8	28	23.9
24	15.2	24	15.2	11	7.0	33	20.9	28	17.7
2386	**23.8**	**1532**	**15.3**	**564**	**5.6**	**3335**	**33.3**	**1499**	**14.9**
1032	24.5	641	15.2	250	5.9	1464	34.7	629	14.9
554	23.4	358	15.1	118	5.0	721	30.4	340	14.3
335	21.6	246	15.8	89	5.7	529	34.1	247	15.9
465	24.6	287	15.2	107	5.7	621	32.9	283	15.0
6326	**29.2**	**3048**	**14.1**	**1823**	**8.4**	**6313**	**29.1**	**3652**	**16.8**
3062	22.8	1732	12.9	914	6.8	4184	31.1	1983	14.8
3264	39.5	1316	15.9	909	11.0	2129	25.8	1669	20.2
1284	**28.6**	**664**	**14.8**	**267**	**5.9**	**1481**	**33.0**	**789**	**17.6**
1	20.0					2	40.0	1	20.0
831	30.3	422	15.4	152	5.5	788	28.7	466	17.0
122	25.8	72	15.2	24	5.1	190	40.2	82	17.3
5	31.3	2	12.5			4	25.0	4	25.0
1	9.1	1	9.1	1	9.1	2	18.2		
122	21.7	66	11.7	40	7.1	269	47.9	110	19.6
140	26.0	73	13.5	33	6.1	194	36.0	86	16.0
62	42.2	28	19.0	17	11.6	32	21.8	40	27.2
1126	**39.5**	**423**	**14.8**	**534**	**18.7**	**707**	**24.8**	**629**	**22.0**
497	46.8	182	17.1	295	27.8	314	29.5	263	24.7
629	35.1	241	13.5	239	13.3	393	21.9	366	20.4

6-11 续表 2

行业	企业数(个)	使用互联网的企业		通过互联网进行宣传推广的企业		自有网站	
		数量(个)	比重(%)	数量(个)	占使用互联网企业的比重(%)	数量(个)	占使用互联网企业的比重(%)
信息传输、软件和信息技术服务业	**1728**	**1724**	**99.8**	**1591**	**92.3**	**1024**	**59.4**
电信、广播电视和卫星传输服务	131	131	100.0	121	92.4	71	54.2
互联网和相关服务	303	303	100.0	287	94.7	196	64.7
软件和信息技术服务业	1294	1290	99.7	1183	91.7	757	58.7
房地产业	**7915**	**7817**	**98.8**	**6501**	**83.2**	**1455**	**18.6**
房地产业	7915	7817	98.8	6501	83.2	1455	18.6
租赁和商务服务业	**3194**	**3183**	**99.7**	**2689**	**84.5**	**966**	**30.3**
租赁业	163	163	100.0	141	86.5	39	23.9
商务服务业	3031	3020	99.6	2548	84.4	927	30.7
科学研究和技术服务业	**2585**	**2573**	**99.5**	**2288**	**88.9**	**1145**	**44.5**
研究和试验发展	347	346	99.7	305	88.2	187	54.0
专业技术服务业	1875	1865	99.5	1667	89.4	839	45.0
科技推广和应用服务业	363	362	99.7	316	87.3	119	32.9
水利、环境和公共设施管理业	**645**	**640**	**99.2**	**523**	**81.7**	**198**	**30.9**
水利管理业	14	14	100.0	11	78.6	6	42.9
生态保护和环境治理业	79	79	100.0	63	79.7	26	32.9
公共设施管理业	515	512	99.4	419	81.8	158	30.9
土地管理业	37	35	94.6	30	85.7	8	22.9
居民服务、修理和其他服务业	**501**	**498**	**99.4**	**399**	**80.1**	**97**	**19.5**
居民服务业	167	166	99.4	134	80.7	37	22.3
机动车、电子产品和日用产品修理业	226	224	99.1	193	86.2	45	20.1
其他服务业	108	108	100.0	72	66.7	15	13.9
教育	**413**	**412**	**99.8**	**379**	**92.0**	**165**	**40.0**
教育	413	412	99.8	379	92.0	165	40.0
卫生和社会工作	**437**	**435**	**99.5**	**403**	**92.6**	**211**	**48.5**
卫生	412	410	99.5	381	92.9	201	49.0
社会工作	25	25	100.0	22	88.0	10	40.0
文化、体育和娱乐业	**1005**	**1002**	**99.7**	**936**	**93.4**	**296**	**29.5**
新闻和出版业	84	84	100.0	80	95.2	60	71.4
广播、电视、电影和录音制作业	352	352	100.0	328	93.2	95	27.0
文化艺术业	179	179	100.0	172	96.1	43	24.0
体育	70	70	100.0	68	97.1	30	42.9
娱乐业	320	317	99.1	288	90.9	68	21.5

互联网广告		搜索引擎		电子商务平台		电子邮件		社交网站或即时通讯社交工具	
数量（个）	占使用互联网企业的比重（%）	数量（个）	占使用互联网企业的比重（%）	数量（个）	占使用互联网企业的比重（%）	数量（个）	占使用互联网企业的比重（%）	数量（个）	占使用互联网企业的比重（%）
742	**43.0**	**521**	**30.2**	**225**	**13.1**	**598**	**34.7**	**511**	**29.6**
73	55.7	30	22.9	31	23.7	52	39.7	47	35.9
144	47.5	113	37.3	57	18.8	92	30.4	92	30.4
525	40.7	378	29.3	137	10.6	454	35.2	372	28.8
3637	**46.5**	**1105**	**14.1**	**400**	**5.1**	**1829**	**23.4**	**1679**	**21.5**
3637	46.5	1105	14.1	400	5.1	1829	23.4	1679	21.5
1130	**35.5**	**562**	**17.7**	**204**	**6.4**	**894**	**28.1**	**687**	**21.6**
67	41.1	31	19.0	3	1.8	49	30.1	26	16.0
1063	35.2	531	17.6	201	6.7	845	28.0	661	21.9
738	**28.7**	**483**	**18.8**	**151**	**5.9**	**872**	**33.9**	**507**	**19.7**
117	33.8	82	23.7	28	8.1	134	38.7	92	26.6
514	27.6	329	17.6	95	5.1	625	33.5	348	18.7
107	29.6	72	19.9	28	7.7	113	31.2	67	18.5
226	**35.3**	**123**	**19.2**	**64**	**10.0**	**182**	**28.4**	**124**	**19.4**
2	14.3	1	7.1			2	14.3	2	14.3
17	21.5	12	15.2	6	7.6	25	31.6	13	16.5
201	39.3	106	20.7	58	11.3	146	28.5	101	19.7
6	17.1	4	11.4			9	25.7	8	22.9
162	**32.5**	**76**	**15.3**	**30**	**6.0**	**132**	**26.5**	**87**	**17.5**
56	33.7	33	19.9	8	4.8	32	19.3	24	14.5
75	33.5	36	16.1	20	8.9	69	30.8	49	21.9
31	28.7	7	6.5	2	1.9	31	28.7	14	13.0
180	**43.7**	**92**	**22.3**	**11**	**2.7**	**109**	**26.5**	**113**	**27.4**
180	43.7	92	22.3	11	2.7	109	26.5	113	27.4
208	**47.8**	**135**	**31.0**	**27**	**6.2**	**99**	**22.8**	**107**	**24.6**
194	47.3	130	31.7	25	6.1	92	22.4	102	24.9
14	56.0	5	20.0	2	8.0	7	28.0	5	20.0
470	**46.9**	**245**	**24.5**	**151**	**15.1**	**228**	**22.8**	**374**	**37.3**
31	36.9	18	21.4	15	17.9	21	25.0	32	38.1
161	45.7	66	18.8	80	22.7	68	19.3	139	39.5
110	61.5	82	45.8	14	7.8	40	22.3	88	49.2
31	44.3	7	10.0	8	11.4	13	18.6	22	31.4
137	43.2	72	22.7	34	10.7	86	27.1	93	29.3

6-12 分地区企业互联网

地区	企业数(个)	使用互联网的企业		通过互联网进行宣传推广的企业		自有网站		互联网广告	
		数量(个)	比重(%)	数量(个)	占使用互联网企业的比重(%)	数量(个)	占使用互联网企业的比重(%)	数量(个)	占使用互联网企业的比重(%)
总计	**103460**	**102949**	**99.5**	**86650**	**84.2**	**33950**	**33.0**	**32160**	**31.2**
南京	11727	11689	99.7	9912	84.8	4419	37.8	3635	31.1
无锡	11219	11173	99.6	9067	81.2	4381	39.2	3046	27.3
徐州	6647	6585	99.1	5627	85.5	1314	20.0	2621	39.8
常州	9754	9703	99.5	8028	82.7	3618	37.3	2856	29.4
苏州	19542	19469	99.6	16227	83.3	7765	39.9	4953	25.4
南通	10929	10870	99.5	9210	84.7	2977	27.4	3638	33.5
连云港	2538	2522	99.4	2242	88.9	708	28.1	925	36.7
淮安	5025	4991	99.3	4243	85.0	942	18.9	1771	35.5
盐城	7112	7063	99.3	6161	87.2	1727	24.5	2658	37.6
扬州	5949	5929	99.7	5075	85.6	2186	36.9	1828	30.8
镇江	3997	3974	99.4	3447	86.7	1408	35.4	1409	35.5
泰州	5863	5848	99.7	4823	82.5	1824	31.2	1723	29.5
宿迁	3158	3133	99.2	2588	82.6	681	21.7	1097	35.0

宣传和推广情况

搜索引擎		电子商务平台		电子邮件		社交网站或即时通讯社交工具	
数量(个)	占使用互联网企业的比重(%)	数量(个)	占使用互联网企业的比重(%)	数量(个)	占使用互联网企业的比重(%)	数量(个)	占使用互联网企业的比重(%)
18308	**17.8**	**9220**	**9.0**	**36902**	**35.8**	**17807**	**17.3**
2329	19.9	1313	11.2	3940	33.7	2682	22.9
2008	18.0	1029	9.2	4179	37.4	1819	16.3
1231	18.7	468	7.1	1917	29.1	1072	16.3
1753	18.1	907	9.3	3447	35.5	1450	14.9
3137	16.1	1595	8.2	7909	40.6	3492	17.9
1901	17.5	752	6.9	3638	33.5	1699	15.6
398	15.8	242	9.6	838	33.2	610	24.2
846	17.0	348	7.0	1724	34.5	801	16.0
1360	19.3	476	6.7	2433	34.4	1067	15.1
1055	17.8	629	10.6	2209	37.3	833	14.0
770	19.4	455	11.4	1424	35.8	710	17.9
945	16.2	666	11.4	2233	38.2	959	16.4
575	18.4	340	10.9	1011	32.3	613	19.6

6-13 分行业企业开展

行业	有电子商务交易的企业数(个)	有电子商务销售的企业		B2B	
		数量(个)	金额(亿元)	企业数量(个)	金额(亿元)
总计	**8939**	**6606**	**8659.9**	**5153**	**6431.6**
采矿业	**7**	**3**	**5.0**	**3**	**5.0**
煤炭开采和洗选业	2	1	5.0	1	5.0
石油和天然气开采业	1				
黑色金属矿采选业					
有色金属矿采选业	1				
非金属矿采选业	3	2		2	
开采专业及辅助性活动					
其他采矿业					
制造业	**4472**	**3276**	**2625.1**	**2896**	**2419.0**
农副食品加工业	156	136	26.6	108	21.5
食品制造业	78	73	77.0	49	74.4
酒、饮料和精制茶制造业	16	13	113.0	9	92.0
烟草制品业	4	3	519.1	3	519.1
纺织业	306	242	43.5	219	36.5
纺织服装、服饰业	126	91	47.2	63	15.0
皮革、毛皮、羽毛及其制品和制鞋业	36	31	1.6	26	1.3
木材加工和木、竹、藤、棕、草制品业	47	37	11.4	33	10.9
家具制造业	35	25	7.0	17	5.1
造纸和纸制品业	38	27	26.2	21	23.8
印刷和记录媒介复制业	58	38	10.6	33	9.5
文教、工美、体育和娱乐用品制造业	185	164	30.3	132	22.2
石油、煤炭及其他燃料加工业	11	6	1.1	4	0.7
化学原料和化学制品制造业	264	204	110.0	189	102.7
医药制造业	70	57	27.6	46	24.1
化学纤维制造业	38	31	9.3	28	7.6
橡胶和塑料制品业	229	184	38.1	164	28.6
非金属矿物制品业	171	123	20.9	113	17.4
黑色金属冶炼和压延加工业	59	40	443.4	35	441.4
有色金属冶炼和压延加工业	85	62	29.9	61	28.9
金属制品业	361	235	75.5	222	65.0
通用设备制造业	550	409	106.2	376	94.2

电子商务交易情况

B2C		向大陆以外区域销售		有电子商务采购的企业		从大陆以外区域采购	
企业数量(个)	金额(亿元)	企业数量(个)	金额(亿元)	数量(个)	金额(亿元)	企业数量(个)	金额(亿元)
2826	**2228.3**	**1344**	**705.8**	**4974**	**6534.8**	**414**	**919.9**
2		**1**		**6**	**14.3**		
				1	6.7		
				1	7.2		
				1			
2		1		3	0.3		
1051	**206.1**	**1147**	**658.7**	**2894**	**2392.3**	**333**	**912.0**
59	5.1	15	2.1	79	8.7	5	0.2
38	2.7	16	4.4	34	4.4	4	0.2
9	21.0	1	0.6	8	2.4		
		1	0.3	4	5.9		
66	7.0	96	14.1	184	17.9	13	2.8
42	32.2	19	3.9	77	8.4	8	0.2
9	0.2	8	0.1	22	1.3	2	
14	0.5	10	4.5	24	0.5	2	
12	1.9	3	0.4	19	2.3	5	0.1
10	2.3	7	1.5	26	1.2	1	
13	1.1	14	4.5	39	5.6	1	0.2
69	8.1	67	11.9	113	10.6	17	0.5
2	0.3			8	3.2		
64	7.3	62	20.8	176	117.2	12	2.0
20	3.5	28	12.9	31	9.7	8	0.2
11	1.6	12	2.2	22	197.2	1	
59	9.4	86	17.7	125	25.7	28	5.1
46	3.4	35	3.3	107	20.3	9	0.3
10	1.9	13	41.3	46	448.0	6	26.0
14	1.1	17	8.4	54	14.0	4	0.1
59	10.5	90	32.8	238	53.0	21	5.4
113	11.9	148	27.6	384	203.2	53	16.8

6-13 续表 1

行业	有电子商务交易的企业数(个)	有电子商务销售的企业			
				B2B	
		数量(个)	金额(亿元)	企业数量(个)	金额(亿元)
专用设备制造业	407	292	77.0	265	65.2
汽车制造业	177	106	45.7	95	42.2
铁路、船舶、航空航天和其他运输设备制造业	77	55	13.5	46	11.8
电气机械和器材制造业	503	358	231.5	334	192.5
计算机、通信和其他电子设备制造业	239	139	400.4	125	386.8
仪器仪表制造业	121	75	74.3	65	73.3
其他制造业	21	17	5.2	12	3.1
废弃资源综合利用业	3	3	2.2	3	2.2
金属制品、机械和设备修理业	1				
电力、热力、燃气及水生产和供应业	**38**	**10**	**766.4**	**4**	**763.0**
电力、热力生产和供应业	25	2	762.8	2	762.8
燃气生产和供应业	6	4	3.4		
水的生产和供应业	7	4	0.2	2	0.1
建筑业	**347**	**53**	**12.5**	**51**	**11.7**
房屋建筑业	105	15	4.1	15	3.5
土木工程建筑业	75	12	0.8	12	0.5
建筑安装业	85	8	0.1	6	0.1
建筑装饰、装修和其他建筑业	82	18	7.6	18	7.6
批发和零售业	**1758**	**1589**	**3630.8**	**1039**	**2197.0**
批发业	715	635	2193.5	522	1921.7
零售业	1043	954	1437.3	517	275.3
交通运输、仓储和邮政业	**200**	**122**	**247.3**	**96**	**205.9**
铁路运输业					
道路运输业	113	78	186.0	58	169.1
水上运输业	13	4	0.3	4	0.3
航空运输业	1	1	19.9	1	17.2
管道运输业	1				
多式联运和运输代理业	26	11	24.3	10	6.2
装卸搬运和仓储业	29	13	12.4	12	11.2
邮政业	17	15	4.4	11	1.9
住宿和餐饮业	**884**	**859**	**73.5**	**579**	**39.2**
住宿业	499	485	33.7	325	20.8
餐饮业	385	374	39.8	254	18.4

B2C		向大陆以外区域销售		有电子商务采购的企业		从大陆以外区域采购	
企业数量(个)	金额(亿元)	企业数量(个)	金额(亿元)	数量(个)	金额(亿元)	企业数量(个)	金额(亿元)
85	11.8	134	24.1	276	45.2	36	7.8
36	3.5	45	12.6	122	26.3	12	5.1
18	1.7	20	2.5	45	29.3	9	4.1
99	39.0	112	52.7	345	114.2	29	4.9
38	13.7	59	347.1	182	998.8	34	828.0
27	1.1	21	2.1	96	16.6	12	2.2
9	2.1	8	2.3	6	0.1	1	
				1	1.1		
				1			
6	**3.4**			**32**	**776.6**		
				25	775.2		
4	3.4			4	1.4		
2				3			
26	**0.9**	**3**		**330**	**460.5**	**9**	**0.5**
9	0.6	2		100	350.2	3	0.1
5	0.2	1		70	58.4	1	
6				84	50.8	3	0.3
6				76	1.1	2	
887	**1433.8**	**117**	**30.3**	**539**	**1914.4**	**28**	**6.5**
207	271.9	83	26.0	230	1151.4	17	6.1
680	1162.0	34	4.3	309	763.0	11	0.5
53	**41.4**	**3**	**0.2**	**126**	**40.1**	**4**	
37	16.9			65	2.3	3	
2	0.1			11	0.6		
1	2.7	1	0.1				
				1	16.5		
3	18.1			20	18.2	1	
3	1.1			20	2.3		
7	2.5	2	0.1	9	0.3		
429	**34.4**	**18**	**0.2**	**218**	**3.8**	**10**	**0.2**
247	12.9	14	0.1	141	2.4	6	0.1
182	21.4	4		77	1.4	4	

6-13 续表 2

行业	有电子商务交易的企业数(个)	有电子商务销售的企业		B2B	
		数量(个)	金额(亿元)	企业数量(个)	金额(亿元)
信息传输、软件和信息技术服务业	**301**	**196**	**699.7**	**133**	**579.5**
电信、广播电视和卫星传输服务	35	23	36.0	4	1.2
互联网和相关服务	81	67	592.1	46	546.5
软件和信息技术服务业	185	106	71.6	83	31.7
房地产业	**215**	**23**	**2.6**	**16**	**1.9**
房地产业	215	23	2.6	16	1.9
租赁和商务服务业	**207**	**127**	**539.1**	**89**	**173.6**
租赁业	8	5	0.1	5	
商务服务业	199	122	539.0	84	173.6
科学研究和技术服务业	**162**	**65**	**20.4**	**54**	**14.3**
研究和试验发展	28	14	8.9	10	8.7
专业技术服务业	101	26	9.3	20	4.7
科技推广和应用服务业	33	25	2.2	24	0.8
水利、环境和公共设施管理业	**81**	**65**	**5.0**	**40**	**3.5**
水利管理业	1				
生态保护和环境治理业	3	1	0.1		
公共设施管理业	77	64	5.0	40	3.5
土地管理业					
居民服务、修理和其他服务业	**28**	**18**	**5.8**	**13**	**5.6**
居民服务业	11	7	0.1	6	0.1
机动车、电子产品和日用产品修理业	16	11	5.7	7	5.5
其他服务业	1				
教育	**18**	**11**	**1.3**	**9**	**0.9**
教育	18	11	1.3	9	0.9
卫生和社会工作	**25**	**9**	**0.1**	**6**	
卫生	24	9	0.1	6	
社会工作	1				
文化、体育和娱乐业	**196**	**180**	**25.2**	**125**	**11.7**
新闻和出版业	18	18	2.1	10	1.4
广播、电视、电影和录音制作业	94	87	16.9	58	5.9
文化艺术业	21	15	2.4	11	1.7
体育	9	8	0.3	7	0.2
娱乐业	54	52	3.4	39	2.5

B2C		向大陆以外区域销售		有电子商务采购的企业		从大陆以外区域采购	
企业数量（个）	金额（亿元）	企业数量（个）	金额（亿元）	数量（个）	金额（亿元）	企业数量（个）	金额（亿元）
99	**120.2**	**22**	**14.3**	**193**	**443.3**	**7**	**0.4**
19	34.8			23	8.6		
34	45.6	5	3.6	40	426.8		
46	39.8	17	10.7	130	7.9	7	0.4
8	**0.7**	**1**		**204**	**2.1**	**3**	
8	0.7	1		204	2.1	3	
68	**365.5**	**16**	**1.0**	**129**	**467.2**	**5**	**0.1**
2	0.1			6			
66	365.4	16	1.0	123	467.2	5	0.1
35	**6.2**	**11**	**0.9**	**132**	**14.1**	**12**	**0.2**
7	0.2	2		21	6.9	2	0.2
17	4.5	3	0.6	88	6.7	6	
11	1.4	6	0.3	23	0.5	4	
43	**1.6**	**1**		**41**	**0.7**	**2**	
				1			
1	0.1			2			
42	1.5	1		38	0.7	2	
10	**0.3**	**1**	**0.3**	**20**	**2.4**		
4				8			
6	0.2	1	0.3	11	2.4		
				1			
5	**0.4**			**9**			
5	0.4			9			
5	**0.1**	**1**		**19**	**0.8**	**1**	
5	0.1	1		18	0.8	1	
				1			
99	**13.5**	**2**		**82**	**2.3**		
14	0.8			7	0.3		
44	11.0	1		37	0.3		
8	0.6			11	1.2		
5	0.1			6	0.2		
28	1.0	1		21	0.3		

6-14 分地区企业开展

地区	有电子商务交易的企业数(个)	有电子商务销售的企业		B2B	
		数量(个)	金额(亿元)	企业数量(个)	金额(亿元)
总计	**8939**	**6606**	**8659.9**	**5153**	**6431.6**
南京	1381	1002	3354.9	692	2586.1
无锡	964	703	1111.6	542	964.2
徐州	460	377	574.3	216	513.1
常州	832	633	333.6	513	206.9
苏州	1571	939	1725.2	710	890.7
南通	777	599	394.4	472	325.5
连云港	189	146	96.2	131	80.9
淮安	348	268	232.1	222	210.0
盐城	514	403	178.1	340	144.0
扬州	617	518	179.4	449	148.8
镇江	378	287	147.0	247	115.8
泰州	668	548	198.8	481	172.3
宿迁	240	183	134.1	138	73.3

电子商务交易情况

B2C		向大陆以外区域销售		有电子商务采购的企业		从大陆以外区域采购	
企业数量(个)	金额(亿元)	企业数量(个)	金额(亿元)	数量(个)	金额(亿元)	企业数量(个)	金额(亿元)
2826	**2228.3**	**1344**	**705.8**	**4974**	**6534.8**	**414**	**919.9**
520	768.9	109	108.3	705	2298.2	49	10.5
260	147.4	197	360.1	522	782.8	48	230.9
249	61.1	36	9.3	220	111.9	14	5.0
249	126.8	211	71.2	464	187.1	47	3.5
392	834.5	233	58.2	979	1884.7	91	645.2
237	68.9	136	25.0	473	599.4	45	9.1
60	15.3	24	8.3	111	52.1	9	0.2
106	22.1	25	11.7	167	60.3	7	2.7
143	34.1	66	9.2	293	81.2	21	7.9
207	30.7	104	12.0	318	275.8	24	
104	31.2	75	15.6	222	81.0	18	0.4
204	26.5	107	14.4	362	91.0	38	3.8
95	60.8	21	2.4	138	29.3	3	

附　录

主要指标解释

主要指标解释

房屋施工面积 指报告期内施工的全部房屋建筑面积。包括本期新开工的房屋建筑面积、上期跨入本期继续施工的房屋建筑面积、上期停缓建在本期恢复施工的房屋建筑面积、本期竣工的房屋建筑面积以及本期施工后又停缓建的房屋建筑面积。多层建筑应填各层建筑面积之和。

房屋新开工面积 指报告期内新开工建设的房屋建筑面积，以单位工程为核算对象，即整栋房屋的全部建筑面积，不能分割计算。不包括在上期开工跨入本期继续施工的房屋建筑面积和上期停缓建而在本期复工的房屋建筑面积。房屋的开工应以房屋正式开始破土刨槽（地基处理或打永久桩）的日期为准。

房屋竣工面积 指报告期内房屋建筑按照设计要求已全部完工，达到住人和使用条件，经验收鉴定合格或达到竣工验收标准，可正式移交使用的各栋房屋建筑面积的总和。

竣工面积以房屋单位工程（栋）为核算对象，在整栋房屋符合竣工条件后按其全部建筑面积一次性计算，而不是按各栋施工房屋中已完成的部分或层次分割计算。

商品房销售面积 指报告期内出售商品房屋的合同总面积（即双方签署的正式买卖合同中所确定的建筑面积）。商品房销售面积由现房销售面积和期房销售面积两部分组成。

（1）现房销售面积：指在报告期内正式签订买卖合同、已经竣工达到入住条件的商品房屋建筑面积。包括以一次性付款方式和分期付款方式销售的现房建筑面积。

（2）期房销售面积：指在报告期内正式签订买卖合同、正在建设尚未竣工交付使用的商品房屋建筑面积。包括以一次性付款方式和分期付款方式销售的商品房屋建筑面积。期房销售建筑面积竣工后不再结转为现房销售建筑面积。

商品房销售额 指报告期内出售商品房屋的合同总价款（即双方签署的正式买卖合同中所确定的合同总价）。该指标与商品房销售面积同口径，由现房销售额和期房销售额两部分组成。

（1）现房销售额：指报告期内销售的已竣工商品房屋的合同总价款。包括现房销售前期预收的定金、预收款、首付款及全部按揭贷款的本金等款项。该指标与现房销售面积同口径。

（2）期房销售额：指报告期内销售的正在建设尚未竣工的商品房屋的合同总价款。包括预售房屋前期预收的定金、预收款、首付款及全部按揭贷款的本金等项。该指标与期房销售面积同口径。

房屋竣工价值 指报告期内按规定已经上报竣工的房屋本身的建造价值。一般按房屋设计和预算规定的内容计算。包括竣工房屋本身的基础、结构、屋面、装修以及水、电、卫等附属工程的建筑价值；也包括作为房屋建筑组成部分而列入房屋建筑工程预算内的设备（如电梯、通风设备等）的购置和安装费用。不包括厂房内的工艺设备、工艺管线的购置和安装，工艺设备基础的建造；室外的水、暖、电、卫、道路工程、挡土墙等环境工程的费用；办公和生活用家具的购置等费用；购置土地的费用；迁移补偿费和场地平整的费用及城市建设配套投资。

房屋竣工价值不仅包括该竣工房屋在报告期内完成的价值，也包括跨年施工的房屋在本期以前完成的价值。未竣工而转让给其他单位的房屋建筑工程，出让单位不计算竣工价值，待接受单位继续施工并符合竣工条件后，由接受单位计算其竣工价值，包括出让单位在出让前所完成的价值。房屋竣工价值一般按结算价格（或中标价）计算。

待开发土地面积 指经有关部门批准，通过各种方式获得土地使用权，但尚未开工建设的土地面积。

本年土地购置面积 指在本年内通过各种方式获得土地使用权的土地面积。

资产总计 指企业过去的交易或者事项形成的、由企业拥有或者控制的、预期会给企业带来经济利益的资源。包括企业拥有的土地、办公楼、厂房、机器、运输工具、存货等实物资产和现金、存款、应收账款和预付账款等金融资产。资产一般按流动性（资产的变现或耗用时间长短）分为流动资产和非流动资产。其中流动资产可分为货币资金、交易性金融资产、应收票据、应收账款、预付款项、其他应收款、存货等；非流动资产可分为长期股权投资、固定资产、无形资产及其他非流动资产等。根据会计“资产负债表”中“资产总计”项目的期末余额数填报。

负债合计 指企业过去的交易或者事项形成的，预期会导致经济利益流出企业的现时义务。包括银行贷款、借款、应付账款、应付职工工资、应付职工福利费、应交税金等企业负有偿还责任的债务。

负债一般按偿还期长短分为流动负债和非流动负债。根据会计资产负债表中“负债合计”项目的期末余额数填报。执行企业会计准则或《小企业会计准则》的企业：负债合计=流动负债合计+非流动负债合计；执行其他企业会计制度的企业负债包括流动负债和长期负债。

主营业务收入 指企业确认的销售商品、提供劳务等主营业务的收入。根据会计“主营业务收入”科目的期末贷方余额填报。执行2006年《企业会计准则》的企业，如未设置该科目，以“营业收入”代替填报。

土地转让收入 指房地产开发企业按国家规定在报告期转让已经开发的土地和未经开发的土地所得到的收入。根据会计“利润表”和相关核算资料计算填报。

商品房屋销售收入　指房地产开发企业在报告期售出商品房屋的收入，一次收款的，一次性全部计入销售收入，按合同规定分期收款的，可按合同规定的时间分次计入收入。根据会计“利润表”和相关核算资料计算填报。

房屋出租收入　指房地产开发企业在报告期内，在不改变现有财产所有权关系的条件下，将企业的全部或部分房屋出租给其他单位或个人使用所得到的租金收入。根据会计“利润表”和相关核算资料计算填报。

其他（主营业务）收入　指房地产开发企业在报告期内从事除以上收入外的其他业务活动所得到的收入，包括配套设施销售收入、代建工程结算收入等。根据会计“利润表”和相关核算资料计算填报。

年末从业人数　指报告期末最后一日在本单位工作，并取得工资或其他形式劳动报酬的人员数。

年末零售营业面积　指批发和零售业企业用于本企业从事零售业务的对外营业的面积，不包括其办公用房、仓库、加工场地以及对外出租场地。按年末实有建筑面积统计。

年末餐饮营业面积　指住宿和餐饮业企业对外提供餐饮服务的就餐面积和从事食品加工、烹饪、调制的厨房面积，不包括办公用房和仓库等面积。按年末实有建筑面积统计。

营业收入　指企业经营主要业务和其他业务所确认的收入总额。营业收入包括“主营业务收入”和“其他业务收入”。根据会计“利润表”中“营业收入”项目的本年累计数填报。

法人单位　指具备以下条件的单位：(1)依法成立，有自己的名称、组织机构和场所，能够独立承担民事责任；(2)独立拥有和使用(或授权使用)资产，承担负债，有权与其他单位签订合同；(3)会计上独立核算，能够编制资产负债表。

机构类型　包括企业法人、事业单位法人、机关法人、社会团体法人和其他法人。

企业法人　指依据《中华人民共和国企业法人登记管理条例》、《中华人民共和国公司登记管理条例》等，经各级工商行政管理机关登记注册，领取《企业法人营业执照》，取得法人资格的企业。企业法人包括:公司和非公司制企业法人。

依据《个人独资企业法》及《合伙企业法》，经各级工商行政管理机关登记注册、领取《营业执照》的不具有法人资格的个人独资企业、合伙企业视同非公司制企业法人。

事业单位法人　指经国务院机构编制管理部门批准、国家事业单位登记管理部门登记或备案；或经地方县级以上机构编制管理部门批准、地方县级以上事业单位登记管理部门登记或备案，领取《事业单位法人证书》，取得法人资格的事业单位。包括：(1)各级党委、政府直属事业单位；(2)党中央、国务院直属事业单位举办的事业单位；(3)各级人大、政协机关，人民法院、人民检察院和各民主党派机关举办的事业单位；(4)各级党委部门和政府部门举办的事业单位；(5)使用财政性经费的群众团体举办的事业单位；(6)国有企业及其他组织利用国有资产举办的事业单位；(7)依照法律或有关规定，应当由各级登记管理机关登记的其他事业单位。

机关法人　指各级政党机关和国家机关。包括：(1)县级以上各级中国共产党委员会及其所属各工作部门；(2)县级以上各级人民代表大会机关；(3)县级以上各级人民政府及其所属各工作部门，以及地区行政行署；(4)县级以上各级政治协商会议机关；(5)县级以上各级人民法院、检察院机关；(5)县级以上各民主党派机关；(7)乡、镇中国共产党委员会和人民政府。

社会团体法人　指依据《社会团体登记管理条例》，经国务院民政部门和县级以上地方各级人民政府民政部门登记注册或备案、领取《社会团体法人登记证书》的各类社会团体；以及依法不需要办理法人登记、由机构编制管理部门管理其机关机构编制的群众团体。

其他法人　指除企业法人、事业单位法人、机关法人和社会团体法人以外的其他符合法人条件的单位。

包括：(1)依据《中华人民共和国居民委员会组织法》和《中华人民共和国村民委员会组织法》批准设立的居民委员会和村民委员会；(2)依据《基金会管理条例》规定，由民政部和省级民政部门核准登记、领取《基金会法人登记证书》的基金会；(3)依据《民办非企业单位登记管理暂行条例》，经国务院民政部门和县级以上地方各级人民政府民政部门核准登记，领取《民办非企业单位(法人)登记证书》的民办非企业单位。

登记注册类型　工商行政管理部门对企业（单位）登记注册的类型分为以下几种：

（1）国有企业：指企业全部资产归国家所有，并按《中华人民共和国企业法人登记管理条例》规定登记注册的非公司制的经济组织。不包括有限责任公司中的国有独资公司。

（2）集体企业：指企业资产归集体所有，并按《中华人民共和国企业法人登记管理条例》规定登记注册的经济组织。

（3）股份合作企业：指以合作制为基础，由企业职工共同出资入股，吸收一定比例的社会资产投资组建，实行自主经营，自负盈亏，共同劳动，民主管理，按劳分配与按股分红相结合的一种集体经济组织。

（4）联营企业：两个及两个以上相同或不同所有制性质的企业法人或事业单位法人，按自愿、平等、互利的原则，共同投资组成的经济组织称为联营企业。联营企业包括国有联营企业、集体联营企业、国有与集体联营企业和其他联营企业。

（5）有限责任公司：根据《中华人民共和国公司登记管理条例》规定登记注册，由两个以上，五十个以下的股东共同出资，每个股东以其所认缴的出资额对公司承担有限责任，公司以其全部资产对其债务承担责任的经济组织称为有限责任公司。

有限责任公司分为国有独资公司以及其他有限责任公司。国有独资公司：指国家授权的投资机构或者国家授权的部门单独投资设立的有限责任公司。其他有限责任公司：是国有独资公司以外的其他有限责任公司。

（6）股份有限公司：指根据《中华人民共和国公司登

记管理条例》规定登记注册，其全部注册资本由等额股份构成并通过发行股票筹集资本，股东以其认购的股份对公司承担有限责任，公司以其全部资产对其债务承担责任的经济组织。

（7）私营企业：指由自然人投资设立或由自然人控股，以雇佣劳动为基础的营利性经济组织。包括按照《公司法》、《合伙企业法》、《私营企业暂行条例》以及《个人独资企业法》规定登记注册的私营独资企业、私营有限责任公司、私营股份有限公司、私营合伙企业和个人独资企业。

私营独资企业：指按《私营企业暂行条例》的规定，由一名自然人投资经营，以雇佣劳动为基础，投资者对企业债务承担无限责任的企业。

个人独资企业：指按《个人独资企业法》、《个人独资企业登记管理办法》的规定，由一个自然人投资，财产为投资人个人所有，投资人以其个人财产对企业债务承担无限责任的经营实体。个人独资企业填表时归入私营独资企业。

私营合伙企业：指按《合伙企业法》或《私营企业暂行条例》的规定，由两个以上自然人按照协议共同投资、共同经营、共负盈亏，以雇佣劳动为基础，对债务承担无限责任的企业。

私营有限责任公司：指按《公司法》、《私营企业暂行条例》的规定，由两个以上自然人投资或由单个自然人控股的有限责任公司。

私营股份有限公司：指按《公司法》的规定，由五个以上自然人投资，或由单个自然人控股的股份有限公司。

（8）其他内资企业：指上述第（1）条至第（7）条之外的其他内资经济组织。

（9）与港澳台商合资经营企业：指港澳台地区投资者与内地的企业依照《中华人民共和国中外合资经营企业法》及有关法律的规定，按合同规定的比例投资设立，分享利润和分担风险的企业。

（10）与港澳台商合作经营企业：指港澳台地区投资者与内地企业依照《中华人民共和国中外合作经营企业法》及有关法律的规定，依照合作合同的约定进行投资或提供条件设立，分配利润、分担风险和亏损的企业。

（11）港澳台商独资经营企业：指依照《中华人民共和国外资企业法》及有关法律的规定，在内地设立的由港澳台地区投资者在内地全额投资设立的企业。

（12）港澳台商投资股份有限公司：指根据国家有关规定，经商务部（原外经贸部）批准设立，并且其中港、澳、台商的股本占公司注册资本的比例达 25%以上的股份有限公司。凡其中港、澳、台商的股本占公司注册资本的比例小于 25%的，属于内资中的股份有限公司。

（13）其他港、澳、台商投资企业：指在中国境内参照《外国企业或个人在中国境内设立合伙企业管理办法》和《外商投资合伙企业登记管理规定》，依法设立的港、澳、台商投资合伙企业。

（14）中外合资经营企业：指外国企业或外国人与中国内地企业依照《中华人民共和国中外合资经营企业法》及有关法律的规定，按合同规定的比例投资设立，分享利润和分担风险的企业。

（15）中外合作经营企业：指外国企业或外国人与中国内地企业依照《中华人民共和国中外合作经营企业法》及有关法律的规定，依照合作合同的约定进行投资或提供条件设立，分配利润、分担风险和亏损的企业。

（16）外资企业：指依照《中华人民共和国外资企业法》及有关法律的规定，在中国内地设立的由外国投资者全额投资设立的企业。

（17）外商投资股份有限公司：指根据国家有关规定，经商务部（原外经贸部）批准设立，并且其中外资的股本占公司注册资本的比例达 25%以上的股份有限公司。凡其中外资股本占公司注册资本的比例小于 25%的，属于内资中的股份有限公司。

（18）其他外商投资企业：指在中国境内依照《外国企业或个人在中国境内设立合伙企业管理办法》和《外商投资合伙企业登记管理规定》，依法设立的外商投资合伙企业。

国有及国有控股企业　指国有企业加上国有控股企业。国有企业是指企业全部资产归国家所有，并按《中华人民共和国企业法人登记管理条例》规定登记注册的非公司制的经济组织。1957 年以前的公私合营和私营工业，后均改造为国营工业，1992 年改为国有工业，这部分工业的资料不单独分列时，均包括在国有企业内。国有控股企业是对混合所有制经济的企业进行的“国有控股”分类。它是指这些企业的全部资产中国有资产（股份）相对其他所有者中的任何一个所有者占资（股）最多的企业。该分组反映了国有经济控股情况。

行业分类　本资料行业分类采用的是《国民经济行业分类》（GB/T 4754-2011）标准。

固定资产原价　指固定资产的成本，包括企业在购置、自行建造、安装、改建、扩建、基数改造某项固定资产时所发生的全部支出总额。根据会计“固定资产”科目的期末借方余额填报。

累计折旧　指企业在报告期末提取的历年固定资产折旧累计数。根据会计“累计折旧”科目的期末贷方余额填报。

所有者权益合计　指企业资产扣除负债后由所有者享有的剩余权益。公司的所有者权益又称股东权益。包括实收资本、资本公积、盈余公积、未分配利润等。根据会计资产负债表中“所有者权益合计”项目的期末余额数填报。

税金及附加　指企业因从事生产经营活动按税法规定应缴纳的消费税、城市维护建设税、资源税、教育费附加及房产税、土地使用税、车船使用税、印花税等相关税费。根据会计“利润表”中“税金及附加”项目的本年累计数填报。

销售费用　指企业在销售商品和材料、提供劳务的过程中发生的各种费用，包括保险费、包装费、展览费和广告费、商品维修费、预计产品质量保证损失、运输费、装卸费等以及为销售本企业商品而专设的销售机构（含销售网点、售后服务网点等）的职工薪酬、业务费、折旧费等经营费用。建筑业企业销售费用指企业从事施工生产活动过程中发生的各项费用，包括应由企业负担的运输费、装卸费、包装费、保险费、维修费、展览费、差旅费、广告费和其他经费。房地产企业销售费用指企业在从事主要经营业务过程中所发生的各项销售费用，包括转让、销售、结算和出租开发产品等。执行企业会计准则或《小企业会计准则》的企业,根据会计“利润表”中“销售费用”项目的本年累计数填报。执行其他企业会计制度的企业，根据会计“利润表”中“营业费用（或经营费用）”项目的本年累计数填报。

管理费用 指企业为组织和管理企业生产经营所发生的费用，包括企业在筹建期间内发生的开办费、董事会和行政管理部门在企业经营管理中发生的，或者应当由企业统一负担的公司经费等。根据会计“利润表”中“管理费用”项目的本年累计数填报。执行财政部《关于修订印发 2018 年度一般企业财务报表格式的通知》（财会〔2018〕15 号）的企业，应把研发费用项目的本年累计数归并到管理费用项目中填报。

财务费用 指企业为筹集生产经营所需资金等而发生的筹资费用，包括企业生产经营期间发生的利息支出（减利息收入）、汇兑损失（减汇兑收益）以及相关的手续费等。根据会计“利润表”中“财务费用”项目的本年累计数填报。

投资收益 指企业确认的投资收益或投资损失，反映企业以各种方式对外投资所取得的收益。根据会计“利润表”中“投资收益”项目的本年累计数填报。如投资损失以“-”号记。

营业利润 指企业从事生产经营活动所取得的利润。执行企业会计准则或《小企业会计准则》的企业，营业利润为营业收入减去营业成本、税金及附加、销售费用、管理费用、财务费用、资产减值损失，再加上公允价值变动收益、投资收益和其他收益后的金额，根据会计“利润表”中“营业利润”项目的本年累计数填报；执行其他企业会计制度的企业，营业利润为营业收入减去营业成本、税金及附加、销售费用、管理费用、财务费用，再加上投资收益后的金额，根据会计“损益表”中“营业利润”项目、“投资收益”项目的本年累计数之和填报。

利润总额 指企业在一定会计期间的经营成果，是生产经营过程中各种收入扣除各种耗费后盈余，反映企业在报告期内实现的盈亏总额。利润总额为营业利润加上营业外收入，减去营业外支出后的金额，根据会计“利润表”中“利润总额”项目的本年累计数填报。

应交增值税 指按照税法规定，以销售货物、服务、无形资产、不动产或提供加工、修理修配劳务的增值额和货物进口金额为计税依据而课征的一种流转税。填报本指标时，应按权责发生制核算企业本期应负担的增值税，有两种计算方法。

计算方法一：

根据本期会计科目（1）“销项税额”、“进项税额转出”、“出口退税”年初至期末贷方累计发生额（一般与期末贷方余额相等，因为年初贷方余额为零），（2）“进项税额”年初至期末借方累计发生额，即期末借方余额 - 年初借方余额，（3）“出口抵减内销产品应纳税额”、“减免税款”年初至期末借方累计发生额（一般与期末借方余额相等，因为年初借方余额为零），取值后按照下述公式计算填报：

应交增值税=销项税额－（进项税额－进项税额转出）－出口抵减内销产品应纳税额－减免税款+出口退税

计算方法二：

根据本期《增值税纳税申报表（一般纳税人适用）》（以“国家税务总局公告 2013 年 32 号”版式为例）“销项税额”（第 11 栏）、“进项税额”（第 12 栏）、“进项税额转出”（第 14 栏）、“免、抵、退应退税额”（第 15 栏）、“简易计税办法计算的应纳税额”（第 21 栏）、“按简易计税办法计算的纳税检查应补缴税额”（第 22 栏）、“应纳税额减征额”（第 23 栏）栏目“一般货物、劳务和应税服务”列中“本年累计”列，按照下述公式计算填报：

应交增值税=销项税额－（进项税额－进项税额转出－免、抵、退应退税额）+简易计税办法计

算的应纳税额+按简易计税办法计算的纳税检查应补缴税额－应纳税额减征额

计算方法说明及填报要求：

（1）计算公式均体现权责发生制，本期发生的进项税额全部参与计算，相当于不设置留抵，同时也不抵扣会计账簿或增值税纳税申报表中上年年末留抵的进项税额，公式计算结果可以为负数。

（2）按照公式计算本指标后，不应再计算往年增值税减免及退税返还税额，因为这部分价值不再形成企业缴纳义务。

应付职工薪酬 指企业为获得职工提供的服务而给予各种形式的报酬以及其他相关支出。包括职工工资、奖金、津贴和补贴，职工福利费，医疗保险费、养老保险费、失业保险费、工伤保险费和生育保险费等社会保险费，住房公积金，工会经费和职工教育经费，非货币性福利，因解除与职工的劳动关系给予的补偿，其他与获得职工提供的服务相关的支出。

从业人员期末人数 指报告期末最后一日 24 时在本单位工作，并取得工资或其他形式劳动报酬的人员数。该指标为时点指标，不包括最后一日当天及以前已经与单位解除劳动合同关系的人员，是在岗职工、劳务派遣人员及其他从业人员之和。从业人员不包括：

（1）离开本单位仍保留劳动关系，并定期领取生活费的人员；

（2）利用课余时间打工的学生及在本单位实习的各类在校学生；

（3）本单位因劳务外包而使用的人员，如：建筑业整建制使用的人员。

计算机数 指报告期末企业（单位）使用的计算机数量，包括台式机、笔记本电脑和平板电脑。

信息技术人员 指专职从事信息技术系统的制定、设计、开发、安装、操作、维护、管理和评估的人员。

互联网 指在世界范围内的公共计算机网络。它提供一

系列通信服务（包括万维网）的接入，并传送电子邮件、新闻、娱乐和数据文件等。

局域网（LAN）　指在局部区域，如单一建筑物、独立部门，连接计算机的网络，可以是无线网络。

窄带　包括通过模拟调制解调器（电话线拨号）、ISDN（综合业务数字网）、速度低于256kbit/s的DSL和移动电话以及表明下载速度低于256kbit/s的其他接入方式。请注意，窄带移动电话接入服务包括CDMA1*(版本0)、GPRS、WAP和i-mode。

固定宽带　指一个或两个方向速度至少为256kbit/s的技术，如DSL（数字用户线路）、电缆调制解调器、高速租用线路、光纤入户、输电线、微型、固定无线、无线局域网和WiMAX。

移动宽带　指一个或两个方向速度至少为256kbit/s的技术，如宽带CDMA（W-CDMA），可通过任何装置（如平板电脑、笔记本电脑或者移动电话等）接入。

网站数　指报告期末企业拥有和维护的，在互联网上可浏览的网站数，不包括企业内网。网站是指在公共互联网上，面向公众使用的，基于TCP/IP协议的计算机系统，以域名本身或者“WWW.+域名”为网址的web站点，由地址、软件、硬件和内容组成。

电子商务销售金额　指报告期内企业（单位）借助网络订单而销售的商品和服务总额。借助网络订单指通过网络接受订单，付款和配送可以不借助于网络。

电子商务采购金额　指报告期内企业（单位）借助网络订单而采购的商品和服务总额。借助网络订单指通过网络发送订单，付款和配送可以不借助于网络。

电子商务交易平台　指在电子商务活动中为交易双方或多方提供交易撮合及相关服务的信息网络系统的总和。

面向境外的电子商务销售金额　指销售给大陆以外国家或地区商品或服务的金额。

面向境外的电子商务采购金额　指向大陆以外国家或地区采购商品或服务的金额。